국가와 공직

김명식 지음

법우사
BUBWOOSA

머리말

　인생채무를 기준으로 보면 사람의 일생은 3막으로 구분할 수 있다. 1막은 출생부터 학교를 졸업하고 사회에 나가기 전까지로서 부모 등 외부의 절대적 도움으로 살기 때문에 인생의 부채가 급격히 늘어나는 기간이다. 2막은 국가와 사회에서 다양한 역할을 맡아 본격적으로 일하며 서로에게 도움을 주고받으므로 인생채무는 증감하는 기간이다. 3막은 주된 직장 또는 직업에서 물러나 세상을 떠날 때까지 다양한 봉사활동으로 남은 인생의 부채를 점점 줄여나가는 기간이다.

　나는 1980년 대학을 졸업하고 33년간 정부에서 일했던 인생2막 동안 우리나라의 산업화와 민주화 과정을 몸소 체험하면서 국가의 존재가치에 대하여 많은 것을 배우고 감사하게 되었다. 공직에서 물러나 대구가톨릭대학교의 교수로 인생3막을 시작한 후에는 공직생활을 통해 경험하고 깨달은 것을 학생들에게 가르치며 인생 채무를 줄여나가고 있다. 강의를 준비하며 학생들과 대화를 나눌 때마다 온갖 불리한 여건에도 불구하고 대한민국을 이만큼 큰 나라로 만든 조상들의 피와 땀과 눈물에 경의를 표하지 않을 수 없다.

지금까지 국가와 국민으로부터 받은 혜택에 조금이라도 보답하고자 대한민국의 건립과 발전, 공직자의 역할과 사명에 대해 나름대로 생각한 바를 체계적으로 정리하여 학생들은 물론 더욱 많은 사람과 나누고 싶었다. 마침 올해 초 우리 학교의 학술연구과제 중 하나로 국가와 공직에 관한 연구가 선정되어 지난 여름방학을 시작하면서 본격적으로 이 책을 집필하게 되었다. 2학기 강의준비와 병행하느라 힘은 다소 들었지만 지난 5년간 미룬 숙제를 마무리하는 작업으로 생각하고 참으로 보람된 시간이었다.

이 책을 통해 기대하는 것은 다음과 같다. 첫째 나와 비슷한 생각이나 경험을 가진 사람들과 하나님(하느님)의 은혜를 공유한다. 둘째 지금도 열심히 일하는 후배 공직자들의 업무에 참고할 자료를 제공한다. 셋째 학생들과 학자들에게 우리나라 인사행정의 실제 운영사례를 소개한다. 넷째 일반 사람들이 헌법의 가치, 국가와 공직의 본질을 쉽게 이해하는데 도움을 준다. 다섯째 우리나라의 미래 세대들이 국가 발전과 공직에 대한 기본소양을 습득하도록 한다. 여섯째 대한민국의 발전과정에서 이명박정부의 역사적 의미를 객관적으로 평가하는데 도움이 되게 한다. 일곱째 우리의 후손들이 하나님(하느님)과 국가를 사랑하는 그리스도인으로 정직하고 성실하게 살도록 한다.

이 책은 모두 9개의 장과 후기로 구성되어 있다. 제1장부터 제4장까지는 국가의 본질과 원리, 대한민국 헌법의 역사와 통치구조 등에 대하여 국가에서 일하며 깨달은 내용을 중심으로 썼다. 한자어 國家에 담긴 의미와 헌법인(憲法人) 개념을 통하여 국가의 출생, 성장 과정과 향후 바람직한 과제를 모색해 보았다. 제5장에서는 극장모형의 관점에서 국가를 바라본 후 제6장과 제7장에서 공직의 역할과 사명에 대하여 개인적인 경험을 바탕으로 작성하였다. 제8장은 헌법상 대통령의 공직 임면권을 인사정치론(人事政治論)의 시각에서 기술하였다. 제9장은 공직생활의 마지막 5년간 대통령의 인사참모로서 이명박대통령을 가까이에서 보고 느낀 바를 정리하였다. 후기는 대구에서 새로이 맡은 역할에 대한 소회를 적었다.

　나의 인생3막의 1장을 고향에서, 인생1막의 4장에서 2막 1장을 열심히 준비하는 대학생들을 사랑으로 가르치며 봉사할 기회를 준 천주교 대구대교구의 학교법인선목학원과 대구가톨릭대학교에 항상 감사하고 있다. 아울러 나와의 오랜 인연으로 기꺼이 이 책의 출판을 맡아준 법우사의 황영성 사장님을 비롯하여 편집부의 김상인실장에게도 고마움을 표한다.

2019년 11월
대구가톨릭대학교 효성캠퍼스 성토마스모어관 연구실에서
김 명 식 씀

사람이 사는 동안에 기뻐하며 선을 행하는 것보다 나은 것이 없는 줄을 내가 알았고, 사람마다 먹고 마시는 것과 수고함으로 낙을 누리는 것이 하나님의 선물인 줄을 또한 알았도다. 무릇 하나님의 행하시는 것은 영원히 있을 것이라. 더할 수도 없고 덜 할 수도 없나니 하나님이 이같이 행하심은 사람으로 그 앞에서 경외하게 하려 하심인 줄을 내가 알았도다(전도서 3:11~13)

차례

머리말 • 3

/ 제1장 /   국가는 國家
- 國家의 의미 • 15
- 인간의 욕구와 시장 • 18
- 숨은 잉여가치 • 20
- 자유와 평등 • 23
- 자유의 유지비 • 29
- 자본주의와 시장경제 • 32
- 아버지의 일기장 • 36

/ 제2장 /   국가는 헌법인
- 국가의 인격성 • 43
- 헌법인의 의미 • 46
- 대한민국헌법인 • 50
- 헌법인의 상징 • 53
- 헌법인의 출생과 성장 • 56
- 대한민국임시정부 • 59
- 대한민국헌법 제정 • 63
- 대한민국헌법 개정 • 68
- 대한민국헌법인의 과제 • 71

/ 제3장 / **국가와 국민**
- 민주공화국의 의미 • 75
- 행정주체와 행정객체 • 80
- 국민의 권리와 의무 • 83
- 국가와 지방자치단체 • 88
- 지방자치단체의 재정 • 94
- 특수법인과 공공기관 • 99
- 행정기관과 특수법인 • 102
- 공직자의 규모 • 104

/ 제4장 / **국가의 통치기구**
- 입법권과 국회 • 111
- 헌법과 '선진화' 법 • 114
- 국회의 인사청문회 • 116
- 지방자치단체의 인사청문회 • 123
- 행정권과 정부 • 125
- 대통령의 임기 • 129
- 대통령의 지위 • 132
- 대통령의 자문기구 • 135
- 내각제형 정부 • 138
- 국무위원과 행정각부 • 141
- 감사원의 역할 • 144
- 사법권과 법원 • 146
- 헌법재판 • 148
- 선거관리 • 151

/ 제5장 / **국가와 극장모형**
- 극장모형의 의미 • 155
- 극장의 리모델링 • 157
- 무대와 개방인사 • 161
- 공직의 입직경로 • 165
- 자아와 공직 • 168
- 공직연기자 • 170
- 신분과 역할 • 173

- 주인과 청지기 • 176
- 청지기의 본분 • 178
- 공직과 인생 • 181

/ 제6장 / **공직과 인생2막**
- 신규임용·수습(修習) • 187
- 해군 경리장교 • 191
- 행정사무관 • 195
- 서기관 • 206
- 미국 유학 • 208
- 과장 • 211
- 부이사관 • 225
- 호주 파견 • 227
- 인사정보심의관 • 231
- 이사관 • 234
- 인사정책국장 • 237
- 고위공무원 • 241
- 인사비서관 • 247
- 인사기획관 • 252

/ 제7장 / **사명자의 길**
- 교회의 사랑 • 263
- 갑작스러운 이사(移徙) • 267
- 인수위에 못 간 것도 • 271
- 컴퓨터의 도움 • 273
- 인사행정 외길 • 276
- 영남대학교 입학 • 278
- 인생은 실선(實線) • 283

/ 제8장 / **대통령과 인사정치**
- 청와대와 대통령실 • 289
- 단임(單任) 대통령 • 292
- 인사정치의 특징 • 295
- 인사의 관제탑 • 299

- 지뢰밭의 안전지대 • 302
- 위험한 식사초대 • 306
- 사람을 조심하라 • 309
- 기도의 능력 • 313
- 정직과 성실 • 316
- 절차와 보안 • 319
- 후보자 선정 • 322
- 언행의 무게 • 325
- 언론과의 관계 • 328
- 인사안의 발표 • 331
- 나가는 사람 • 334
- 장관의 리더십 • 337
- 인사 청탁자 • 340
- 청탁과 추천 • 343
- 인사검증 업무 • 346
- 내외부의 협조 • 349
- 정부인사 쇄신 • 353

/ 제9장 / 내가 본 이명박 대통령
- 하나님의 사람 • 359
- 업무와 본질 • 363
- 포용과 인정 • 365
- 소통과 나눔 • 368
- 신뢰와 사랑 • 371
- 원칙과 배려 • 373

/ 후기 / 인생3막을 시작하며
- 단사리(斷捨離)하고 • 379
- 새로운 역할을 맡아 • 381
- 길(路)과 길(道)을 따라 • 386
- 남은 인생채무를 갚으며 • 391

참고문헌 • 395

/ 표 차례 /

[표 1] 대한민국헌법 제·개정 경위 • 69
[표 2] 역대 대통령 취임일과 적용 헌법 관계 • 70
[표 3] 헌법상 기본권의 분류와 내용 • 84
[표 4] 법률로 규정한 모든 국민의 의무 • 86
[표 5] 대한민국 공직자 전체 정원 • 105
[표 6] 역대 헌법상 국회 관련 주요사항 • 112
[표 7] 현행 헌법상 국회의 의사·의결정족수 • 115
[표 8] 역대 헌법상 정부 관련 주요사항 • 126
[표 9] 역대 헌법상 법원 관련 주요사항 • 147
[표 10] 역대 헌법상 헌법재판 관련 주요사항 • 148
[표 11] 역대 헌법상 선거관리 관련 주요사항 • 152
[표 12] 인생의 단계별 시기와 특징 • 182
[표 13] 대통령의 인사권 행사범위 • 297
[표 14] 역대정부의 주요 정무직공무원 비교 • 333
[표 15] 이명박정부에서 최초로 시행한 주요 인사 • 354

/ 그림 차례 /

[그림 1] 열린 입과 닫힌 입의 국가별 모양 • 24
[그림 2] 확대된 소득순환에서의 누출과 주입 • 33
[그림 3] 대한민국헌법상 권력 배분 구조 • 77
[그림 4] 지방자치 관련 법률 체계 • 90
[그림 5] 우리나라 지방자치단체 구성체계 • 92
[그림 6] 우리나라의 조세 구조 • 95
[그림 7] 광역자치단체별 재정자립도와 재정자주도 • 97
[그림 8] 대한민국 극장모형 • 156
[그림 9] 무대와 객석의 높낮이 비교 • 157
[그림 10] 공직자의 인력충원체계도 • 166
[그림 11] 계급제와 직무등급제의 경로 비교 • 175
[그림 12] 이명박정부의 대통령실조직도 • 255

제 1 장

국가는 國家

국가가 무엇인가에 대한 질문에 고대로부터 지금까지 수많은 사상가, 철학자, 정치가, 법학자들이 다양하게 답을 내어놓았다. 모두 나름대로 타당한 내용을 담고 있다. 나는 이 책에서 국가에 관한 새로운 이론을 제시하려는 것이 아니라 그동안 공직생활을 하면서 스스로 했던 질문에 답을 찾는 중에 깨달은 바를 기술한다. 한자어 國家에 담긴 뜻을 생각하며 자유와 평등의 가치에 대하여 성찰한 바를 정리한 후, 오래전 하나님 나라로 가신 아버지의 일기장을 통하여 대한민국의 과거와 현재를 살펴보았다.

國家의 의미

 國家를 파자(破字)하면, 나라 국(國)은 에워쌀 위(口) 안에 한 일(一), 입 구(口), 창 과(戈)가 있고, 집 가(家)는 갓머리 면(宀) 밑에 돼지 시(豕)로 되어있다. 왜 국가를 그렇게 썼는지 의문이 생겨 한자 어원사전 등 관련 문헌을 찾아보았으나 궁금증을 풀어줄 정도로 잘 설명한 자료는 찾기 어려웠다. 그래서 나름대로 다음과 같이 해석해 보았다.
 國이라는 글자의 바깥 테두리 모양인 에워쌀 위(口)는 나라의 경계선 즉 국경을 뜻한다. 네모 안의 아래쪽에 있는 한 일(一)은 아무런 의미 없이 그은 짧은 선이 아니라 수평선 또는 지평선이다. 그러면 그 선상과 선의 위·아래에는 하늘과 땅, 바다가 있으므로 국경 안의 모든 영토를 상징한다.
 입 구(口)는 그 영토에 존재하는 모든 생명체를 가리킨다. 어류, 파충류, 조류, 포유류 등 세상의 모든 동물은 생존에 필요한 물질을 외부로부터 받아들이는 입을 갖고 있다. 실은 식물도 입의 기능을 하는 잎과 뿌리가 있다. 지구는 사람들만 살도록 만들어진 별이 아니므로 사람 인(人) 대신 입 구(口)를 쓴 것이다. 특히 사람의 입은 음식물이 들어가는 통로일 뿐만 아니라 자유롭게 형성된 생각들을 말로 표현하는 도구이다. 이성(理性)을 가진 인간의 생존과 자유를 뜻한다. 입의 모양이 열려 있는(口) 것은 먹거나 말하고 싶을 때 언제든지 마음대로 할 수 있는 자유로움을 보여준다. 입이 닫힌 모양(■)이라면 자유와 생존이 박탈된 상태이다.

찌르는 물건인 창(槍) 과(戈)는 칼과 달리 주로 자신을 방어하는 데 사용하는 무기이다. 창을 맨 위에 둔 것은 국경 안의 모든 생명과 영토를 지키기 위한 군사력이 필요함을 보여준다. 창을 국경에 그냥 꽂아둔다고 국가의 안보가 저절로 유지되는 것이 아니다. 사람들이 창(무기)을 잡고 수비하고 있어야 한다. 따라서 창 과(戈)는 국경 안의 모든 생명과 영토를 지키기 위하여 국민 스스로 무기를 들고 국경을 방어할 수 있는 군사력을 유지할 정부가 있어야 한다는 뜻이다. 이러한 역할을 행하는 정부를 포함한 나라의 통치기구를 국민이 직접 구성할 수 있는 능력이 있을 때 주권을 스스로 행사하는 주권국가가 된다. 한자가 만들어지던 그 옛날 중국엔 왕이 통치하고 있었기에 창 과(戈) 자리에 임금 왕(王)이 들어가는 한자를 만들 수도 있었을 텐데, 그러지 않은 것은 왕이 백성과 영토를 온전히 지킬 수 없음을 알았기 때문이다.

이처럼 한자어 國은 나라의 3대 구성요소로 일컫는 주권, 국민, 영토가 국경 안에서 공존하면서 주권을 직접 행사하는 정부가 국민과 영토를 보호하는 실체라는 사실을 잘 나타내고 있다. 우리 선조들은 대한민국 제헌헌법 제1장 총강에서 국가의 핵심요소를 다음과 같이 구체적으로 명문화하였다.

> 제1조 대한민국은 민주공화국이다.
> 제2조 대한민국의 주권은 국민에게 있고 모든 권력은 국민으로부터 나온다.
> 제3조 대한민국의 국민되는 요건은 법률로써 정한다.
> 제4조 대한민국의 영토는 한반도와 그 부속도서로 한다.

제1조에서 대한민국의 정체성을 밝히고, 이어서 제2조부터 제4조까지 주권·국민·영토의 순으로 조문을 배치한 것은 매우 중요한 의미가 있다. 주권이란 주인이 되는 권리를 말한다. 지구상의 어느 곳에 누가 살던지 사람과 땅은 늘 있었다. 그런데 사람들이 자기 일을 주도적으로 결정하며 사는가 아

니면 다른 사람이 시키는 대로 사는가에 따라 주인과 노예로 구분된다. 나라도 마찬가지다. 한 나라의 국민이 스스로 통치조직을 구성하여 사는가 아니면 다른 나라의 지배를 받는가에 따라 주권국가와 식민지로 나누어진다. 통치할 수 있는 권능인 주권을 누가 행사하는가는 국가의 운명을 결정하는 분수령이 된다.

국가의 사명은 국경을 튼튼하게 지켜 그 안에 사는 모든 생명체 특히 국민이 자기의 생명과 재산을 뺏길 걱정 없이 안전하고 자유롭게 살면서 행복을 누리도록 하는 것이다. 그러므로 식민지는 자국의 사람과 땅이 타국의 지배를 받게 한 정부에 1차적 책임이 있다. 외교나 군사력 등을 통해 국경을 방어하지 못한 정부의 책임을 반성함과 동시에 침략한 외국을 비난할 필요가 있다. 그처럼 주권이 중요하기에 우리나라 제6호 헌법부터는 제2조에 있던 주권에 관한 규정을 제1조 제2항으로 옮겼다.

비바람을 피할 수 있는 지붕 밑에 다산(多産)의 동물 돼지가 새끼에게 젖을 먹이는 모양인 집 가(家)를 나라 국(國)에 붙여 국가라고 부르는 것은 나라와 가정의 본질이 같다는 뜻이다. 가정이 부모와 자녀의 혈연관계를 토대로 가장의 권위로 위계질서를 유지하듯이, 국가(國家)는 국민 각자의 자유로운 의사를 기초로 형성된 정부의 보호 아래 영토를 지키고 국민의 생명과 자유를 보장하되 법령과 제도를 지키며 안정된 사회질서를 구축하는 공동체라는 의미를 담고 있다.

인간의 욕구와 시장

 사람들은 열린 입을 통하여 생명을 보존하는 음식물을 주기적으로 채우기 위하여 농경시대 이전까지는 대부분 자급자족에 의존했다. 인구와 생산력, 교류가 점차 늘어나면서 먹고 남는 것을 다른 사람과 주고받는 물물교환을 시작하였다. 아마 색다른 음식을 먹고 집과 옷을 입을 기회였기에 서로에게 도움이 된다는 사실을 알았을 것이다. 교환의 장소인 시장이 자연스럽게 형성되었다. 시장에서 물건들이 통용되고 화폐가 등장하며 사람들의 다양한 욕구가 더욱 충족됨에 따라 결과적으로 모두에게 이익이 되었다. 이것이 시장경제가 발전한 배경이다.

 생산과 유통의 자유를 바탕으로 하는 시장은 각 사람이 경제주체로서, 필요한 정보를 획득하여 원하는 물건을 창의적으로 만들어 공급한다. 이는 다시 새로운 수요를 창출하며 계속 확대해 간다. 사람의 입을 통해 먹고사는 기본적 생존 욕구가 해결되면 그 입은 자유롭게 생각하고 행동하는 소통의 도구로 발전한다. 시장경제의 종착점은 자유민주주의가 되는 선순환구조를 만든다.

 일찍이 매슬로우(Abraham H. Maslow) 등 심리학자들이 밝힌 욕구이론도 똑

같은 결론을 보여준다. 생리적 욕구가 해결되면 안전의 욕구로 이어지며 마침내 관계의 욕구 단계로 발전한다. 사회적 동물인 사람이 배고픔을 해결하고 남는 시간을 채우는 많은 활동 – 독서, 관광, 스포츠 등 – 은 대부분 문화의 영역이다. '금강산도 식후경'이라는 속담도 같은 말이다. 사람의 위는 용량이 제한되어 일정한 양이 차면 더는 받아들일 수 없다. 두뇌의 용량은 그렇지 않기에 자유롭게 형성되는 창의적 사고와 활동은 무한하다. 다양한 형태의 문화 활동은 항상 새롭게 만들어지고 확장해 간다. 이런 맥락을 일찍 간파하고 대비한 사람들이 현대사회에서 경쟁력을 가진다.

자유가 있는 곳에는, 시간의 차이일 뿐 먹고 사는 기본적인 생존 문제는 언젠가는 반드시 해결된다. 그러면 입의 역할은 생존 도구에서 자유로운 문화 도구로 전환한다. 그래서 먹는 문제를 조기 해결한 나라와 사회로부터 문화가 꽃을 피웠다. 신분을 기초로 운영되던 농경사회에서 배고픈 상황을 별로 고민할 필요가 없었던 왕족과 귀족사회에서 일찍이 음악·미술 등 문화예술 활동이 활발하게 전개된 이유가 여기에 있다. 일반 서민들까지 문화생활을 즐기게 된 것은 제1차 산업혁명 이후 대량생산이 가능해지면서 경제성장과 발전의 과실을 함께 누릴 여유 시간이 생긴 결과이다.

인간은 공장에서 찍어낸 균질한 피조물이 아니기에 겉모습뿐만 아니라 성격, 태도, 행동 등이 천차만별이다. 그 결과 완전한 자유경쟁이 보장되는 시장경제와 산업화 시대에서는 시간이 지나면서 사람들이 가진 소유의 정도에 격차가 생기게 된다. 어느 정도의 차이는 참을 수 있으나 수인한도를 넘는 데 따른 부작용을 줄이려고 많은 사상과 이론이 등장했다. 이미 실패한 것이 많지만 아직도 실험 중인 것이 있다. 완전히 똑같지 않은 인간의 본질적 특성을 고려하지 않은 인위적인 동질화 조치는 일시적으로는 효과가 있을지 몰라도 결국은 성공하기 어렵다. 인간의 입은 본질상 열려 있어야 하는데 이를 강제로 닫아 두면 잠시는 침묵할지라도 영원히 이런 상태를 유지하기는 불가능하기 때문이다.

숨은 잉여가치

　일반적으로 사람들은 아침에 잠에서 깨어나 출근 준비하고 낮에는 일터로 나가 일하다 저녁에 집으로 돌아와 자는 생활을 반복하고 있다. 이 평범한 일상에서 우리가 누리는 것을 곰곰이 살펴보면 참으로 큰 혜택을 누리고 있음을 깨닫는다. 오늘날 자기가 먹을 음식 재료를 마련하기 위하여 직접 씨를 뿌리고 열매를 거두어 저장해 두었다가 조금씩 꺼내어 요리하는 사람은 많지 않다. 자기 입에 들어갈 마지막 단계에서, 남들이 다 재배하고 가공한 재료를 사서 조금만 손질해서 간편하게 먹는다. 또 직장이나 일터로 걸어가는 사람보다는 버스, 승용차, 택시, 지하철 등 다양한 교통수단을 이용하는 사람이 훨씬 많다. 우리나라는 대중교통 무료 환승제도 덕분에 더욱 적은 비용으로 출퇴근할 수 있다.
　먹을 것을 스스로 조달하거나 일터로 가는 길을 직접 닦아야 했던 옛날과 비교해보면 현대인들은 얼마나 윤택한 삶을 살고 있는가. 시내버스를 탈 때 교통카드에서 인출되는 금액은 현재 1,250원이다. 이에 비해 승객이 누리는 가치는 엄청나다. 냉·난방이 완비된 버스를 타고 가만히 앉아 있으면 목적지 근처까지 운전기사가 편하게 데려다준다.

운전기사는 버스를 최초로 발명하고 만든 사람들, 차가 빨리 달릴 수 있도록 도로를 건설하고 아스팔트로 포장해 준 사람과 차선을 그어 준 사람, 신호등을 설치한 사람, 신호등에 전기를 공급하는 사람, 버스가 달릴 수 있도록 연료를 생산·공급하는 사람, 그 경유를 개발하고 정유공장까지 운반한 사람 등 헤아릴 수 없는 많은 사람의 도움으로 일자리를 갖고 가족을 부양한다. 모두 서로에게 신세를 지면서 안정된 삶을 산다.

생각해보면 우리는 아주 적은 비용을 내고 너무나 많은 것을 누리고 있다. 우리에게 도움을 줬던 사람들 대부분은 이미 이 세상 사람이 아니다. 우리는 그들의 이름을 다 알지 못하고 관심도 없다. 외국인도 많다. 세상의 모든 사람은 과거로부터 현재까지 어떤 형태로 살든지 서로에게 도움을 주면서 살아왔고 앞으로도 그렇게 살 것이다. 우리가 타인으로부터 도움을 받은 것은 물질적인 혜택이나 수고만 줄인 것이 아니다. 만약 지금 누리고 있는 것들을 처음부터 끝까지 각자가 준비해서 살아가야 한다면 많은 시간이 소요될 것이다.

요컨대 문명의 발달과 과학기술의 발전으로 사람들이 얻은 가장 큰 선물은 시간이었다. 시간의 증가는 공간의 확장으로 이어진다. 식품과 의약품의 개발로 자연 수명이 늘었을 뿐만 아니라 일상의 시간도 연장됨으로써 현대인은 과거보다 훨씬 오래 살고 있다. 놀랍게도 이는 국가가 인류에게 도움이 될 물건들을 각자 만들어 내라고 계획을 수립하여 명령으로 이루어진 게 아니라는 점이다. 특별한 사명감으로 필요성을 인식한 사람들이 오랫동안 노력하고 많은 시행착오를 거쳐 새로운 것을 발명하면, 다른 사람들은 이를 토대로 좀 더 품질 좋은 물건을 만듦으로써 꾸준히 발전되어 왔다. 외부로부터 강압에 의한 지시에 따르거나 힘센 사람들이 의도적으로 만든 것이 아니라 다양한 소질을 가진 사람들이 각자의 재능에 따라 자유롭게 창작된 결과물이 대부분이다. 동질의 균일한 인간들로 구성된 조직에서는 나오기 어려운 창의력의 산물이다.

그런 점에서 우리나라를 세운 선조들은 당시 유행했던 전체(사회)주의 이념에 포획당하지 않고 개인의 능력을 중시하는 자유민주주의로 설정한 것은 참으로 감사한 일이 아닐 수 없다. 국가를 구성하는 모든 국민이 자유와 창의를 바탕으로 최선을 다해 힘을 모아 오늘의 대한민국이 만들어졌다. 현대인에게 많은 시간의 혜택을 주는 각종 이동수단 - 비행기, 선박, 열차, 자동차, 자전거 등 - 을 발명한 사람들은 후손들에게 정말 값진 유산을 물려줬다. 누가 언제 어디서 어떻게 그런 훌륭한 물건을 만들게 되었는지 다 몰라도, 이런 것들이 처음부터 존재한 당연한 물건이 아니고 수많은 사람의 손길을 거쳐 여기까지 왔음을 알고 그들에게 감사하는 마음을 가져야 한다.

시간은 사람마다 측정하는 가치가 다르므로 화폐로 환산하기 어렵다. 그 중요성을 생각하지 않으면 시간이 얼마나 큰 축복인지 모른다. 인간의 평균 수명만 증가한 것이 아니라 삶의 질 자체가 훨씬 다양해졌으므로 실질적인 수명은 두 배 이상 늘었다. 이를 깨달으면 우리는 측량할 수 없는 많은 잉여가치를 매일 누리고 있음을 인정하게 된다. 우리의 조상들이 자유를 기반으로 한 정치와 경제체제를 이 땅에 정착한 점을 높이 평가하는 것은 당연한 일이다.

자신을 포함한 이웃에게 도움이 되는 일을 찾아 열심히 살다 보니, 결과적으로 인류 전체에게 혜택이 골고루 돌아가게 되는 이 단순한 논리를 바르게 아는 데서부터 자유민주주의와 시장경제의 의미와 가치는 지속될 수 있다. 현재 누리는 잉여가치를 가져다준 과거에 감사하지 못하고, 단지 부담하는 현재의 적은 비용만 아까워하고 남들과 가진 것을 비교한다면 진정한 행복을 누리기는 어렵다.

자유와 평등

 사람의 능력 차이로 자유와 평등은 항상 긴장 관계에 놓인다. 완전한 자유는 완전한 평등과 공존할 수 없기 때문이다. 관건은 평등을 어떻게 이해하는가이다. 자유를 중시하는 사람들은 기회의 평등이면 충분하다고 할 것이고, 평등을 중시하는 사람들은 결과의 평등까지 되어야 완전하다고 할 것이다. 만약 그런 평등 상태가 공평하고 정의로운 것이라면 하나님은 세상과 사람을 처음부터 그렇게 창조했으리라 본다. 하나님은 사람들에게 똑같은 지구 환경에서 살도록 하지 않은 대신 자유의지를 선물로 주셨다. 그래서 비슷한 땅에서 살더라도 누가 사는가에 따라 어떤 곳은 옥토가 되고 어떤 곳은 황무지가 된다. 장소가 중요한 것이 아니라 자유와 평등에 대한 사람의 태도가 어떠한가에 따라 나라의 운명이 좌우된다. 즉 평등에 대한 태도는 사람의 운명을 판가름 짓는다.
 우리나라는 건국 이후 지금까지 훌륭한 선조들 덕분에 국민의 입(口)은 먹는 입과 말하는 입 모두 열린 상태를 줄곧 유지해 왔다. [그림 1]에서 구분한 바와 같이 두 가지 종류의 입이 모두 열린 경우가 가장 바람직하다. 나라마다 먹는 입(경제적 자유)은 어느 정도 열었지만 말하는 입(정치적 자유)은 닫아 두기도 하고 두 종류의 입을 다 막은 것도 있다. 모든 나라에 대하여 정치와 경제의 자유도에 따라 입의 크기를 다양하게 표현할 수 있을 것이다. 이를 통해 정치체제와 경제체제 간의 이념성 차이를 고려하여 국제관계에서 선린우호 또는 적대관계를 형성하는 기준으로 삼을 수 있다. 우리나라와 주변 상황을 고려할 때 모두 열린 입을 허용하는, 다시 말해 자유민주주의와 시장경제의 이념을 공유하는 이웃나라 일본과 좋은 관계를 유지하는 것은 우리 후손들의 미래를 위해서 필요하고도 중요한 일이다.

[그림 1] 열린 입과 닫힌 입의 국가별 모양

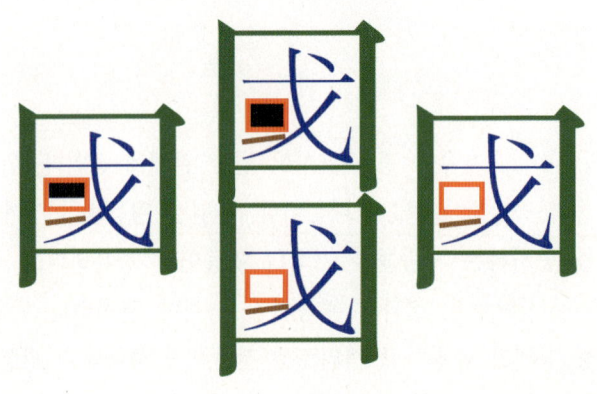

　결과적 평등을 자유의 가치보다 우선시하는 체제를 지속하려면 말하는 입을 억제해야 한다. 이는 먹는 입을 통제하면 쉽다. 먹고 싶을 때 마음대로 먹을 자유를 박탈하면 된다. 자유로움은 시장을 통해 대부분 충족되므로 국가는 시장기능을 점점 약화시켜 마침내 국가의 통제 아래에 두려고 한다. 그렇게 되면 국민은 국가가 배급할 때까지 속수무책 기다릴 수밖에 없다. 말하는 입이 저절로 다물어진다.
　개인의 것을 빼앗아 국가가 소유해야 한다는 명분은 간단하다. 먹는 입이 열려 있다 보니 많이 가져 배가 터지도록 먹는 사람과 적게 가져 굶는 사람이 생긴다는 것이다. 수천 년간 느리게 진행되었던 농경사회의 패러다임을 통째로 뒤흔든 산업혁명 초기의 급격한 빈부격차는 그런 마음을 가질 만했다. 그러니 많이 가진 사람의 것을 강제로 뺏어서 골고루 나눠 먹으면 좋은 세상이 된다고 보았다. 얼핏 들으면 솔깃해지는 구호라서 깊이 생각하지 않으면 상대적으로 적게 갖고 있다고 느끼는 사람들이 지지하게 된다. 문제는 소유의 격차가 생기게 된 과정을 전혀 고려하지 않는 결함이 있다. 또 경쟁을 통해 누구에게나 고르게 돌아가는 혜택 즉 숨겨진 잉여가치를 반영하지 않는 잘못이 있다. 베네수엘라 사태는 이를 잘 보여주고 있다. 그동안 누려오던 자유의 소중한 가치와 시장의 잠재력을 소홀히 여기고 결과의 평등을 지향하며 사유재산을 국유화함으로써 국민의 삶의 질은 과거보다 훨씬 더 나쁜 상황을 초래하였다. 거짓 선동한 사람이 물론 나쁘지만 헛된 정치 구호를 깊이 성찰하지 않고 맹목적으로 추종한 사람들의 무지한 책임도 적지 않다. 아래 두 개의 사진을 통하여 자유와 평등, 개인과 전체(사회, 집단)를 비교해 본다.

* TFoxFoto, shutterstock.com   * N-sky, shutterstock.com

왼쪽은 초원에서 스스로 먹이를 찾아 살아야 하는 자유주의 세계의 닭이고 오른쪽은 양계장에서 주인이 주는 사료를 먹고 사는 결과적 평등주의 세계의 닭이다. 초원의 닭은 자유로운 환경에서 살기 위하여 각 개체가 부지런히 풀을 헤치고 땅을 파서 먹을 것을 찾아다녀야 한다. 반면 양계장의 닭은 외형상 평등하고 획일화된 질서정연한 공간에서 먹이를 찾아 수고할 필요 없이 정해진 시간에 주인이 배급하는 사료를 먹고 달걀만 생산하면 된다. 각자 공동체를 이루며 산다는 점은 같으나 삶의 형태는 판이하다. 열린 공간과 닫힌 공간의 차이와 함께 그 공동체 안에 자유가 있나 없나가 핵심요소이다. 자유의 가치를 아는 사람에게는 자유가 없으면 죽은 상태와 같으나 자유는 없어도 목숨만 붙어 있으면 충분하다고 여기는 사람에게 자유는 그다지 소중하지 않을 수 있다.

심은 만큼 그리고 심은 대로 거두는 공평과 정의의 원칙(갈라디아서 6:7)을 무시하고, 심든지 심지 않든지 동등한 분량을 갖도록 배분하는 결과적 평등이 옳다면 열심히 심고 정성껏 가꾸는 사람이 비정상이다. 당연히 일할 의욕은 사라지고 누구든지 할당량만 채우고는 놀려고 할 것이다. 근본적인 문제는 사람의 입으로 들어가는 것을 고르게 배분하는 역할을 누군가 담당할 텐데, 그가 선한 마음이 없으면 언제든지 확보한 자원을 이용해, 국경을 보존하고 생명과 자유를 보장하기 위한 군사력의 창끝을 자유를 갈망하는 입을 틀어막는 데 사용할 수 있다는 점이다. 닭 대신 사람을 대입하여 어떤 사회에서 살기를 원하는가라고 물어보면 쉽게 이해된다. 자유주의에서는 사람이 살기 위해서는 열심히 땀을 흘려야 한다. 결과적 평등주의에서는 자유를 포기하는 대신 최소한의 땀만 흘리면 된다. 인간이 태어날 때부터 가지고 있던 자유를 누리지 못하면 누군가가 그것을 대신 행사하게 된다. 그가 바로 개인으로부터 자유를 뺏어 구성원 전체를 노예로 만드는 대형(大兄: big brother) 주인이다.

노예화 과정은 대개 이렇게 전개된다. 먼저 자유의 가치를 누리는 사람들의 단결력을 약화한다. 힘을 분산시키고 조직을 분열하는 방법이 동원된다. 많이 가진 자와 적게 가진 자를 구분한다. 자유를 보장하는 체제에서는 유권자의 득표수로 결정하는 상대적 개념을 중시하므로 우위 비율은 격차가 크지 않아도 된다. 주인의 인적 재산인 종이나 노예는 주는 대로 먹고 일만 하므로 세금 낼 이유도 능력도 없다.

어느 쪽 공동체가 더 많은 총소득을 만들어 낼지는 두말할 필요가 없다. 자유주의에서는 각자 모두 최선을 다해 열심히 일해야 하므로, 적당히 노력해도 되는 결과적 평등주의보다 당연히 많이 생산한다. 그런데 먹는 입은 용량이 제한되어 많이 산출해도 혼자 다 취할 수 없다. 남는 것은 시장으로 갖고 가서 필요한 다른 물품과 교환한다. 땀을 좀 더 흘리는 수고는 있으나 자유를 바탕으로 한 창의활동으로 새로운 연관 산업이 자꾸 만들어진다. 자유주의 체제는 총량이 커지는 후방효과로 새로운 일자리와 부가가치가 증가하는 선순환구조를 갖는다.

결과적 평등주의는 시장에서 효율적으로 처리하는 대신 국가가 계획적으로 배분하므로 창의가 개입될 여지가 적다. 만약 공공부문에서 두 명이 하던 일을 한 명으로 줄이는 효율성을 높이는 아이디어를 내면, 잉여인력을 해고해야 할 상황이 생기므로 창의는 발휘하지 않는 것이 좋다. 구조조정 대신 다른 일을 만들어서라도 고용을 유지해야 할 상황이라면 공공부문의 특성상 국민에게 불편을 초래할 새로운 규제만 늘어날 수 있다. 이는 공공부문은 본질상 연관 산업을 진흥시키는 후방효과를 창출할 수 없기 때문이다.

결과적 평등주의는 자유와 시장경제 덕분에 모든 개인에게 돌아가는 엄청난 잉여가치와 편익을 당연하게 여기게 하거나 애써 외면하는 대신 부작용은 크게 부각한다. 과거의 대한민국과 현재의 대한민국, 과거의 나와 현재의 나를 비교하면 감사할 것이 너무나 많다. 하지만 현 상태에서 나보다 더 가진 타인과 비교하며 많이 가진 사람들이 내 몫을 가져갔다고 단정한다면 감사는커녕 적개심만 늘어날 수 있다. 가치의 표준을 어디에 두는가에 따라 삶의 의미는 크게 달라진다.

연령상, 건강상 타인의 도움을 받아야 할 사람은 어느 시대 어느 장소에도 있기 마련이다. 젊고 건강한 사람들이 열심히 일해서 만들어 낸 산출물은 입의 한계로 혼자서 다 먹을 수 없다. 남는 것은 어려운 사람들에게 나눠 주면서 함께 먹게 되어있다. 긴 안목에서 보면 복지정책을 이런 관점에서 수립 시행해야 한다. 모든 사람이 마음껏 자유롭게 창의력을 발휘하여 일하게 하고 창출된 전체 소득 중에서 남는 것은 어려운 사람을 위해 스스로 내도록 함으로써 보람을 줘야 한다. 자기 것은 내지 않고 남들이 많이 가진 것을 뺏어서 주겠다고 하는 생각은 모두를 불행하게 만들 뿐이다.

다만 자유주의를 이용하여 불공정한 경쟁으로 남에게 돌아갈 이익을 가로채거나 시장을 독점하는 사례에 대하여는 헌법과 법령이 지배하는 법치행정 원리에 따라 조정하고 규제할 명분이 있다. 우리 헌법 제9장 경제 편에는 이러한 내용을 담아서 공평하게 잘 살 수 있도록 경제적 민주화 조항을 담고 있다. 때로는 무질서하게 보이는 자유로운 공동체가 그래도 더 나은 것은 결과적 평등사회에서는 결코 주기 어려운, 나도 열심히 창의력을 발휘하면 언젠가는 잘 살게 될 것이라는 '희망'의 씨앗을 누구에게나 심어 줄 수 있기 때문이다.

자유의 유지비

　우리나라는 건립 이후 지금까지 헌법상 국민의 기본권으로서의 자유를 보장해 왔다. 과거 한동안 표현의 자유가 일부 제한을 받은 시절도 있었으나 지금은 지나칠 정도의 자유를 누리고 있다. 심지어 자유를 훼손하는 자유까지 누리는 것은 아닌지 염려할 정도로 자유가 보장되어 있다. 자유는 결코 공짜가 아니다. 자유를 지키는 데는 유지비용이 적지 않게 든다. 비용이란 자유의 수혜자인 국민이 부담하는 각종 세금이다. 세금의 본질은 자유라는 소중한 가치를 깨닫고 지키려는 국민정신을 토대로 자유를 누리는 사람들이 자발적으로 부담하는 비용이다.

　국가는 국민의 세금을 토대로 생명, 자유, 재산을 최대한 지켜 줄 책무가 있다. 우리 조상들은 이 자유의 소중함을 깊이 인식하고 대한민국헌법을 제정할 때부터 지금까지 전문에서 '우리들과 우리들의 자손의 안전과 자유와 행복을 영원히 확보할 것을 다짐하면서' 대한민국에 자유민주주의와 시장경제 체제를 정착시켰다. 그동안 자유로운 삶에 너무나 익숙해진 탓인지 자유를 당연시하여 자유인으로서의 감사함을 잊지 않았는지 걱정스럽다.

　어두운 방에 들어가 전등 스위치를 켜면 방은 금방 밝아진다. 저장할 수 없는 교류 전기를 수력, 화력, 원자력발전소 등에서 생산하여 전국의 송전탑과 전봇대를 통하여 24시간 쉬지 않고 가정마다 전기를 보내는 공공기관들과 공직자 덕분이다. 사용한 만큼 요금을 내니까 감사할 것까지는 없다고 할지 모르겠다. 버스 요금에서 본 바와 같이 국민 개개인이 전기 사용료로 각자 전기를 생산하여 사용하는 것은 불가능하다. 각종 첨단 전자기기가 없으면 정서적으로 불안할 정도로 전기를 많이 사용하는 현실을 보면 실제로 지출하는 비용이 많다고 하기는 어렵다.

부모의 은혜 역시 다를 바 없다. 세상에 태어나서 성인이 되기까지 부모의 희생과 헌신은 무엇으로도 갚을 수 없다. 가끔 어린 자녀를 데리고 어린이 테마파크에 가서 함께 시간을 보내는 젊은 부모들을 본다. 아이들이 행복하게 노는 모습을 카메라나 스마트 폰으로 열심히 찍는다. 그런 아름다운 장면을 보면서 저 아이들은 나중에 커서 지금 저렇게 정성껏 자신을 돌보는 부모의 사랑을 얼마나 알고 보답할까 생각해본다. 물론 부모들은 자신의 자녀가 귀엽고 예쁘게 잘 자라는 모습을 보는 것만으로 충분히 보상을 받았다고 할 수 있다. 그래도 육아를 하는 동안은 부모의 개인적 경력 발전은 일단 유보될 수밖에 없다. 아이들은 부모가 항상 자기 곁에 있어야 한다고 믿기에 잠시라도 안 보이면 불안해서 운다. 어린아이가 나중에 자신이 부모가 될 때야 비로소 부모의 은혜를 깨닫고 감사한다.

태양을 비롯하여 우주로부터 받는 빛과 에너지를 누림도 마찬가지다. 천체물리학 등 과학으로 모든 비밀을 알 수 없다. 인간의 지각을 뛰어넘는 하나님의 권능을 믿음으로 받아들일 때 이 광활한 우주 속의 작은 별 지구에서 인간이 쾌적하게 살 수 있도록 모든 질서를 유지함을 감사하는 것이다. 우리 대한민국 국민은 감사할 일이 정말 많다. 내가 태어나던 시절은 6·25동란 후 연간 100만 명의 아기들이 출생하던 베이비붐의 전성기였다. 학창시절에는 한 반에 60명이 넘는 학생들이 콩나물시루 같은 교실에서 치열한 경쟁을 치렀다. 입의 역할은 주로 고픈 배를 채우는 도구였던 시기이므로 공부하는 시간을 제외하고는 생존과 관련된 활동이 많았다. 보리나 벼를 추수할 때면

논밭에 가서 이삭을 주워 와서 학교운동장 한쪽에 모았고, 논밭에 나가 메뚜기를 잡거나 농사를 도와야 했다. 때로는 취사와 난방에 필요한 마른 나무나 장작을 구하려고 산에 가서 주워 오기도 했다.

우리 세대가 그러했다면 우리의 부모 이전의 세대는 더 말할 것도 없다. 일제강점기와 6·25동란까지 겪느라 말할 수 없는 고통의 시기를 살아왔다. 늘 고픈 입을 갖고 살았으나 후손들에게는 가난을 대물림하지 않으려고 수십 년간 피땀 흘리며 일했다. 인간의 생존을 위한 입의 기능이 상당히 해결되면서 말하는 입의 기능도 자연스레 활성화되었다. 다음에 소개할 아버지의 일기장 40권은 이런 역사적 사실을 생생하게 알 수 있는 기록물이다. 그것이 대한민국이 제2차 세계대전 이후 독립된 나라 중 유일하게 산업화와 민주화를 모두 이루는 성과로 나타났다. 이제는 인구가 5천만이 넘는 국가 중에서 1인당 국민소득이 미화 3만 달러를 넘는 30·50클럽의 7번째 나라가 되었다. 또 외국으로부터 원조를 받다가 원조를 하게 된 유일무이한 사례로 자리매김하고 있다. 이런 자랑스러운 대한민국의 국민으로 살고 있다는 사실이 감격스러울 뿐이다.

그렇지만 극히 일부 사람들이 이러한 사실을 외면하고 안 좋은 사실들만 부각하며 대한민국을 폄훼하는 것은 참 안타까운 일이다. 살다 보면 때로는 기분 나쁜 일도 생길 수 있으나 우리나라를 욕하면 자기 얼굴에 침을 뱉는 것과 같다. 이러한 현상은 자유로운 국가에 살면서 누리는 측량할 수 없는 잉여가치에 대하여는 당연하게 생각하고 얼마나 값진 것인지 잘 깨닫지 못한 탓이다.

자본주의와 시장경제

 거시경제학을 공부할 때 가장 기본적으로 배우는 국민총소득 공식은 $Y=C+I+G+(X-M)$로 표현한다. 여기서 Y는 1년간 국민 전체가 벌어들이는 소득(Yield)이며, C는 가계 소비(Consumer), I는 민간기업(Industry)의 투자, G는 정부(Government)의 지출, X는 수출(eXport), M은 수입(iMport)액을 각각 구성한다. [그림 2]는 각 구성요소 사이의 누출과 주입의 연계과정을 보여주고 있다.

 자본주의 시장경제는 인간의 합리적 이기심을 기초로 하므로 개인 간 능력 차이가 원인이 되어 나타나는 문제가 일부 있더라도 자유로운 상행위를 보장함으로써 시장의 규모를 확대해 나가는 것이 옳다고 본다. 즉 가계(C)와 기업(I)은 스스로 창의력을 갖고 조직을 키우고 매출액을 증가시키려 노력하게 두고 이들의 자유로운 경제활동을 국가 또는 정부(G)가 보장하는데 필요한 최소한의 비용만 강제로 징수하는 체제이다. 이에 반해 정부는 독점적인 지배구조이므로 내외 감시망을 가동해야 한다. 국회와 같은 제도권 내의 합법적 조직은 말할 것도 없고 언론, 시민단체(NGO), 심지어 요즘에는 국민 전체가 스마트 폰을 들고 다니면서 정부가 강제로 거둬들이는 자원을 합리적으로 배분하는지 선량한 감시자의 역할을 충실히 한다.

국민총소득(Y)을 증가시키는 과정에서 불가피하게 발생하는 국민 사이의 빈부격차를 줄이기 위하여 제헌헌법에서부터 시장경제와 공공복리를 동시에 구현하는 규정을 두어 왔다. 자유경쟁은 상대적으로 능력이 부족한 사람들에게는 약간 부담스러운 점은 있으나, 시장경제에 활력을 불어넣어 경제 총량이 늘어감에 따라 궁극적으로 모두에게 이익이 된다. 총생산과 총소득이 증가하면 어떤 형태로든지 국민 전체에게 그 과실이 돌아갈 것이므로 전반적인 삶의 질을 높일 수 있는 것이다.

[그림 2] 확대된 소득순환에서의 누출과 주입

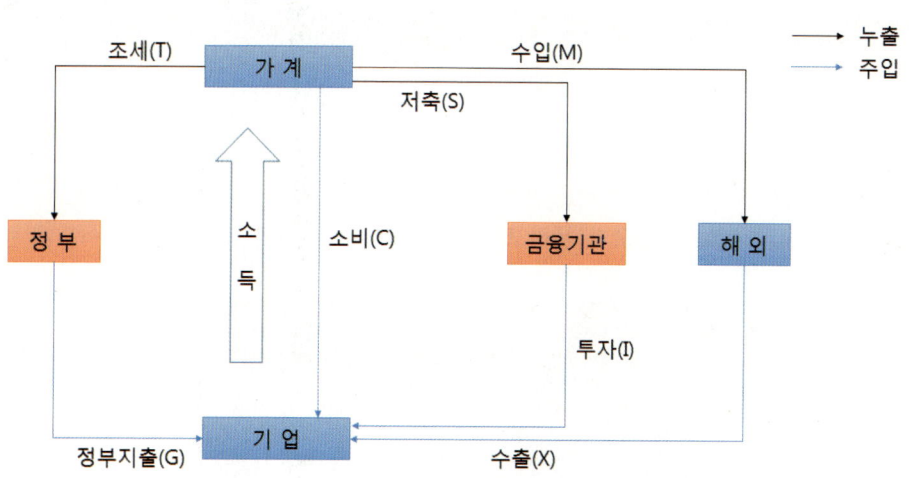

*조정조·최준혜, 경제학과 친구하기, 형설출판사, 2012, 234쪽.

60년대까지 우리나라보다 더 잘 살았던 북한을 한번 보자. 북한의 계획경제는 가계(C)와 기업(I)부문이 모두 국가(G) 소유이므로 생산물을 모은 후 명분상으로는 골고루 나누는 배급제이다. 얼핏 보면 완전 평등을 실현할 이상적 제도로 착각하기 쉽다. 하지만 북한은 북한헌법에 규정한 대로 주민 전체는 김일성 왕조를 위해서 존재하는 신민(臣民)으로 본다. 자유를 제거한 상태에서 두 주먹을 불끈 쥐고 외치는 구호와 훈장만으로는 창의력이 발휘되기 어렵다. 절대적 평등사회를 구현하겠다며 부자와 기업의 것을 강제로 몰수하여 일반 사람들에게 나누어 주는 방식은 단기적으로는 통할지 몰라도 중장기적으로는 해결책이 되지 못한다. 스스로 벌 수 있는 능력이 있는 사람들은 계속 수탈당하고 있지만 않는다. 베네수엘라 사례는 이를 증명하고 있다. 독재자가 부자를 증오의 대상으로 삼고 외국자본을 추방하고 국유화하자 그동안 국민경제의 큰 축을 담당하며 세금을 많이 내던 기업가와 전문가 집단들은 대부분 외국으로 빠져나갔다. 마침내 해외로 탈출할 능력도 없고 혼자서는 벌어 먹고살기 힘든 사람들만 국내에 남았다.

　세금을 많이 낼 사람들이 떠난 상황에서 무상복지에 익숙한 국민을 위해 국가가 취할 방법은 현금을 찍어 나눠 주는 것뿐이다. 하지만 이는 지극히 한시적 조치에 불과하다. 곧 닥칠 천정부지의 인플레이션으로 지폐는 휴지로 변한다. 국가는 점점 더 헤어나기 어려운 수렁으로 빠진다. 미지근한 물을 조금씩 데워 가면 개구리는 자기가 죽는 줄도 모르고 즐기다가 뒤늦게 알아채도 이미 늦어서 나오지 못하고 최후를 맞이하는 것과 같다.

베네수엘라는 살인적 인플레이션으로 한때 미화 1달러의 암시장 환율이 100만 볼리바르까지 치솟아 지폐는 화폐의 구실을 하지 못하고 공예품을 만드는 재료가 되었다.

* sunsinger, shutterstock.com

인간의 다양성을 무시하고 완전히 똑같은 삶을 영위하려는 결과적 평등주의는 현실적으로 달성하기 어렵다. 자유가 박탈되는 첫걸음인 줄 모르고 공짜 미끼에 현혹되어 재분배 위주의 정책을 옹호하기보다는 장기적인 관점에서 진정한 복지정책을 만들어야 한다. 일자리를 만드는 주체는 정부가 아니라 민간기업이다. 능력에 따라 세금을 내는 국세의 성격상 돈을 많이 번 기업가는 다른 사람보다 훨씬 더 많은 세금을 내면서 국가에 이바지하고 있다. 그러므로 기업가는 국가재정을 튼튼하게 유지하고 국민에게는 일자리를 제공하는 감사할 대상임을 알아야 한다. 이들이 마음껏 창의력을 발휘하여 블루오션을 찾아 새로운 시장을 개척하고 기업을 발전시킴으로써 국가의 경쟁력을 높일 수 있도록 시장경제 질서를 잘 유지해야 한다. 시장은 문제를 해결하는 능력이 뛰어나다. 아담 스미스가 국부론에서 주장한 보이지 않는 손(Invisible hand)이 작동하기 때문이다. 다만 문제를 해결해 나가는 과정에서 상당한 시간이 필요할 때가 있다. 우리나라 사람들의 '빨리빨리' 관점에서 보면 답답하게 보이기도 한다. 그렇더라도 성급하게 정부가 개입하고 규제하여 엉뚱한 결과가 생기는 것보다는 기다리는 게 더 낫다.

　시장경제에서 국가 또는 정부의 역할은 다음과 같다. 첫째, 개인의 사유재산권을 법률로 명확히 규명하고 보호하여야 한다. 둘째, 법치주의와 사회질서를 확립하여 모든 사람이 안심하고 경제활동에 종사할 수 있도록 한다. 셋째, 비경합성과 비배제성으로 시장이 개입하기 꺼리는 국방, 치안 등 국가의 존립과 관련된 기능을 수행한다. 넷째, 대규모 사회간접자본시설 건립 등 거대자본의 투입이 필요하여 시장이 하기 어려운 사업을 한다. 다섯째, 독과점시장, 외부불경제효과 등으로 시장이 문제를 해결하기 어려울 때 최소한으로 개입한다. 여섯째, 주인과 대리인의 정보 비대칭성으로 도덕적 해이가 생기기 전에 미리 조정작업을 한다.

아버지의 일기장

　1934년생인 아버지는 1981년 10월 4일 하나님의 부름을 받아 세상을 떠났다. 40대 후반의 젊은 나이로 돌아가셨지만 41권의 일기장을 남겼다. 가로 14.8cm 세로 19.3cm 크기의 작은 공책에 단기 4286년(서기 1953년) 9월 1일, 우리 나이로 스무 살이 되던 해부터 1958년 2월 28일까지 4년 6개월 동안 하루도 빠짐없이 쓴 일기장 40권과 그 이전까지의 기록을 따로 정리한 "20년의 實記(실기)"라는 제목의 별책 한 권이다. 별책은 아버지가 성년이 된 후, 출생부터 청소년기까지의 기록을 남기려고 조부모님을 비롯한 어른들에게 들은 어린 시절의 얘기들을 모아 쓴 것이다.
　아버지는 별책의 표지 중간에 '世界를 움직이려는 者는 먼저 自身을 움직이라(소크라테스).'라고 적고, 밑에 秋昊(추호)라는 아버지의 호(號)를 적었다. 첫 표지의 바로 뒷면에는 '여호와께서 그 조화의 시작 곧 태초에 일하시기 전에 나를 가지셨으며'라는 잠언 9장 22절 말씀을 썼으며, 맨 뒤표지에는 마치 내가 이 책을 통하여 아버지의 일기장을 소개할 것을 예견이라도 하신 듯이 '미래에 이 기록이 도움이 된다면 現在(현재)는 더욱 견고(堅固)한 뜻이 있으리.'라는 글이 쓰여 있다.

머리말은 이렇게 시작된다. "유구한 역사 속에서 하나님의 피조물로 생존하는 나. 나면서부터 20년간의 아름다운 실화를 그려보면서 기록해보고자 몇 년 전부터 뜻이 있었으나 시간적 여유를 갖지 못하다가 3년 전 어느 날부터 필을 들게 된 것이 일기였다. 그리고 그 전의 실화(實話)를 총 집필해보자 했는데 마침 金泰圭 군이 초등학교 생활 전의 실기를 했다는 것이 격려가 되어 필을 들게 되었다. 단기 4288. 8. 29." 1955년에 작성된 이 별책 기록은 아버지의 어린 시절 일제 말기 우리나라의 정치·경제 상황은 물론 해방 전후의 혼란과 6·25동란 상황까지 서민들의 삶의 현장을 생생하게 살펴볼 수 있는 소중한 자료다.

별책의 소제목과 면수는 다음과 같다.

내가 나를 알지 못한 때(1세~5세) … 1
함경도행 …………………………… 4
타향에서 아버지와 상봉 …………… 7
제2고향 다니러 옴 ………………… 9
제3고향 행 ………………………… 10
내 때문에 일어난 소란 …………… 12
大鏡의 죽음 ………………………… 14
야화(野話) ………………………… 15
8세 때 고향을 찾음 ……………… 16
9세에 입학 ………………………… 18
2학년 때 …………………………… 23
3학년 ……………………………… 28
4학년 ……………………………… 31
5학년 ……………………………… 38
6학년 ……………………………… 46
졸업 후 …………………………… 50

일기장에 기록된 주요 내용을 요약하면 다음과 같다. 나의 할아버지는 할머니와 잠시 신혼생활을 한 뒤 가족들의 생계를 위하여 혼자 함경남도 북청

군 신창항(新昌港)까지 갔다. 10대 후반의 어린 아내인 할머니를 친정에 맡기고 경상북도 청도군 고향에서 2천 리나 떨어진 먼 타지 신풍리(新豊里)에서 정어리 공장의 직공 생활을 하고 고물상을 운영하며 살고 있었다. 몇 년 동안 연락이 없었던 남편으로부터 드디어 편지가 와서 20대 초반의 할머니는 다섯 살 된 아버지를 데리고 고향을 떠나 대구역에서 기차를 타고 김천, 대전, 수원, 영등포, 서울역을 거쳐 다시 경의선(京義線) 열차로 신북청역까지 이틀에 걸친 먼 여정 끝에 할아버지를 만났다. 어렵게 가족들이 상봉한 후 신풍리에서 살게 되었다.

할아버지와 할머니는 집에서 약 5리 정도 떨어진 신창리에 있는 제법 큰 교회에 처음 출석하기 시작하였다. 그리고 정확한 날짜 기록은 없으나 신풍리에서 어느 정도 안정된 생활을 하는 중 아버지는 할머니와 청도의 고향에 두 번 다녀간 기록이 있다. 그 후 아버지는 신풍리의 이웃집 친구와 다른 동네로 이른 아침 너무 멀리 놀러 가는 바람에 연락이 되지 않아 바다에 빠진 줄로 짐작한 할머니는 온 동네 사람들을 걱정스럽게 만들었다는 기록도 보인다. 북한에서 태어난 남동생이 한 달 만에 병사한 안타까운 일도 있었다. 아버지는 8살이 되어 고향의 국민(초등)학교에 입학하기 위하여 할머니와 청도로 왔다. 그러나 입학 시기를 놓치는 바람에 그해에는 학교에 들어가지 못한 채 홀로 외가에 남고 할머니만 다시 신풍리로 갔다.

어릴 때부터 외가에서 자라며 여러 가지 도움을 많이 받은 아버지는 외조모와 외삼촌 등 외가 친척에 대한 감사의 마음을 곳곳에 표현하였다. 할머니는 아버지가 초등학교 2학년이 되었을 때 북한에서 새로 태어난 삼촌을 데리고 할아버지만 남겨두고 고향으로 다시 돌아와 정착하였다. 아버지가 초등학교 3학년 때인 1944년 제2차 세계대전이 막바지에 접어들면서 일제는 군량미와 군수용 유류가 부족하여 나무 열매 등 기름을 짤 수 있는 것은 모두 수집하도록 할당을 했다. 학생들은 방과 후 기름을 짜 교사에게 제출했다. 수시로 공습경보가 발령되어 수업은 한두 시간만 하고 대여섯 시간씩 숨어있거나 노역에 동원되기도 했다. 4학년인 1945년이 되자 공습경보 소리가 너무 자주

들려 이제는 그러려니 하며 별로 피하지도 않게 되었다. 집에 돌아와서는 각자 수십 근(斤)씩 배당된 관솔 가지를 구하려 수십 리를 또 걸어 다니기도 했다. 갑작스럽게 찾아온 8·15해방과 난생처음 보는 태극기, 처음으로 자유롭게 사용하는 우리말, 강제 징용되었던 사람들의 귀향 소식, 미 군정에서 새로 교과서를 만들어 우리말 교육을 시행한 것 등 해방 전후 긴박했던 상황을 생생하게 느낄 수 있다.

해방의 기쁨도 잠시, 뒤이은 좌우 이념 대립과 감투싸움으로 곳곳에서 탄식 소리와 분쟁이 그치지 않았다. 6학년 때인 1947년 10일 1일에는 시골 6개 마을에 좌익 사상에 물든 사람들의 대규모 시위와 경찰의 반격, 총성, 주모자들에 대한 긴급 체포와 구타 사건이 상세히 기록되어있다. 아버지는, 해방 직전 다시 고향에 와서 같이 살던 부모님의 가사를 돕다가 초등학교를 졸업하였다. 초등학교를 졸업하고 중학교에 진학하려면 대구로 가야 하는데, 우수한 학업 성적에도 불구하고 가정 형편상 그럴만한 처지가 못 되어 중학생의 꿈은 접어야 했다. 나의 마음을 아프게 한 부분은 아버지가 받을 성적 우수상을 담임선생이 중학교로 진학할 학생에게 몰아주자며 상을 주지 않은 것이다. 졸업 후 공부를 계속하고 싶어서 중앙통신학교의 중학교 과정에 등록하여 강의록 두 권을 주문해 주경야독하였다. 나중에 고등학교에도 편입할 비전을 갖고 천자문 공부와 현대문학까지 공부하였다. 그 와중에 1949년 6월 말 장마 기간에 내린 집중호우로 마을 전체가 엄청난 수해를 입어 죽을 고비를 넘긴 적도 있었다. 그러나 1년 뒤 북한의 기습남침으로 발발한 6·25사변으로 통신교육마저 중단됨으로써 학업에 대한 꿈은 완전히 사라지고 말았다. 전쟁은 국가적 재난이자 개인의 꿈마저 좌절시키는 절망의 초대장이었다.

제 2 장

국가는 헌법인

헌법은 국가가 지향하는 가치를 토대로 국민 공동체의 행복한 삶을 위해 만든 기본법으로서 모든 제도의 출발점이다. 헌법의 내용은 국가를 구성하는 국민의 운명을 결정하는 근거가 된다. 「대한민국헌법」이 언제 어떻게 지금까지 제·개정되었는가를 아는 것은 국가를 이해하는 핵심적 기초지식이다. 국가가 국민을 보호하려면 그럴만한 힘과 의지가 있어야 한다. 이러한 국가의 인격성은 독재자의 전유물이 아니라 민주국가의 주권재민 사상에서 도출되고 법치행정을 통해 구현된다. 국가는 자연인과 유사한 과정을 거치며 발전되어 가므로 헌법에 따라 만들어지고 성장한다는 의미에서 헌법인(憲法人)으로 부를 수 있다.

국가의 인격성

　국가는 기본법인 헌법의 토대 위에서 생존하므로 내부 구성원들은 시간이 지나면서 계속 새로운 사람으로 교체되어도 정체성은 변함없이 유지되고 있다. 즉 대한민국은 「대한민국헌법」과 함께 살아 있는 인격체가 된다. 행정법학에서는 국가를 시원적(始原的) 행정주체라고 한다. 시원적의 의미는 '처음부터 근본적으로'라는 뜻이다. 왜 그런 지위를 갖게 되느냐 하면 국민 전체가 합의해서 헌법을 처음 제정할 때 직접 부여했기 때문이다.

　우리나라 헌법에 국가에 관한 여러 규정을 보면 쉽게 그 뜻을 이해할 수 있다. 헌법 제2조·제26조·제34조·제120조·제123조 등을 보면, 국가에 무슨 일을 하도록 의무를 부과하거나 국민을 보호하는 권능을 부여함으로써 자연인과 같은 지성·감정·의지를 지닌 인격체로 보고 있다. 국회가 제정한 현행 법률에서도 국가를 사람으로 보고 있다. 「국가를 당사자로 하는 계약에 관한 법률」과 「국가를 당사자로 하는 소송에 관한 법률」이 바로 그것이다. 당사자란 인격을 가진 사람을 말한다. 그밖에도 국가를 사람으로 보는 법령의 조항들은 셀 수 없이 많다. 이 모든 규정은 국가를 권리와 의무의 주체로 인정하는 인격체라는 것이다.

국가를 사람으로 보는 이상 자연인과 닮은 점이 많다. 사람의 몸은 다양한 기관들이 유기적으로 조화를 이루며 생명을 보존한다. 염통과 허파처럼 태어나서 죽을 때까지 한 번도 쉬지 못하는 기관이 있는가 하면, 위와 창자 등과 같이 매우 바쁠 때도 있으나 쉴 수 있는 장기(臟器)도 있다. 국가도 수많은 행정기관으로 구성되어 실체가 유지되고 있다. 군인·경찰처럼 구성원은 교대 근무로 쉴 수 있으나 기능 자체는 24시간 멈출 수 없는 것이 있는가 하면, 일반 행정기관처럼 근무시간에만 일하는 기관도 있다.

사람과 달리 국가의 기관에는 가치관과 성향 등이 다양한 사람들이 다같이 일하므로 자연인처럼 단일 의사를 결정하기가 쉽지 않다. 인격은 하나인데 기관마다 다른 목소리를 내면 한 사람인 국가의 역할을 제대로 수행하기 어렵고 신뢰가 떨어질 수 있다. 그래서 우리나라 헌법은 국가가 하나의 의사를 만드는 핵심적 사항을 직접 규정하고 있다. 헌법에 규정된 통치구조를 형성하는 기관들은 하위 법령에서 정치적으로 왜곡하지 못하도록 단일 의사를 만드는 방법과 절차를 헌법에서 구체적으로 마련한 것이다.

헌법 제49조에서 국회는 재적의원 과반수의 출석과 출석의원 과반수의 찬성으로 의결하면 국회의 단일 의사가 되도록 다수결의 기본 원칙을 정하였다. 그 원칙에 대한 중요한 예외 사항 역시 헌법에 규정되어 있다. 헌법 제66조는 대통령을 정부의 '수반'으로 규정함으로써 대통령의 결심이 정부의 최종 의사가 되도록 하였다. 이로써 정부에서 일하는 모든 공무원은 상관의 합법적인 직무상 명령에 복종할 의무가 파생된다. 헌법 제101조는 대법원을 '최고' 법원으로 명시함으로써 대법원판결이 법원의 최종 의사가 되도록 하였다. 법관들은 헌법과 법률에 의하여 양심에 따라 독립하여 심판하지만 같은 사건의 심판에 관해서는 상급법원 판결에 기속된다. 헌법 제113조는 중요한 사건의 심판에 있어서는 헌법재판소의 재판관 6인 이상의 찬성으로 결정한다고 명시하고 있다.

통치기관 내부에서는 다양한 의견수렴 절차를 거치더라도 외부에 표시될 때는 단일 의사로 함으로써 하나의 인격체로서 대한민국의 헌정 질서를 안정적으로 유지하고 있다. 이는 국가기관에서 대외적으로 공식 의견을 발표하는 대변인을 두는 중요한 근거가 된다. 헌법상 통치기구의 하나인 중앙선거관리위원회는 헌법에서 직접 의사결정에 관한 방법을 규정하지 않았다. 선거관리위원회는 선거를 '관리'하고 결과를 '확인'할 뿐, 대통령이나 국회의원 등을 실제로 결정(선출)하는 것은 국민이 선거에서 투표하는 합성행위를 통해 이루어지기 때문이다.

헌법인의 의미

　시원적 행정주체인 국가를 어떻게 부르면 좋을까. 사람에 관한 기본 규범인 「민법」에는 영혼과 육체를 갖고 부모로부터 생명을 받아 태어난 자연인(사람)은 '인'으로, 법률로 만들어지는 관념적인 사람은 '법인'으로 규정하고 있다. 국가는 국회가 제정하는 법률로 만들어지는 존재가 아니라 헌법에 따라 직접 권리·의무의 주체가 되었다. 이런 측면에서 국가를 '법인'이라고 하면 자녀(법률)가 부모(헌법)의 인격을 정하는 것처럼 되어 어색하다. 따라서 국가는 헌법 제정과 동시에 만들어지는 인격체라는 점에서 '헌법인'으로 부르는 게 옳을 것 같다.
　법인은 공법인(公法人)과 사법인(私法人)으로 나눈다. 공법인은 공법 중 행정법 등에 의하여 만들어진 법인으로서, 「지방자치법」에 의한 지방자치단체와 그밖에 수많은 개별 행정 관련 법률이나 조례로 법인격이 부여된 특수법인이 있다. 특수법인에는 「공공기관의 운영에 관한 법률」에 따라 기획재정부장관이 지정하는 공공기관이 많이 알려져 있으나 공공기관으로 지정되지 않은 특수법인도 많다. 예컨대 공법상 사단법인과 정부의 예산 지원액이 작거나 업무 특성상 지정하지 않거나 지방자치단체가 설립하는 특수법인 등이 여기에 해당한다. 사법인에는「민법」규정에 따라 주무장관의 인가 등을 받아 등기함으로써 설립되는 사단법인과 재단법인,「상법」에 의한 각종 회사가 있다.

법인도 사람이므로「민법」에서는 자연인의 잉태부터 출생까지의 법적 지위를 규정하듯이 법인의 설립을 위한 준비과정을 상세하게 규정하고 있다. 자연인의 경우,「민법」제3조에 따라 생존한 동안 권리와 의무의 주체가 된다고 규정하면서, 생존기간을 모(母)의 자궁으로부터 분리된 출생 시점부터 사망 전까지로 한다. 다만 출생 전의 태아라도 손해배상청구(제762조)와 상속(제1000조)에 있어서 예외적으로 권리능력을 인정하고 있다. 비영리 법인의 경우,「민법」상 주무관청의 허가를 얻어(제32조) 주된 사무소 소재지에서 설립등기를 함으로써 성립되지만(제33조) 설립등기를 위한 준비 작업인 정관 작성, 재산 출연 등 일련의 과정은 태아의 행위능력에 해당된다. 법인이 아닌 사단이나 재단에 당사자 능력 또는 청구인 자격 등 권능을 부여한다.

헌법인인 국가도 이러한 관점에서 생각할 수 있다. 국가는 헌법으로 만들어진 인격체(사람)이므로 민주적 절차에 따라 국민의 합의로 헌법을 제정하는 출생과정을 거치게 된다. 헌법은 어느 순간 갑자기 하늘에서 떨어지는 것이 아니다. 오랜 시간 준비 절차가 필요하다. 미국이나 호주가 연방 국가를 만드는 과정에서 각 나라(State)의 대표들이 모여서 연방정부와 개별 정부가 담당할 사무를 분담하고 연방정부 조직을 구성하는 데 오랜 기간이 걸렸듯이 단일국가를 세우는 과정에도 준비시간이 필요하다. 건국을 위한 모든 절차는 한 사람의 출산을 기다리는 배태(胚胎) 기간에 해당한다. 자연인이 영혼과 육체를 갖고 인격체로 유지되듯이 헌법인인 국가도 육체에 해당하는 영토와 국민, 그리고 영혼에 해당하는 통치구조를 설계해야 한다. 이 구성요소들이 완비되었을 때 비로소 완전한 인격을 갖춘 나라가 된다.

국가는 하나의 인격체이기에 이를 구성하는 국민, 영토, 주권은 공동운명체이다. 아무리 건강한 사람이라도 신체 중 어느 한 기관이 문제가 있으면 다른 장기(臟器)들이 모두 멀쩡해도 생명을 지키기 어렵다. 마찬가지로 신체 일부분인 손이나 발로 범죄를 저지르거나 착한 일을 하면 그 인격 전체가 비난 또는 칭찬을 받는다. 반대로 한 지체가 영광을 얻어도 모든 지체가 함께 즐거워하고(고린도전서 12:26) 기쁨을 누리게 된다.

나라도 같다. 미국이 영국으로부터 독립을 확정하는 승리를 거둔 격전지 버지니아주 요크타운의 전승기념탑(Yorktown Victory Monument)에 새긴 글귀는 이를 잘 표현한다. 당시 별개로 존재하던 13개 주(州)를 상징하는 13명의 여성 입상(立像)이 받치고 있는 조형물 밑의 둘레에는 '하나의 국가(ONE COUNTRY)', '하나의 헌법(ONE CONSTITUTION)', '하나의 운명(ONE DESTINY)'이라는 문구가 새겨져 있다.

ONE COUNTRY

ONE CONSTITUTION

ONE DESTINY

* Dongil Kim, Personal Data Support

무형의 정신적 가치인 자유를 찾아 북아메리카 대륙으로 이주한 유럽인들은 비록 하나의 민족(ONE PEOPLE)은 아니었으나 영국의 식민 지배에서 완전히 벗어나 이제부터는 미국 연방헌법을 중심으로 하나의 국가가 되어 독립된 주권을 행사하는 공동운명체가 되었다는 의미이다. 건국 이후 200여 년의 짧은 역사에도 불구하고 세계 최강대국으로 발전한 미합중국의 힘은 바로 이런 헌법 이념을 존중하는 데서 비롯된 것이다.

　이와 달리 유형의 육체적 가치인 황금을 찾아 남아메리카 대륙으로 떠난 유럽인들이 세운 나라들은 풍족한 천연자원에도 불구하고 국력은 나날이 쇠퇴하고 있다. 나라 國 글자 안에 있는 입(口)의 기능이, 입을 통해 나오는 생각의 자유를 소중히 여기는가 아니면 입을 통해 들어가는 물질을 소중히 여기는가에 따라 국가의 흥망성쇠가 결정됨을 알 수 있다.

　국민투표 또는 국회를 통하여 성문헌법을 제정할 때 들어가야 할 핵심내용은, 국민이 국가로부터 보호받을 권리의 내용과 범위, 그런 사명을 수행할 국가의 통치구조를 어떻게 구성하는가이다. 또 국가를 유지하는데 들어가는 막대한 돈과 사람은 누가 어떻게 부담할 것인가를 정하는 것이다. 전자는 국민의 기본권과 통치조직의 골격으로 표현되며, 후자는 국민의 의무로 규정된다. 이런 내용을 담은 헌법 초안을 만들어 합의해 가는 과정을 거쳐서 태어나고 성장·발전하는 헌법인은 국제법상 다른 헌법인과 상호주의 원칙에 따라 대등하게 공존하는 인격 주체들이다.

대한민국헌법인

　헌법인의 개념에서 보면, 대한민국헌법인은 1919년 3월 1일에 혼례를 치르고 4월 13일에 잉태되어 1948년 8월 15일에 출생하였다. 국가(國家)의 개념상 영토, 국민을 비롯한 모든 생명체, 이들을 보호할 사명을 지닌 정부는 국경 안에 함께 존재하고 있어야 완전한 인격체가 된다. 대한민국의 영토와 국민은 대한제국을 승계한 대한민국 국경 안에 있었으나 일제의 조선총독부가 통치권을 행사하고 있어서 대한민국임시정부는 국경 밖에서 29년간 대한민국의 기초를 다지는 활동을 전개해 왔다. 잉태 시기라 할 수 있다. 이를 감안하여 현행 헌법은 대한민국이 대한민국임시정부의 법통을 계승한다고 선언한 것이다.
　사람은 자신의 생일을 어머니의 자궁에서 분리된 날로 정한다. 부모의 정자와 난자가 수태한 날은 정확히 알기도 어려울 뿐만 아니라 수정체가 곧 완전한 인격을 가진 사람은 아니므로 의학적으로 측정해 알았더라도 이를 생일로 기념하는 사람은 없다. 국가는 사람의 생성과 달리 나라의 기초가 되는 헌법을 제정한 시점은 알 수 있으므로 기념할 수 있다.
　우리나라는 대한제국이 대한민국으로 바로 연결되지 못하고 일제(조선총독부)로부터 35년간 지배를 받았다. 안타깝게도 잃어버린 주권을 우리 힘으로 되찾지 못해 남북 분단과 동족상잔의 비극이 생겼다. 이런 온갖 어려운 여건에도 불구하고 오랜 절대 왕조체제를 대체하는 민주헌법을 국민의 자유선거를 거쳐 제정함으로써 국제연합(UN)으로부터 한반도의 유일한 합법적인 정부로 인정받아 영토와 국민과 더불어 국경 안에서 공존하게 됨으로써 대한민국 헌법인이라는 완전한 인격체로 출생하였다.

제1호 헌법 전문에서 민주독립국가를 '재건'한다는 표현은 대한민국의 건립을 선포한 독립정신을 담을 육체인 영토와 국민을 지킬 수 있는 대한민국이 비로소 독자적 주권을 회복하여 완전한 사람이 되었음을 재확인하였다. 현행 제10호 헌법 전문의 '3·1운동으로 건립된 대한민국임시정부의 법통'이라는 표현은 대한민국임시정부가 완전한 대한민국 인격체가 존재하기 전의 대한민국 '임시'정부(태아)가 3·1운동으로 착상되었음을 의미한다.

대통령령인 「각종 기념일 등에 관한 규정」 별표에 국가보훈처가 주관하는 기념일에 대한민국의 잉태일에 해당하는 4월 13일은 '대한민국임시정부 수립 기념일'로 지키고 있다. 하지만 출생일에 해당하는 8월 15일은 「국경일에 관한 법률」에서 일제의 식민통치로부터 해방된 날인 광복절만 있고 건국과 관련해서는 아무런 언급이 없다. 심지어 51개의 기념일을 열거한 대통령령인 기념일규정에서도 대한민국정부 수립기념일은 들어있지 않다. 광복 이후 약 3년간의 진통 끝에 제1호 헌법을 제정함으로써 대한민국은 임시정부가 아닌 영원히 지속 가능한 정부가 있는 국가로 출범하였다. 드디어 태아로서의 권리능력만이 아니라 실효적인 통치가 가능한 행위능력도 가진 독립된 실체가 된 것이다. 어떤 생명체도 하루아침에 갑자기 만들어지지 않는다.

대한민국임시정부 요인들은 길고도 험난했던 건국의 준비과정으로서의 독립활동을 마무리하고 이제 본격적으로 나라를 건립하기 위한 각오와 의지를 담은 글을 1945년 11월 귀국 직전 자필로 남겼다. 그 내용을 보면 임시정부 수립 자체를 대한민국의 건국과 동일시한 것은 아님을 알 수 있다. 독립된 주권국가를 반드시 세우겠다며 법무부장 최동오는 화평건국(和平建國)을, 문화부장 김상덕은 단결건국(團結建國)을, 국무위원 황학수는 건국필성(建國必

成: 반드시 독립된 나라를 세운다)을, 김구 주석과 국무위원 조성환은 유지자사경성(有志者事竟成: 뜻이 있는 사람은 마침내 일을 이룬다)을 각각 썼다.

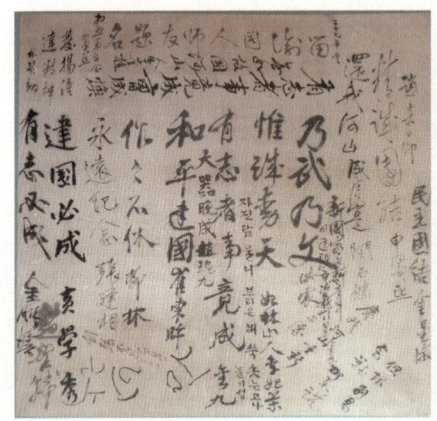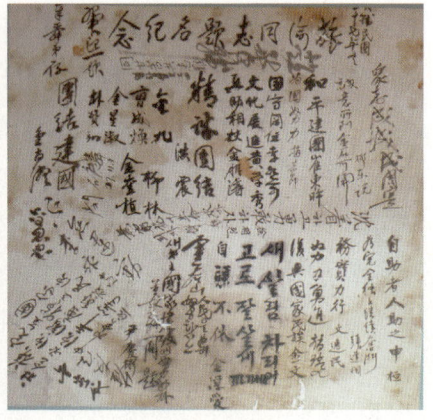

* 대한민국임시정부기념사업회 및 대한민국임시정부기념관 건립추진위원회, 사진으로 보는 대한민국 임시정부 1919~1945, 264~265쪽.

따라서 임정 요인들이 그토록 염원하였던 건국을 실제로 이룬 건국완성(建國完成)의 날을 공식 기념한다고 해서 임시정부의 위상이나 성과가 조금도 훼손되지 않을 것이다. 오히려 대한민국헌법인을 출생하기 위한 오랜 진통과정으로서의 임시정부의 활동은 그 의미와 가치가 더욱 빛날 것으로 생각된다.

헌법인의 상징

개인마다 신분이나 역할을 드러내는 신분증이나 명찰, 복장 등의 표시가 있듯이 국가도 다른 헌법인과 명확히 구분되는 정체성을 보여주는 이름이 있다. 우리나라는 제헌헌법 제1조에서 국호를 대한민국으로, 정치체제를 민주공화국으로 하였다. 대한민국은 황제의 나라 대한제국이 국민의 나라로 전환하면서 승계한 이름이다. 대한(大韓)제국은 1897년 조선의 국왕을 중국과 대등하게 황제로 승격할 때 명나라로부터 승인받은 국호인 조선을 버리고 대한으로 나라 이름을 고쳤다. 대한은 마한(馬韓), 진한(辰韓), 변한(弁韓) 즉 작은 삼한(三韓)을 통합한 큰(大) 나라(韓)의 의미이다. 국호는 바뀌었으나 이는 전체 국민의 정서와는 약간 거리가 있었던 것 같다. '대한'독립만세를 외쳤지만 일제는 식민통치기구를 대한총독부가 아닌 조선총독부라 했고, 조상들은 1919년 3월 1일 기미 독립선언문에서 대한제국의 독립을 선언하지 않고 조선의 독립국임과 조선인의 자주민임을 선언한다고 표현했다.

행정안전부가 2016년에 펴낸 '대한민국 국가상징' 자료에 의하면, 우리나라의 경우 국가상징으로서 국기(國旗), 국가(國歌), 국화(國花), 국장(國章), 국새(國璽)의 다섯 가지를 소개하고 있다. 국기는 대통령령인 「대한민국 국기에 관한 규정」으로 관리해 오다가 2007년 1월 26일 「대한민국국기법」을 제정하여 제4조에서 태극기(太極旗)를 국기로 정한다고 명문화하였다. 예전에는 태극기를 게양하는 날이 지정되어 있었으나 지금은 매일 24시간 게양할 수 있다. 애국가를 국가(國歌)로 무궁화를 국화(國花)라고 하는 것은 성문법으로 지정된 사항은 아니며 국민 관습적으로 인정하고 있다. 관습법도 행정법의 법원(法源)이므로 애국가는 대통령훈령인 「국민의례 규정」에서 공식 행사에서 부르게 되어있다. 무궁화는 나라의 문장 등에 널리 사용한다. 국가상징물 일부가 성문화되어 있지 않아서 국회와 일부 지방의회가 입법 또는 조례 제정을 추진하기도 했다. 국장(國章)은 1964년 각령(閣令)으로 제정한 「나라문장 규정」(현 대통령령)에서 외국에 발신하는 공문서와 국가적 중요문서, 그 밖의 시설, 물자 등에 대한민국을 상징하는 휘장(徽章)으로 사용하고 있다. 훈·포장이나 고위공무원의 임명장 등 공적 증명서에 찍는 국새(國璽)는 1949년부터 대통령령인 「국새규정」으로 지정되어 있다.

한편 2018년 12월 24일에는 「태권도 진흥 및 태권도공원 조성 등에 관한 법률」을 개정하여 제3조의2에 대한민국의 국기(國技)는 태권도로 한다는 규정이 신설되었다. 국가의 대표적 무도기술이 태권도라 해서 전 국민이 태권도를 반드시 배워야 하는 것은 아니며 국가가 태권도를 진흥할 명분을 부여한 규정이라 할 수 있다.

대한민국의 수도를 서울로 정한다는 것은 역대 헌법에서 한 번도 규정된 바 없다. 다만 헌법재판소는 2004년 10월 21일, 조선의 태조 이성계가 한양을 도읍지로 정한 후 5백 년 넘게 국민에게 수도로서 인식되어 온 점을 감안하여 서울은 관습헌법상 수도라고 판단하였다. 반면 북한은 헌법 제7장의 제169조부터 172조까지 국장(國章), 국기, 국가(國歌), 수도에 관한 규정을 헌법에 직접 두고 있다.

상징물은 아니지만 대한민국헌법인을 구성하는 모든 국민에게 공통 적용되는 생활의 표준을 규정한 법률도 마찬가지이다. 올해가 2019년이 된 것은 1961년 12월 2일 「연호에 관한 법률」을 개정하여 단군의 고조선 건립부터 시작하는 연대인 단기(檀紀) 대신 예수그리스도의 탄생으로부터 기산한 서양의 연대인 서기(西紀)를 우리나라의 공용연호(公用年號)로 제정하였기 때문이다. 출퇴근 시간이나 등하교 시간 등 국민의 일상생활을 구속하는 모든 시간은 「표준시에 관한 법률」에 따라 동경 135도의 자오선을 기준으로 해서 맞춘다.

화폐 단위로 쓰는 원(WON)은 2012년 3월 21일 「한국은행법」을 개정하여 제47조의2에 신설하였다. 법률에 규정됨에 따라 대통령은 헌법 제76조에 따른 긴급재정·경제명령에 해당하는 사유가 발생하지 않는 한 화폐 단위 변경을 통한 화폐개혁(denomination)을 추진하는 것은 매우 어렵다. 현재 대한민국에서 통용되는 지폐에 대한민국 국민은 한 사람도 없고 모두 조선의 인물들로 채워져 있다. 한때 이승만 초대 대통령의 초상이 1950년 발행된 1000원(千圓)권 지폐에 들어있었으나 4·19 이후 빠졌다. 대부분의 나라에는 현재 통용되는 자국의 통화에 건국 관련 인물을 넣고 있다. 북한의 지폐에는 김일성의 초상화가 그려져 있다.

한글은 대한민국의 공용어인 한국어를 표기하는 고유한 문자라는 것도 「국어기본법」 제3조에서 정하고 있다. 학교에서 영어 등 다른 외국어를 얼마든지 배울 수 있으나 공용어로는 한국어를 사용하고 이를 한글로 표기하도록 하였다. 우리나라에 거주하거나 방문하는 외국인이 급증함에 따라 한국어가 서투른 사람을 재판할 경우 한국어 진술을 통역하게 되어있다(「형사소송법」 제180조).

길이(m)와 질량(kg) 등 도량형에 관하여 경제사회 활동의 모든 영역에 적용되는 표준에 관한 사항도 「국가표준기본법」에서 규정하고 있다.

헌법인의 출생과 성장

　한반도의 유일한 합법정부로 승인받았으나 갓 태어난 대한민국은 너무나 연약하여 배고픔 문제부터 가장 시급히 해결해야 할 국가적 과제였다. 헌법인의 출생을 도와준 미국을 비롯하여 잘사는 이웃 나라들로부터 원조를 받아야만 했다. 무엇이든지 돈 되는 일은 닥치는 대로 했다. 우선은 선조들 자신의 생존이 급했고 나아가 후손들에게도 그 지독한 가난을 물려주지 않기 위함이었다.

　이런 와중에 김일성의 북한정권은 구소련의 지원을 받아 신생 대한민국을 공산화하기 위해 기습적으로 남침을 감행함으로써 대한민국은 풍전등화(風前燈火)의 국가적 위기와 시련을 겪었다. 대한민국이 지구상에 사라질 절체절명(絕體絕命)의 순간에 미국·영국·캐나다·터키·호주·필리핀·태국·네덜란드·콜롬비아·그리스·뉴질랜드·에티오피아·벨기에·프랑스·남아공·룩셈부르크 등 16개 국제연합군의 기적적인 참전과 지원으로 살아났다. 인천상륙작전으로 전세를 역전시켜 압록강까지 북진하여 대한민국으로의 통일을 눈앞에 두고 있었다. 그러나 안타깝고 불행하게도 중공군이 개입하여 천재일우(千載一遇)의 통일 기회를 놓치고 말았다. 100만 명이 넘는 중공군의 인해전술(人海戰術)로 1·4후퇴를 한 후 일진일퇴(一進一退)를 거듭하다 결국 1953년 7월 27일 휴전협정을 체결하였다.

그렇게 그어진 휴전선이 현재 자유민주주의 국가 대한민국의 주권이 실효적으로 미치는 한계선이 되었다. 그래도 대한민국은 오뚝이처럼 일어났다. 전쟁의 폐허를 극복하여 세계에서 가장 가난했던 나라에서 경제대국으로 성장했다. 우리가 잘 나서 이렇게 된 것이 아니다. 미국의 원조와 지원이 절대적 비중을 차지하였다. 특히 6·25동란 이후 굳건한 한미동맹을 체결하여 국가안보의 큰 축을 미국이 맡아준 덕분에 경제발전에 국력을 더욱 집중할 수 있었다.

이런 과정을 앞에서 살펴본 헌법인의 개념에서 살펴보면 분명하다. 신생국 대한민국이 압축 성장을 통한 산업화를 이룸으로써 과거에는 입에 풀칠할 것이 가장 큰 걱정이었는데 이제는 과식을 염려할 정도로 먹는 문제는 거의 해결되었다. 그러자 사람의 입은 먹는 것보다 말하는 도구로 자연스럽게 그 중요성이 전환되었다. 사람이 말하기 전에는 먼저 머리와 가슴으로 생각한다. 이는 음식물과 달리 용량에 제한을 받지 않는다. 음식의 맛은 사람마다 다르나 맛있는 음식의 유형은 어느 정도 규격화할 수 있다. 맛있다고 소문난 음식은 많은 사람이 비슷한 맛을 느끼는 경우가 많다. 즉 보편성과 객관성이라는 특성을 갖는다. 그런데 생각이나 말은 음식과는 상당히 다르다. 다양성과 주관성이라는 특성을 갖는다.

나라도 다르지 않다. 모두가 배고팠던 산업화 시절에는 입에 음식이 들어가는 즐거움으로 불만이 있더라도 미래의 소망을 바라보며 인내한다. 그러나 배가 부르면 마음이 교만해져 힘들었던 과거는 잊어버리고(호세아 13:6) 불평을 털어놓기 시작한다. 어릴 때는 부모 말에 전적으로 순종하던 아이들이 사춘기가 되면서 점점 자기 생각을 펼치는 것처럼 국민도 국가정책에 무조건 순응하지 않고 자기주장을 내세우거나 납득할 때까지 설명을 요구하게 된다. 이를 절차적 합리성을 중시하는 민주화 시대라 한다. 이때부터 곳곳에서 사회적 갈등이 생기기 시작한다. 부모는 자녀의 몸집만 컸지 아직 세상 물정을 모른다고 생각하며 조금 더 기다리라고 한다. 나라도 부모 역할을 하는 정치 지도자들이 국민의 다양한 요구를 받아들일 준비가 되어있지 않으면 지금은 시기상조이니 조금 더 참고 일하자고 한다. 국가(國家)를 나라와 가정을 하나로 묶어 표현하는 이유를 이해할만하다. 사회적 갈등은 구성원 간의 대화로 해소해 나가야 하지만, 그 전제는 두말할 필요도 없이 「대한민국헌법」의 가치를 지키는 것이어야 한다.

민주화는 배만 부르게 해준다고 저절로 완성되는 것이 아니다. 국민 개개인이 민주시민으로서의 자질을 갖추어야 한다. 이는 체계적인 교육훈련과 실천과정을 통해서 자연스럽게 형성된다. 국민 모두 가난했던 시절에는 '우리도 한번 잘살아 보세'라는 구호 아래 쉽게 하나가 될 수 있었다. 잘살아 보자는 말은 입으로 들어가 배로 내려가는 음식물 즉 경제적인 궁핍함을 해결하는 것이다. 급속한 경제성장 정책을 통하여 '한번 잘 사는' 과제는 달성하였으나 그다음 단계인 '계속 바르게 사는' 인성교육은 제대로 준비하지 못했다. 정직과 성실을 토대로 한 올바른 민주시민 교육을 착실히 하지 못한 채 갑자기 배부른 상황이 와서 정신적으로는 오히려 빈곤해지는 잘못된 결과가 나타났다.

헌법인의 빠른 성장과 기아(饑餓) 해소를 위한 산업화 시대가 끝나면 자유로운 사고와 창의가 꽃을 피우는 민주화 시대가 오는 것은 국가의 정상적 발전과정이다. 헌법인의 몸집이 커진 만큼 그에 상응한 인성과 공동체성을 갖추어 바르게 사는 법을 터득하는 데 교육의 중점을 둘 필요가 있다. 다만 사람마다 생각과 능력이 다르므로 일방적으로 따라오라고만 하지 말고 가급적 많은 사람이 공감하는 바람직한 정책을 수립하는 것이 중요하다.

대한민국임시정부

　대한민국이 어떻게 출범하여 지금의 모습으로 발전되었는가를 아는 것은 정말 중요함에도 언제 생겼는지에 대한 논쟁은 아직 합의점에 이르지 못하고 있다. 건국일을 1948년 8월 15일로 보는 견해는 국민의 총선거를 거쳐 실질적으로 국가체제를 갖추고 영속(永續)적인 대한민국정부가 출범한 날이므로 타당하다는 것이다.

　그보다 29년 앞선 1919년 4월 13일로 보는 견해는 제헌헌법 전문에서 '기미 삼일운동으로 대한민국을 건립하여'라고 했고 또 현행 제10호 헌법 전문에서도 '대한민국임시정부의 법통을 계승하여'라고 규정했으므로 임시정부 수립일이 건국일로 적합하다는 것이다. 두 가지 주장을 아우르는 통합논리를 찾기 위하여 3·1운동 이후 대한민국 정부가 수립될 때까지 선조들의 노력 중 헌법과 관련된 사항을 살펴본다.

　1919년 3·1 독립만세 운동 이후 일제의 대대적인 탄압을 피해 민족지도자들은 중국 상하이로 가서 13도의 대표들이 모여 4월 13일 입법기관인 임시의정원을 구성하며 대한민국임시정부를 설치하였다. 3·1운동이 전국적인 일회성 만세운동으로 그친 것이 아니라 이를 토대로 국민의 역량을 결집한 체계적인 조직을 구성하는 정치적 실현을 이루었다. 모든 조직은 발족하기 전에 먼저 설립 이념과 목적, 운영 방향을 제시하는 기본강령을 제정한다.

대한민국임시정부는 임시의정원의 결의로 국토를 회복한 후에는 1년 이내에 (임시의정원을 대체할) 국회를 소집하는 규정 등을 담아 임시정부법령 제1호 대한민국임시헌장을 선포하였다. 6개 정강과 10개 조의 임시헌장 내용은 다음과 같다.

> **정강(政綱)**
> 1. 민족평등 국가평등 및 인류평등의 대의를 선전함
> 2. 외국인의 생명재산을 보호함
> 3. 일체 정치범인을 특사함
> 4. 외국에 대한 권리의무는 민국정부와 체결하는 조약에 일의(一依)함
> 5. 절대독립을 서도(誓圖)함
> 6. 임시정부의 법령을 위월(違越)하는 자는 적으로 인정함
>
> 제1조 대한민국은 민주공화제로 함
> 제2조 대한민국은 임시정부가 임시의정원의 결의에 의하여 이를 통치함
> 제3조 대한민국의 인민은 남녀 귀천 및 빈부의 계급이 없고 일체 평등임
> 제4조 대한민국의 인민은 신교·언론·저작·출판·결사·집회·신서(信書)·주소 이전·신체 및 소유의 자유를 향유함
> 제5조 대한민국의 인민으로 공민 자격이 있는 자는 선거권과 피선거권을 가짐
> 제6조 대한민국의 인민은 교육, 납세 및 병역의 의무가 있음
> 제7조 대한민국은 神의 의사에 의하여 건국한 정신을 세계에 발휘하며 나아가 인류의 문화 및 평화에 공헌하기 위하야 국제연맹에 가입함
> 제8조 대한민국은 옛 황실을 우대함
> 제9조 생명형 신체형 및 공창(公娼)제를 전폐함
> 제10조 임시정부는 국토회복 후 만 1개년 내에 국회를 소집함

대한민국임시정부는 이를 토대로 같은 해 9월 11일 임시정부법령 제2호로

'대한민국임시헌법'을 제정하였다. '임시'라는 표현에도 불구하고 '헌법'이라는 명칭을 처음 사용하였다. 그리고 전문 외에 8개의 장(章)으로 구분하고 조문을 10개에서 58개로 대폭 늘려 현행 헌법과 비슷한 구조로 만들었다.

전문
제1장 총령(總領)
제2장 인민의 권리와 의무
제3장 임시대통령
제4장 임시의정원
제5장 국무원
제6장 법원
제7장 재정
제8장 보칙

6년 후 1925년 4월 7일, 대한민국임시정부는 임시정부법령 제3호로 대한민국임시헌법 제3호를 다음과 같이 개정하였다. 임시대통령을 폐지하고 국무령과 국무원의 집단지도체제인 임시정부가 행정과 사법을 총괄하기 위해 2호 헌법에서 대폭 늘렸던 조문 수를 35개로 줄였다.

제1장 대한민국
제2장 임시정부
제3장 임시의정원
제4장 광복운동자
제5장 회계
제6장 보칙

2년 후 1927년 4월 11일, 대한민국임시정부는 임시정부법령 제4호로 대한민국임시약헌을 제정하였다. 임시정부법령 제2호에 열거되었던 인민의 권리와 의무, 제3호에서 규정되었던 광복운동자에 관한 내용을 제1장 총강에서 포괄적으로 규정하였고, 임시의정원을 임시정부 앞에 둠으로써 대의정치를 표방하였다. 이 임시약헌 제4호의 조문 체계는 1940년 10월 9일 시행된 대한민국 임시약헌 제5호와 같다. 임시헌법 대신 임시약헌으로 명칭을 바꾼 것은 임시정부가 광복운동에 역량을 더욱 집중하기 위한 것으로 생각된다.

26년간의 대한민국임시정부 기간 임시헌법(헌장, 약헌 포함)을 5차례 개정하였으나 국호를 '대한민국'으로 하고, 정치체제를 '민주공화국'으로 하는 기본 틀에는 변함이 없었다. 더욱이 임시헌장에서 대한제국의 황실을 우대한다고 하였고 임시헌법에서 대한민국의 영토를 구한국(대한제국)의 판도로 한다고 규정함으로써 대한민국임시정부는 대한제국을 계승함을 분명히 하였다.

명목상으로는 (임시)헌법을 가진 나라였지만 영토와 대다수 국민이 조선총독부의 지배를 받고 있었기에 이를 회복하기 위하여 광복군을 양성하고 전투를 하는 등 꾸준히 노력하였다. 제10호 대한민국헌법 전문에 대한민국은 대한민국임시정부의 법통을 계승한다고 규정한 것은 이러한 맥락을 재차 확인한 표현이라 할 수 있다.

대한민국헌법 제정

　불행하고 안타깝게도 해방 후 우리나라는 대한민국의 자유주의와 북한의 사회주의라는 상반된 정치체제로 분단 출발하였다. 그 이유는 해방 후 1947년 김일성은 평양에서 북한 지역에 일당 독재체제를 먼저 수립해 놓고 분단의 책임을 회피할 의도로 1948년 8월 15일 대한민국정부 수립 후 23일이 지나서 9월 8일 조선민주주의인민공화국 헌법 제1호를 공포하고 공식 발족하였기 때문이다.
　한반도의 완전한 통일국가를 이루었던 고려, 조선과 대한제국처럼 대한민국도 자유민주주의로 통일된 국가를 원했으나, 소련의 지원을 받아 국가 형태를 재빨리 갖춘 북한의 반대로 부득이 UN 감시 하에 자유선거가 가능한 남한지역만이라도 민주정부를 수립하게 된 것이다. 이승만 박사를 비롯한 당시 대한민국의 정치지도자들은 북한식의 일당 독재체제가 아닌 다당제의 자유민주주의를 기반으로 하는 대한민국헌법 제정에 착수하였다. 1948년의 대한민국은 헌법을 제정하기 위한 정치 일정을 다음과 같이 긴박하게 진행하였다.

5월 10일 최초의 총선거를 통하여 제헌 국회의원 198명을 선출하였다.

5월 31일 제1회 국회 본회의를 개회하여 임시의장으로 이승만 의원을 선출하였다.

6월 1일 국회는 헌법안을 만들 기초위원을 뽑을 전형위원 10명을 선출하였다.

6월 1일 전형위원들은 자신들을 다수 포함한 헌법기초위원 30명을 확정하였다.

6월 3일부터 20일까지 헌법기초위원들은 민간의 전문위원 10인과 함께 헌법초안을 마련하였다. 당시 국회의 주도세력인 한민당은 의원내각제 정부를 골격으로 한 헌법안을 만들었다.

6월 21일과 22일 제헌국회의장으로 국민의 절대적 지지를 받고 있던 이승만 박사는 건국 초기에는 대통령중심제로 하는 것이 좋다고 주장함으로써 두 가지 방안을 본회의에 함께 상정하였다.

6월 23일부터 7월 4일까지 열린 세 차례의 국회 본회의 독회에서 전체 의원 198명 중 152명에서 186명의 의원이 각각 참석한 가운데 두 가지 방안에 대한 논쟁은 팽팽하게 이어졌다.

7월 5일부터 진행된 최종심의과정에서 토론 후 이승만 의장의 주장을 받아들여 대통령중심제를 기본으로 의원내각제 요소를 대폭 반영하는 절충안을 마련하였다.

7월 12일 제1호 대한민국헌법안을 의결하였다.

7월 17일 이승만 국회의장은 제1호 대한민국헌법을 공포하였다.

7월 17일 「대한민국헌법」이 공포됨으로써 비로소 그간 대한 국민과 영토만 있던 한반도에 주권까지 세 개의 구성요소를 모두 한 국경 안에 갖춘 완전한 국가를 공식적으로 출범할 기반을 조성하였다. 이를 기념하는 것이 제헌절(制憲節) 즉 헌법을 제정한 날을 기념하는 국경일이다. 비록 헌법 제3조에 규정한 대한민국의 영토와 그 안에 사는 모든 국민을 다 아우르지 못한 채 출생한 것은 아쉬우나 국토의 반쪽이나마 자유민주주의 국가를 세움으로써 지금의 대한민국으로 성장한 것은 하나님의 은혜였다. 나라를 건립한 감격과 감사가 얼마나 컸던지 제1회 국회에서 임시의장으로 선출된 이승만 박사는 서울 종로에서 당선된 감리교회 목사 이윤영 의원에게 감사기도를 요청하였다. 회의 순서에도 없던 즉흥적 부탁이었지만 이윤영 목사는 기꺼이 하나님께 대표기도를 한 것이 국회 속기록에 남아 있다.

당시의 우리 조상들은 언젠가 대한민국의 힘이 강해지면 북한 지역의 영토를 되찾아 그곳의 국민도 대한민국헌법에 규정된 자유와 권리를 누릴 것이라는 희망과 결의를 다졌다. 그런 통일의 꿈을 안고 살아온 지 어언 70년이 넘었다. 제2차 세계대전 후 국토가 분단된 베트남과 독일이 서로 다른 방법으로 통일된 사례를 보면서 우리나라의 미래를 많이 고심하게 된다. 그럴수록 우리 국민은 헌법에 담긴 소중한 의미와 가치를 잘 아는 것이 중요하다. 하지만 2014년 12월 30일 「국경일에 관한 법률」을 개정하여 한글날을 국경일에 추가하면서 2017년 10월 17일 「관공서의 공휴일에 관한 규정」 개정으로 국경일 중에서 제헌절만 공휴일에서 제외되었다. 제헌절이 공휴일이 아니라고 해서 국가의 경사(慶事)로움이 반감되는 것은 아니지만 헌법에 대한 국민의 관심이 줄어드는 징표처럼 보여 유감스럽다.

한편 북한은 제1호 헌법 제103조에서 '(조선민주주의인민공화국의) 수부(수도)를 서울시로 한다.'고 규정함으로써 대한민국을 공산화하려는 의도를 처음부터 갖고 있었다. 그러다가 70년대에 들어와 남북한 국력 격차가 커지면서 명목상의 일당독재 체제를 폐기하고 실질적인 김일성 일인독재 왕조로 전환하기 위하여 1972년 12월 27일 조선민주주의인민공화국사회주의헌법(제7호)으로 전면 개정하였다. 장남 김정일을 후계자로 지명하고 헌법에 '사회주의'라는 말을 삽입하면서 그 의미를 헌법 제63조에서 풀어쓰기를, '조선민주주의인민공화국에서 공민의 권리와 의무는 《하나는 전체를 위하여, 전체는 하나를 위하여》라는 집단주의원칙에 기초한다.'고 규정하였다. 즉 북한식 사회주의는 인민 '전체'가 김일성 가계 '하나'를 위하여 대를 이어 충성하는 집단(사회)적 존재라는 뜻이다. 2천만 명의 인민에게 종의 멍에를 씌우는 헌법을 어렵지 않게 만든 것은 북한 정권이 사람의 먹는 입을 봉쇄할 수 있었기 때문에 이의를 제기할 말하는 입을 열 수 없게 되었기 때문이다. 이렇게 한번 빼앗긴 자유를 되찾기는 정말 어렵다. 북한은 이 제7호 헌법 제149조에서 비로소 조선민주주의인민공화국의 수도를 (서울이 아닌) 평양으로 한다고 고쳤다.

대한민국헌법의 관점에서 북한 정권은 대한민국과 양립할 수 없는 단체로서 국가가 아니다. 그래서 1950년 6월 25일 새벽 북한군이 대한민국을 기습적으로 침략한 사건을 1950년 10월 24일 대통령령으로 공포한 「6·25사변 종군기장령」, 1951년 3월 31일 제정한 「6·25사변 수습비 특별회계법」처럼 6·25사변으로 줄곧 불러왔다. 그러다가 1988년 9월 서울에서 개최된 제24회 하계올림픽대회에 참가한 160개 국가는 전쟁과 가난의 정치·경제 후진국으로 알고 있던 대한민국의 눈부신 경제발전을 보고 상당한 충격을 받았다. 특히 공산권 국가들에 긍정적인 영향을 미쳐 1989년에는 소비에트연방이 해체되고 미·소 냉전체제가 무너졌다. 나아가 1991년 9월 남북한이 UN에 동시 가입하고 같은 해 12월에는 「남북한 사이의 화해와 불가침 및 교류 협력에 관한 합의서」까지 채택하게 되었다. 이 기본합의서는 서문에서 남북관계를 '나라와 나라 사이의 관계가 아닌 통일을 지향하는 과정에서 잠정적으로 형성되는 특수관계'로 규정하였다. 아직은 서로를 국가로 인정할 수 없는 상황을 반영한 표현이다. 대법원도 이 합의서는 법률이 아님은 물론 국내법과 같은 효력이 있는 조약이나 이에 준하는 것으로도 볼 수 없다(대판 1999.7.23. 98두14525)고 판결해 왔다.

이처럼 우리나라 헌법에 따르면 북한을 형식적·논리적으로라도 국가로 볼 수 없으나 같은 UN 회원국이므로 현실적으로는 주권국가로 인정할 수밖에 없는 애매한 상황이 초래된 것이다. 그 결과 2000년대에 들어와 국회에서 제정된 법률들, 예컨대 2004년 3월 22일 시행되었다가 2016년 1월 19일 폐지된 한시법인 「6·25전쟁 중 적 후방 지역 작전 수행 공로자에 대한 군 복무 인정 및 보상 등에 관한 법률」과 2010년 3월 26일 공포된 「6·25전쟁 납북피해 진상규명 및 납북피해자 명예회복에 관한 법률」에서는 6·25사변으로 쓰지 않고 국가 간의 무력충돌을 의미하는 6·25전쟁으로 표현하였다. 마침내 2013

년 3월 23일 대통령령인 「각종 기념일 등에 관한 규정」 별표에서 6·25사변일을 6·25전쟁일로 개정함으로써 6·25사변이란 개념은 이제 정부의 공식문서에서 완전히 사라졌다.

대한민국헌법 개정

 공화국이라는 용어는 통치형태로 구분한다. 우리나라는 제1호 「대한민국헌법」부터 국민에게서 나온 권력을 받아서 행사할 국가에 대한 기본 통치구조를 규정하였다. 대한제국의 고종이나 순종 황제 시절 입헌군주국으로 전환하지 못하고 35년간의 일제 식민지를 겪고 나서 대한민국은 공화국 정치체제를 채택하였다. 국가를 대표하는 통치권자와 그 보좌기구를 국민이 직접 구성하는 나라를 공화국이라 부르므로 헌법에서 통치기관의 형태를 어떻게 규정할 것인가 공화국을 구분하는 기준이 된다.
 제1호 헌법에 따라 구성된 제1공화국에서는 헌법을 두 번 개정하여 제2호와 제3호 헌법이 되었지만 통치구조상의 근본적인 변화는 없었다. 이승만 대통령의 자진 사임 후 개정된 제4호 헌법에서는 건국 초기 헌법기초위원회에서 추진했던 의원내각제 정부로 바꾸었기 때문에 제2공화국이 되었다. 같은 해 통치구조의 변경 없이 부정선거 관련자 처벌을 위하여 부칙을 개정하여 제5호 헌법이 되었다.
 박정희 대통령의 집권으로 제정된 제6호 헌법에서 다시 대통령중심제로 환원되었기 때문에 제3공화국이 출범하였다. 대통령의 3선이 가능하도록 개정된 제7호 헌법 이후 자연인인 대통령은 그대로였으나 영도적 대통령제와 주권의 수임기관으로서 통일주체국민회의 설치를 골자로 하는 제8호 헌법에서 통치구조의 큰 변화가 생겨 제4공화국이 되었다. 이어서 전두환 대통령의 집권과 함께 대통령을 선출하는 선거인단의 설치, 대통령의 7년 단임 등을 골자로 하는 제9호 헌법에서는 통치구조상 상당한 변화가 있어서 제5공화국이 되었다. 그리고 노태우 대통령후보의 6·29 선언 이후 국민의 대통령 직접선거 등 현행 제10호 헌법을 개정하여 제6공화국이 출범하고 지금에 이르렀다. 이러한 흐름을 정리하면 [표 1]과 같다.

[표 1] 대한민국헌법 제·개정 경위

헌법	공포일	시행일	구분	주요내용	통치형태
1호	1948.7.17.	1948.7.17.	제정	대통령제 채택	대통령제(제1공화국)
2호	1952.7.7.	1952.7.7.	일부개정	국회 양원제 도입, 직선	
3호	1954.11.29.	1954.11.29.	일부개정	대통령 임기연장(3선)	
4호	1960.6.15.	1960.6.15.	일부개정	대통령은 국가원수	의원내각제(제2공화국)
5호	1960.11.29.	1960.11.29.	일부개정	정부수반은 국무총리	* 국회 양원제 실시
6호	1962.12.26.	1963.12.17.	전부개정	국회 단원제 환원, 직선	대통령제(제3공화국)
7호	1969.10.21.	1969.10.21.	일부개정	대통령 임기연장(3선)	
8호	1972.12.27.	1972.12.27.	전부개정	통일주체국민회의 설치	영도적 대통령제(제4공화국)
9호	1980.10.27.	1980.10.27.	전부개정	대통령 간접선거(선거인단)	대통령제(제5공화국)
10호	1987.10.29.	1988.2.25.	전부개정	대통령 직접선거	대통령제(제6공화국)

　1948년 7월 제1호 헌법이 제정된 이후 1987년 제10호 헌법이 공포되기 전까지 약 40년 동안 9개 헌법이 있었으므로 헌법의 평균 수명은 4년 4개월 정도이다. 이에 비하면 제10호 헌법은 30년을 넘긴 우리나라 헌정사상 최장수 헌법이다. 이 헌법에 따라 제13대부터 제19대 대통령까지 취임하였다. 우리나라 헌정 질서가 상당히 안정되었음을 보여준다. 전두환 대통령 이전의 대통령이 4명에 불과하지만 현 대통령이 19대가 된 것은 [표 2]에서 보는 바와 같이 임기 중 갑자기 그만두거나 헌법개정으로 임기를 새로 시작했기 때문이

다. 헌법상 규정된 임기가 정상적으로 지켜진 경우는 취임일이 전임자와 동일자인 경우로 2대와 3대, 6대와 7대, 8대와 9대, 그리고 13대부터 17대까지이다. 대한민국 국가원수인 대통령의 취임 대수를 이승만 초대 대통령부터 기산하는 것은 대한민국이 신생 독립국가로 건립된 원년을 1948년으로 삼고 있음을 입증하는 것이다.

[표 2] 역대 대통령 취임일과 적용 헌법 관계

구분	대통령	취임일	적용 헌법	선출기관
초대	이승만	1948년 7월 24일	제1호 헌법	국회
2대		1952년 8월 15일	제2호 헌법	국민(직선)
3대		1956년 8월 15일	제3호 헌법	
4대	윤보선	1960년 8월 13일	제4호 헌법	국회
5대	박정희	1963년 12월 17일	제6호 헌법	국민(직선)
6대		1967년 7월 1일		
7대		1971년 7월 1일	제7호 헌법	
8대		1972년 12월 27일	제8호 헌법	통일주체국민회의 (간선)
9대		1978년 12월 27일		
10대	최규하	1979년 12월 21일		
11대	전두환	1980년 9월 1일		
12대		1981년 3월 3일	제9호 헌법	대통령선거인단(간선)
13대	노태우	1988년 2월 25일	제10호 헌법	국민(직선)
14대	김영삼	1993년 2월 25일		
15대	김대중	1998년 2월 25일		
16대	노무현	2003년 2월 25일		
17대	이명박	2008년 2월 25일		
18대	박근혜	2013년 2월 25일		
19대	문재인	2017년 5월 10일		

대한민국헌법인의 과제

대한제국의 통치를 받았던 우리 영토를 모두 수복하지는 못하였으나 대한민국은 한반도의 유일한 합법정부로 국제연합의 승인을 받고 축하 속에서 '탄생'하였다. 출생 후 국가는 미군정을 통해 일제로부터 받은 귀속재산을 매각하고 외국으로부터 돈과 기술을 배우거나 빌려와 국내 저축을 장려하며 경제·사회개발5개년 계획을 세워 민간부문을 이끌어 나갔다. 그 덕분에 북한보다 훨씬 더 가난했던 우리나라가 70년대부터는 국내총생산(GDP) 규모를 앞서기 시작하여 이제는 비교 불가능할 정도로 경제적 격차를 크게 벌렸다. 이는 대한민국의 산업화를 이끈 선조들의 큰 공적 덕분이다. 대한민국은 잉태기 - (진통) - 출생·유아기 - 청소년기(산업화) - 성장기(민주화) 과정을 거치면서 어엿한 성인이 되었다. 이제 남은 과제는 선진화이다.

    선진화는 몸집이나 겉모습만 커지는 것이 아니라 내면까지 성숙해 가는 것을 뜻한다. 성숙함의 가장 중요한 요소는 상대를 배려하는 마음이다. 입에 풀칠할 정도로 가난할 때는 음식을 차려주면 숟가락을 밥이나 국그릇에 먼저 담가 형제들보다 더 많이 먹으려 경쟁하는 것처럼 자기중심 사고가 인격을 지배한다. 먹을 것이 풍족해지면 서로 많이 먹으려고 경쟁할 필요가 없으니 이기심은 어느덧 사라지고 지난 시절의 미숙한 행동을 부끄러워하게 된다. 우리나라는 고도의 압축 성장을 이루는 바람에 자제력과 배려심이 충분히 자라기 전에 민주화 운동이 봇물 터져 성숙의 과정을 경험할 여유가 없어서 집단적 이기주의가 나타났다. 이는 눈앞의 이득을 취하는 데 도움은 될지 모르나 결국은 나라 전체에 유익이 되는 공동선을 가로막는 부작용을 초래한다.

대한민국이 세계 속에서 참으로 잘사는 교양 있는 국가로 인정받기 위해서는 모든 국민이 자유민주주의와 시장경제를 토대로 발전된 나라에 살고 있다는 감사의 마음부터 가져야 한다. 그러면 나라를 사랑하는 마음이 절로 생겨 국민을 사랑하며 서로를 섬기는 공동체 정신이 확립될 것이다. 우리가 가난했던 신생국 시절 선진국의 무상원조를 받아 이만큼 큰 것처럼 이제는 우리보다 어려운 나라들을 도우면서 우리나라가 졌던 빚 즉 감사의 은혜를 갚아야 한다.

이를 위한 선결 과제가 있다. 헌법을 제정한 이후 대한민국헌법인은 공동운명체로서 올바른 방향으로 꾸준히 발전해 왔으므로 각 시대에서 나름대로 역할을 다한 선조들의 공적을 먼저 인정하는 것이다. 인간은 불완전한 존재이므로 공과(功過)가 다 있다. 굳이 따지자면 대체로 공적이 과실보다는 훨씬 많다. 당시로는 최고의 가치를 향하여 합리적으로 결정·집행한 결과를 현재의 시선과 잣대로 모두 재단하는 것은 곤란하다. 인생 궤적을 임의로 끊을 수 없듯이 헌법인의 역사도 함부로 단절할 수 없다. 과거로부터 현재를 거쳐 미래에 이르기까지 면면히 이어지는 맥락에서 좋은 점은 승계하고 부족한 점은 보완하면서 발전해 나가는 것이 중요하다.

그럼에도 불구하고 아직도 대한민국의 잉태기와 출생·유아기에 참여한 세대 간에, 그리고 청소년기와 성장기에 참여한 세대 사이에 갈등이 존재하는 것은 참으로 안타깝다. 대립과 분열 대신 배려와 이해를 통하여 얼마든지 서로의 활동을 존중하고 대한민국헌법인의 성장 과정에서 겪은 진통을 슬기롭게 극복할 수 있을 것이다. 세계가 부러워하는 나라로 성장한 만큼 성숙한 자세로 역사의 발전 단계에서 이뤄졌던 모든 역할을 인정하고 포용하는 것이 대한민국헌법인에 주어진 가장 시급하고도 중요한 과제라 생각된다.

제 3 장

국가와 국민

대한민국은 국가의 존립 근거를 국민에게 두고 있다. 헌법에서 밝힌 대로 국민 개개인이 나면서부터 하늘로부터 받은 기본적 권력을 헌법 제정과 함께 국가에 이양했기 때문이다. 국가는 이를 근거로 국민을 위하여 여러 가지 일을 한다. 일은 권력, 권한, 권능, 사무, 업무, 기능, 역할, 사명 등 다양하게 표현된다. 국민은 주권자와 행정의 대상이라는 이중 지위를 갖는다. 국가는 모든 일을 직접 처리할 수도 있으나 국민에게 질 좋은 서비스를 제공하기 위하여 지방자치단체에 법인격을 부여하여 자율성을 높이고 수많은 행정법으로 특수법인을 설치하여 효율적으로 일한다.

민주공화국의 의미

　국가와 국민의 관계는 제헌헌법부터 지금까지 본질적인 내용이 거의 바뀌지 않은 제1장 총강에 잘 나타나 있다. 대한민국은 고조선 이래 대한제국까지 통치권을 행사했던 세습하는 군주를 (실질적이든 상징적이든) 두지 않고 국민이 주인으로서 자신을 통치하는 민주공화국이 되었다. 대한민국이란 이름을 가진 이 나라가 있음으로써 국민은 생명·자유·재산 등을 안전하게 보호받아 행복한 삶을 누릴 수 있게 되었다. 대한민국을 통치할 '모든' 권력의 원천이 국민에게 있다는 것은 모든 사람이 하늘로부터 기본적 인권을 지니고 태어난다는 자연권 사상이 그 배경이다. 옛날에는 천자(天子)인 군주가 하늘에게서 직접 통치권을 받아 행사한다는 왕권신수설(王權神授說)이 지배적이어서 세습 왕조를 정당화하였으나 근대 민주국가에서는 사회계약설(社會契約說)에 따라 국민이 합의하여 주권을 국가에 포괄적으로 이양하는 헌법을 제정함으로써 제도로 정착되었다.

　국민의 의사가 합치되어 만든 민주국가의 헌법은 이를 분명히 밝히고 있다. 우리나라도 헌법 제1조 제2항에서 '대한민국의 주권은 국민에게 있고, 모든 권력은 국민으로부터 나온다.'고 규정하고 있다. 국민으로부터 나온 권력이 어디로 들어간다는 표현은 없으나 두말할 나위도 없이 국가로 들어갔다. 헌법 제2장에 규정된 국민의 권리와 의무를 바탕으로 제3장부터 제5장까지 규정된 통치기구들은 입법권, 행정권, 사법권을 각각 나누어 행사한다고 되어 있다. 여기서 '권(權)'은 국민으로부터 나온 권력 즉 합법적으로 통치행위를 할 수 있는 공권력이다. 제6장부터 제8장까지의 통치기구에는 세 가지 권력 대신 관장하는 사무를 열거하고 있다. 모두 국민에게서 나온 권력 중 일부를 직접 실행하는 각 헌법기관의 권한이다.

전문
제1장 총강
제2장 국민의 권리와 의무
제3장 국회
제4장 정부
제5장 법원
제6장 헌법재판소
제7장 선거관리
제8장 지방자치

모든 권력이 국민으로부터 나온다는 의미는 두 가지 관점에서 살펴볼 수 있다. 하나는 국민이 선출·구성한 국회 또는 국민투표를 통해 국민에게서 나온 권력이 헌법규정에 들어가는 것이다. 헌법을 제정하거나 개정할 때 국민이 투표장에 가서 찬성 또는 반대의 의사표시를 하는 행위는 헌법규정에 담은 통치기구에 국민 개개인의 천부적 권리를 '포괄적으로' 이양하는 행위이다. 헌법은 국민이 갖고 있던 자연권이 총 집결된 권력을 국가의 기관들이 나누어 행사한다는 기본 규범이다.

다른 하나는 각종 선거에서의 투표행위를 통하여 권력을 행사할 사람들에게 '개별적으로' 들어가는 것이다. 헌법에 포괄적으로 이양했던 (통치)권력을 직접 맡아서 일할 선거후보자에게 투표를 통해 위임하는 행위이다. 국민의 보통·평등·직접·비밀선거는 이를 위한 법적 도구이다. 제도적으로 보장된 통치권력을 행사하는 대통령이나 국회의원 후보자 중 국민 각자가 원하는 사람에게 권력을 넘겨주는 것이다.

이 두 유형의 권한은 현행 헌법 제1조 제2항의 주권자인 국민으로서 본질상 갖는 것이다. 지방자치단체장이나 지방의회의원을 선출하는 지방선거도 같은 사람이 행사하나 이는 헌법에 따라 '국민'으로서 행사하는 것이 아니라 국회가 제정한 「지방자치법」에 따라 일정한 지방자치단체에 주소를 둔 '주민'의 지위에서 투표하는 것이므로 약간 차이가 있다.

우리나라 헌법규정을 토대로 이러한 통치형태를 그려보면 [그림 3]과 같다.

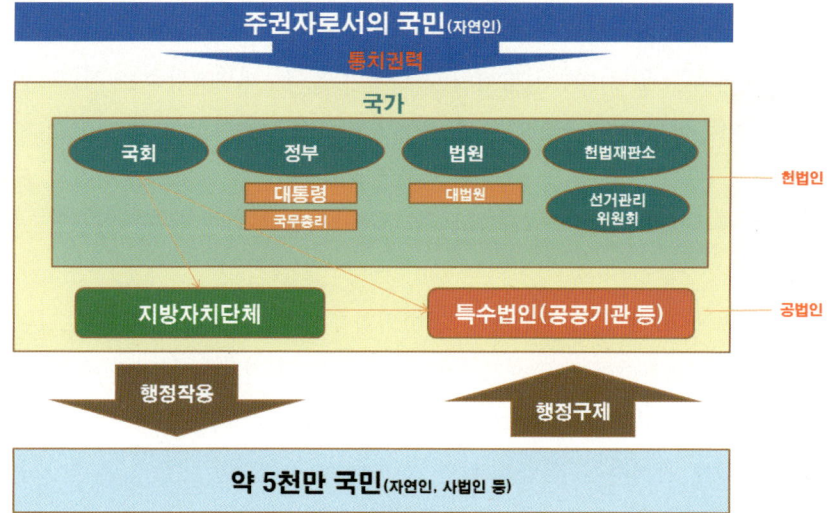

[그림 3] 대한민국헌법상 권력 배분 구조

그림의 맨 위에 표시된 국민은 헌법 제1조 제2항의 주권자를 상징한다. 주권자인 국민으로부터 나오는 '모든 권력'이 국가로 들어가는 모양을 큰 화살표로 그렸다. 국가 안의 조직 명칭은 모두 헌법의 각 장에 직접 규정한 것을 명시하였다. 국민이 각자의 천부적 권력을 국가에 주는 이유는 무엇인가? 그

해답은 제1호 헌법 제5조에 규정되어 있다. 제6호 헌법에서 삭제된 이 규정에는 "대한민국은 정치, 경제, 사회, 문화의 모든 영역에 있어서 각인의 자유, 평등과 창의를 존중하고 보장하며 공공복리의 향상을 위하여 이를 보호하고 조정하는 의무를 진다."고 되어있었다.

대한민국 즉 국가의 의무는 국민에게는 헌법상 권리가 된다. 국민 개개인에게는 자유, 평등, 창의를 국가가 존중하고 보장하나, 국민 전체의 복리 향상을 위해서는 국가가 보호하거나 조정한다. 국가가 이런 의무를 잘 수행할 수 있도록 국민은 국민투표와 선거를 통해 나온 모든 권력을 나누어 국회에 입법권을, 대통령을 수반으로 하는 정부에 행정권을, 대법원을 최고법원으로 하는 법원에 사법권을 각각 부여하였다. 법률은 이 헌법상 권한을 각 기관과 그 하부조직까지 합리적으로 배분하여 국민을 대상으로 직접 행사할 수 있도록 했다.

헌법재판소는 입법권과 사법권이 혼재되어 있다. 헌법재판소는 제1호 헌법 당시 국회에 있던 탄핵재판소와 법원에 있던 헌법위원회를 합친 기능을 수행한다. 선거관리위원회는 업무 성격상 행정권에 속하나 3·15부정선거의 여파로 과거 내무부가 행하던 선거관리위원회를 제4호 헌법에서 통치기구로 격상하였다.

지방자치에 관해서는, 헌법에서 지방의회를 둔다는 규정을 제외하고는 대부분 법률에 위임하여 운영하고 있다. 즉 지방자치단체는 국가와 달리 법률로 법인격을 부여받았으므로 헌법인인 국가와 모자(母子)관계라 할 수 있다.

특수법인에 관해서는, 헌법에서 이 용어를 쓰고 있지는 않으나 관련 표현은 많다. 제1호 헌법의 경우, 제72조 국무회의 의결사항에 있는 '국영기업', 제6장 경제 중 제85조·제87조·제88조에는 공공성이 있는 기업을 '국유', '국영', '공유', '공영'으로 한다고 규정함으로써 국가 또는 지방자치단체가 소유권을 갖고 운영하는 기업의 유형을 열거하고 있다. 이런 공기업들은 「민법」이나 「상법」 규정에 따라 임의로 설립하는 사법인과 달리 국가와 지방자치단체가 필요에 따라 행정법이나 조례로 설립하는 공법인이란 점에서 차이가 있다.

요컨대 국가는 국민에게서 나온 권력을 기반으로 다양한 조직을 만들어 직접 권한을 행사하거나 아니면 법률로 지방자치단체 또는 특수법인에게 권한 중 일부를 이양하거나 위임 또는 위탁하여 행사한다.

행정주체와 행정객체

　국민에게서 나온 권력을 근거로 법령에서 주어진 권한을 주도적으로 행사하는 기관을 행정주체라고 한다. 주체가 있으면 객체가 있다. 행정의 객체는 누구인가? 통치기구인 국가에게 권력을 내어준 국민이다. 국민은 주권자로서 권력을 내어주는 원천인 동시에, 그 권력을 받아 행사하는 국가의 통치 대상이다. 이것이 민주주의의 기본 원리이다.

　미국의 16대 대통령 아브라함 링컨은 남북전쟁에서 승리한 후 행한 게티즈버그 연설에서 이런 관계를 잘 표현하였다. '국민에 의한, 국민을 위한, 국민의 정부'는 지구상에서 영원히 사라지지 않는다는 표현이 바로 그것이다. [그림 3]에서 맨 위의 주권자로서의 국민은 '국민에 의한(by the people)'의 국민을, 맨 아래 행정객체로서의 국민은 '국민을 위한(for the people)'의 국민을 각각 뜻한다. 그러므로 행정주체가 되는 국가(넓은 의미의 정부)는 국민에 의해 만들어지고 국민을 위해 존재하므로 국민의 소유(of the people)가 되는 것이다. 우리나라도 주권자인 국민이 헌법 제2장에 규정된 기본권을 누릴 수 있도록 국가 등 행정주체는 각자 헌법과 법령에 따라 부여된 권한을 행사한다.

　현행 헌법 제9장의 제119조 제1항은 경제원칙으로서 개인과 기업의 경제상의 자유와 창의를 존중함을 기본으로 하고, 제2항에서 균형성장과 안정, 적정한 소득분배 유지, 시장 지배와 경제력 남용 방지, 경제주체 간의 조화를 통한 경제민주화를 위해 규제와 조정의 근거를 규정하고 있다. 시장경제원리를 기본으로 하지만 시장이 모든 문제를 다 해결할 수는 없으므로 정부는 문제해결에 실패한 시장에 개입할 수 있도록 하고 있다.

정부가 그 역할을 하는데 필요한 자원은 행정객체인 국민이 부담한다. 자원에는 인적 자원과 물적 자원이 있다. 인적 자원은 국민으로부터 받은 권력을 나누어 행사하는 사람 즉 공직자를 뜻한다. 국가관이 투철하고 사명감이 넘치는 국민 중 강제로 소집하거나 공정한 절차를 거쳐 희망자 중에서 선발한다. 물적 자원은 업무처리에 필요한 자금으로서, 무기를 제조 또는 구매하고 도로를 건설하며 생활이 어려운 국민에게 자금을 지원하는 등 소요되는 예산과 재원을 가리킨다. 국가는 이와 같은 필수적 운영자원을 헌법을 제정할 때 국민의 의무로 규정했기 때문에 이를 근거로 강제력을 발동하여 사람을 충원하거나 경비를 조달할 수 있다.

이것이 가능한 이유는 국가가 생산·공급하는 서비스는 안전보장과 질서유지라는 기본적 사명을 수행하는 데 필수적 요소일 뿐만 아니라 비경합성·비배제성의 특징을 갖기 때문이다. 비경합성과 비배제성이란 안보 또는 치안서비스와 같이 한 사람이 어떤 서비스를 사용한다고 해서 다른 사람의 혜택이 줄어들거나 공짜로 누리지 못하게 진입장벽을 설치하기는 곤란한 것을 말한다. 이런 업종은 수익을 창출하기 어렵기 때문에 민간부문이 참여하기를 꺼린다. 어쩔 수 없이 국가가 담당해야 할 사무이다.

국민 중에서 선발한 사람이 국가에서 일하면 국가공무원이고, 지방자치단체에서 일하면 지방공무원이다. 대한민국 국민이 전국의 어느 세무서에서 발급한 납세 고지서를 받아 어떤 명목의 세금을 내더라도 궁극적으로는 「한국은행법」 제71조에 따라 국가의 금고인 한국은행으로 들어가는 국세가 되고, 국민이 주민의 지위에서 거주지 관할 지방자치단체가 발급한 납세 고지서에 따라 세금을 내면 지방자치단체가 지정한 금고로 들어가는 지방세가 된다.

지방자치단체의 금고는 「지방회계법」 제38조에 따라 은행이나 농협·수협 등 협동조합 중에서 2개까지 지정할 수 있다. 대체로 금융기관과 4년간 약정서를 작성하여 금고를 정한다. 스마트 폰을 활용하는 전자정부 시대에 국세청은 홈택스(hometax.go.kr)를 통하여 국세행정 서비스를 제공하며, 행정안전부의 위택스(wetax.go.kr)와 서울특별시의 이택스(etax.seoul.go.kr)는 지방세와 관련된 다양한 서비스를 제공하고 있다.

특수법인이 생산하는 공공성을 가진 재화와 서비스는 일정 한도까지는 비경합성을 가지나 배제성이 있어 요금을 부과할 수 있으므로 조세권 대신 사용료를 징수한다. 경합성과 배제성이 있는 물건을 생산·공급하는 사법인인 민간과는 다른 특성을 고려하여 국가가 법률로 직접 설립한 특수법인에서 일하는 사람을 공무원과 함께 공직자라고 부른다. 현행 법령상으로는, 「국가공무원법」 또는 「지방공무원법」 등 공무원만 대상으로 하는 법률 외에 「공직자윤리법」처럼 공무원과 특수법인의 임직원 모두에게 적용되는 법률이 있다. 행정주체는 국가, 지방자치단체, 특수법인을 아우르는 개념이고 행정객체는 자연인과 사법인을 포함한 국민 일반을 말한다. 국가를 제외한 지방자치단체와 특수법인도 행정법상으로는 행정객체가 될 수 있다.

국민의 권리와 의무

「대한민국헌법」은 제2장 국민의 권리와 의무에서 국민의 기본적 권리를 열거하고 나서 국민이 져야 하는 의무의 내용을 규정하고 있다. 헌법상 국민의 권리는 국가의 의무이고 국민의 의무는 국가의 권리로 볼 수 있다. 국민의 권리 중 자유권은 국가가 적극적으로 개입하지 않으면 국민 각자가 누릴 수 있는 소극적 권리이다. 생존권은 국가가 구체적으로 기준을 정하고 필요한 재원을 확보해야만 실효성이 있는 적극적 권리이다. 헌법에 규정된 기본권은 성질별로 [표 3]과 같이 분류할 수 있다.

헌법 제37조는 제1항에서 국민의 자유와 권리는 헌법에 열거되지 아니한 이유로 경시되지 아니한다고 하고, 제2항에서 국민의 모든 자유와 권리는 국가 안전보장·질서유지 또는 공공복리를 위하여 필요한 경우 법률로써 제한할 수 있으며, 제한하더라도 자유와 권리의 본질적인 내용을 침해할 수 없다고 규정하고 있다. 이를 헌법상 과잉금지의 원칙 또는 비례의 원칙이라고 한다. 구체적으로는 기본권 제한을 위한 국가작용의 한계로 목적의 정당성, 수단의 적합성, 침해의 과소성, 법익의 균형성을 들고 있다.

[표 3] 헌법상 기본권의 분류와 내용

구분		내용
포괄적 기본권		인간의 존엄과 가치, 행복추구, 평등권
자유권	인신의 자유	신체의 자유
	사회·경제적 자유	거주·이전, 직업선택, 주거, 사생활 보호, 통신, 재산권 보장
	정신적 자유	양심, 종교, 언론·출판, 집회·결사, 학문과 예술
생존권		인간다운 생활, 교육, 근로(3권), 환경, 혼인·가족·모성보호
청구권		청원권, 재판, 형사보상, 국가배상, 국가구조
참정권		선거권, 공무담임권, 국민투표권

이상의 권리를 보호하기 위하여 우리나라 헌법은 국민에게 납세의 의무(제38조), 국방의 의무(제39조 제1항), 근로의 의무(제32조 제2항), 보호하는 자녀에게 초등교육과 법률이 정하는 교육을 받게 할 의무(제31조 제2항)를 각각 규정하고 있다. 헌법에서 '의무'라는 표현을 쓰지 않았으나, '…… 하여야 한다.'고 강행규정으로 표현하고 있는 환경보전 노력(제35조 제1항)과 재산권의 공공복리 적합 행사(제23조 제2항)도 의무의 범주에 포함할 수 있다.

납세의 의무는 국가가 필요한 물적 자원을 조달하기 위함이다. 일정한 시간이 지나면 줄어드는 재원의 특성상 주기적으로 보충해야 한다. 이를 위하여 국가와 지방자치단체는 국민이 가진 금전을 강제로 국가의 금고와 지방자치단체의 금고로 이전시켜 보관해 놓았다가 필요한 사업을 추진할 때 꺼내어 사용한다. 그러므로 헌법은 조세의 종목과 세율은 국민의 대표기관인 국회가 제정하는 법률로 정하도록 했다(제59조). 조세에는 국세와 지방세가 있고 국세는 다시 내국세와 관세로 구분된다. 내국세 중에는 국민의 담세 능력에 비례하는 직접세인 소득세와 법인세, 능력과 상관없이 모든 거래되는 재화와 용역에 붙이는 간접세인 부가가치세가 대부분을 차지한다. 2018년에 거둔 전체 내국세 중에서 소득세로 거둔 것이 가장 많았고 법인세와 부가가치세가 그 뒤를 이었다.

국방의 의무는 헌법 제39조 제2항에 규정된 병역의무와 약간의 차이가 있다. 병역의무는 현역이나 예비역 등 직접 국민의 신체활동을 통하여 직·간접적인 병력 형성 의무를 뜻하나 국방의 의무는 간첩신고나 군사작전의 협조 등 남녀노소 모든 국민에게 적용되는 포괄적 의무이다. 병역의무는 국방의 의무에 포함되나 국가를 위해 자신의 건강과 시간을 바친다는 측면에서 헌법은 병역의무를 이행함으로써 불이익한 처우를 받지 않도록 규정하고 있다. 남이 대신 낼 수 있는 납세의무와 달리 병역의무는 타인이 대신할 수 없다. 만약 대리행위가 허용된다면 돈 있는 사람은 다른 사람에게 돈을 주고 대신 복무시키는 생계형 용병이 늘어나 국방력은 급속히 약화될 것이다.

근로의 의무는, 헌법에서 국가가 의무의 내용과 조건을 민주주의 원칙에 따라 법률로 정한다고 규정하고 있으므로 공공필요에 의하여 일정한 근로를 하도록 법률로 강요된 국민은 이에 응해야 하는 내용이라는 주장과 근로 능력이 있는 국민은 (놀지 말고) 일을 해야 한다는 윤리적 의무를 규정한 것이라는 주장이 대립하고 있다.

교육의 의무는 국민 중 자녀를 보호하는 친권자나 후견인 등에게 적용된다. 「교육기본법」 제8조는 의무교육으로서 6년의 초등교육과 3년의 중등교육을 규정하고 있다. 의무교육의 내용은 취학에 필수적인 비용은 국가가 무상으로 지급해야 한다는 뜻으로 해석한다.

헌법에 직접 규정한 국민의 의무 외에 현재 개별 법률에서 모든 국민의 의무로 규정한 것을 유형별로 정리하면 [표 4]와 같다. 법률의 해당 조문을 보면, 정부가 이 법률에 따른 시책을 수립하고 시행할 때 국민이 적극적으로 협조하고 노력해야 하는 의무가 대부분이다. 정책의 특성상 국민의 자발적인 참여와 협조 없이는 실효성을 거두기 어렵기 때문이다. 훈시규정이라 징세와 징병처럼 국가가 강제권을 발동하기는 어렵지만 가볍게 보아서는 안 된다. 다른 규제사항과 결합하여 위반자에게 벌칙을 부과할 근거가 되기 때문이다.

[표 4] 법률로 규정한 모든 국민의 의무

유형	근거 법률 규정
안전질서 유지	「국가보훈 기본법」 제6조
	「민방위기본법」 제3조
	「부패방지 및 국민권익위원회의 설치와 운영에 관한 법률」 제6조
	「재난 및 안전관리 기본법」 제5조
	「119구조·구급에 관한 법률」 제4조
보건의료 협조	「감염병의 예방 및 관리에 관한 법률」 제6조
	「건강가정기본법」 제4조
	「건강검진기본법」 제4조
	「구강보건법」 제4조
	「국민영양관리법」 제5조
	「보건의료기본법」 제14조
	「정신건강증진 및 정신질환자 복지서비스 지원에 관한 법률」 제5조
	「후천성면역결핍증 예방법」 제3조
환경보전 노력	「환경정책기본법」 제6조
	「폐기물관리법」 제7조
	「전기·전자제품 및 자동차의 자원순환에 관한 법률」 제6조
	「악취방지법」 제3조
	「건축기본법」 제5조
	「농지법」 제5조
사회복지 협력	「양성평등기본법」 제4조
	「장애인복지법」 제10조
	「발달장애인 권리보장 및 지원에 관한 법률」 제5조
	「자살예방 및 생명존중문화 조성을 위한 법률」 제3조
	「대중교통의 육성 및 이용촉진에 관한 법률」 제4조
	「지속가능 교통물류 발전법」 제6조

대한민국 국민이 국가의 존립과 적극적인 활동으로 자신의 생명과 재산을 지키고 공동체의 자유와 번영을 누리고 있다면 국가를 유지하는 비용을 직접 조달하는 일은 수익자부담 원칙에 비추어 볼 때 타당하다. 자유민주주의 국가의 성숙한 국민은 권리만 주장할 것이 아니라 이에 상응한 책임과 의무를 다하는 것이 중요하다.

국가와 지방자치단체

「지방자치법」 제11조는 국가와 지방자치단체 사이의 역할 차이를 잘 구분하고 있다. 지방자치단체가 처리할 수 없는 다음 일곱 가지 유형은 국가의 존립과 관련되거나 성질상 전국적으로 처리하는 것이 적합한 사무들이다.

① 외교, 국방, 사법(司法), 국세 등 국가의 존립에 필요한 사무
② 물가정책, 금융정책, 수출입정책 등 전국적으로 통일적 처리를 요하는 사무
③ 농산물·임산물·축산물·수산물 및 양곡의 수급조절과 수출입 등 전국적 규모의 사무
④ 국가종합경제개발계획, 국가하천, 국유림, 국토종합개발계획, 지정항만, 고속국도·일반국도, 국립공원 등 전국적 규모나 이와 비슷한 규모의 사무
⑤ 근로기준, 측량 단위 등 전국적으로 기준을 통일하고 조정하여야 할 필요가 있는 사무
⑥ 우편, 철도 등 전국적 규모나 이와 비슷한 규모의 사무,
⑦ 고도의 기술을 요하는 검사·시험·연구, 항공관리, 기상행정, 원자력개발 등 지방자치단체의 기술과 재정능력으로 감당하기 어려운 사무

국가는 위와 같은 업무를 처리할 때 지방에 거주하거나 근무하는 국민의

편의를 도모하기 위하여 각 지역에 설치하는 하부조직을 특별지방행정기관이라고 한다. 지방국세청, 지방병무청, 지방고용노동청, 지방보훈청, 지방환경청, 지방해양수산청, 지방국토관리청, 지방중소벤처기업청, 세관 등을 말한다.

「지방자치법」 제9조는 지방자치단체가 처리할 수 있는 사무를 예시하고 있다. 구체적으로 보면, ① 지방자치단체의 구역, 조직, 행정관리 등에 관한 사무자치사무 ② 주민의 복지증진에 관한 사무 ③ 농림·상공업 등 산업진흥에 관한 사무 ④ 지역개발과 주민의 생활 환경시설의 설치·관리에 관한 사무 ⑤ 교육·체육·문화·예술의 진흥에 관한 사무 ⑥ 지역민방위 및 지방소방에 관한 사무로 구분하고 있다. 이러한 사무는 자치사무 또는 고유사무라고 한다.

그밖에 지방자치단체는 국가로부터 위임된 사무도 처리한다. 여기에는 두 가지 유형이 있다. 국가가 지방자치단체에 위임하는 단체위임 사무와 지방자치단체의 장에게 위임하는 기관위임 사무이다. 단체위임사무는 같은 법 제9조에 예시로 열거한 사무 중에서 국가의 중앙행정기관에서 관장하는 사무들이 주로 해당한다. 중앙부처 중 기획재정부, 산업통상자원부, 문화체육관광부, 보건복지부, 여성가족부 등은 지방에 별도의 특별지방행정기관을 설치하지 않고 지방자치단체에 사무를 위임하여 처리한다. 국가가 지방자치단체에 사무를 위임하였기 때문에 지방의회에서 사무를 처리하는데 필요한 조례를 제정할 수 있다.

기관위임사무는 법령에서 국가 사무를 시·도지사 또는 시장·군수·구청장에게 바로 위임(대행)할 수 있도록 규정한 것이다. 선거와 가족관계 등록, 여권발급 등이 해당한다. 국가가 단체장에게 직접 위임한 사무이므로 지방자치단체장은 수임한 사무를 국가기관의 하부조직처럼 처리한다. 지방의회가 개입될 여지가 없으므로 조례도 제정할 수 없다. 헌법에서 법률로 위임함에 따라 지방자치제도는 기본 규범인 「지방자치법」을 비롯해 지방자치단체가 수행하는 역할과 사무를 법률로 정해 운영하고 있다. [그림 4]는 헌법을 구체화하는 지방행정에 관한 법률체계를 정리한 것이다.

[그림 4] 지방자치 관련 법률 체계

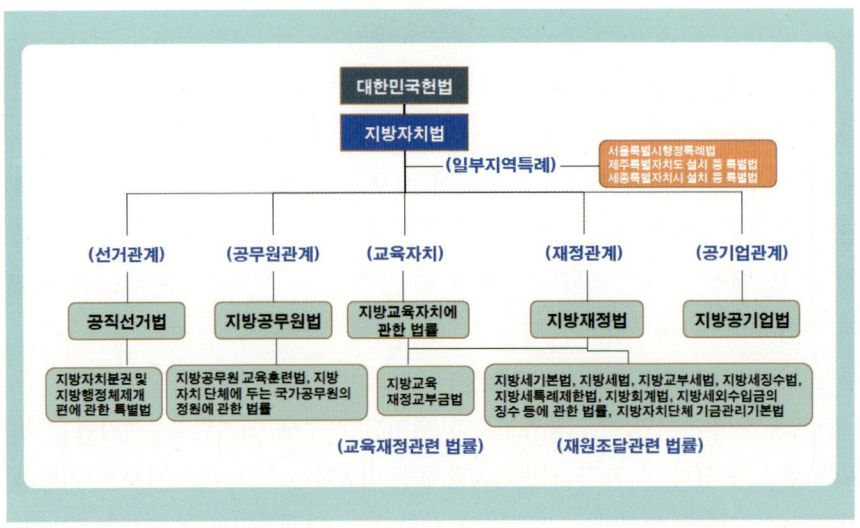

　1949년 7월 4일 「지방자치법」을 제정할 당시 '지방의회의 의원은 명예직으로 하되, 일비와 여비를 지급한다.'고 규정하였고 이 원칙은 1989년 지방의회를 재구성할 때에도 유지되었다. 그런데 1995년 1월 5일 이 법을 개정하여 일비와 여비 외에 의정활동비를 추가로 지급할 수 있는 근거를 신설하였다. 그리고 2003년 7월 18일 법을 개정하여 '명예직'이라는 표현을 삭제하고 의정활동비를 매월 지급하도록 함으로써 지금은 지방의원도 국회의원처럼 월정액 보수를 지급하는 지위로 전환되었다. 풀뿌리민주주의를 구현하는 기회비용이 지속 증가한 사례이다.

　2017년 12월 31일 현재 우리나라의 지방자치는 원칙적으로 [그림 5]와 같은 중층(重層)구조이다. 붉은 선으로 표시한 것이 일반 행정 사무에 관한 지방자치를 담당하는 광역자치단체와 기초자치단체로서 법인격이 부여되어 있다. 본격적인 지방자치 이전의 광역지방자치단체는 특별시·직할시·도가 기본이었으나, 직할시는 광역시로 확대되고 제주도는 자치권을 강화한 특별자치도가 되었으며 행정중심복합도시 건설로 세종시는 특별자치시로 승격하는 등 다양화되었다.

　교육행정 사무에 관한 지방자치는 현행 헌법 제8장에서 명시적으로 실시하도록 규정한 것은 아니나 헌법 제31조 제4항에서 교육의 자주성·전문성·정치적 중립성을 법률이 정하는 바에 의하여 보장하고 있으므로 지방자치의 특수 분야가 되었다. 다만 주민생활 전반에 영향을 미치는 일반 행정과는 차이가 있으므로 광역자치단체 단위로만 운영하고 있다. [그림 5]에서 지방자치 영역 중 초록색 점선으로 표시된 부분이 교육자치의 단위이다. 교육자치 행정을 담당하는 기관을 교육청이라 한다. 기초자치단체에는 교육청의 하부조직인 교육지원청을 두는데 그 관할 구역은 기초지방자치단체의 행정구역과 반드시 일치하는 것은 아니다.

　기초자치단체는 광역자치단체 관할 구역 안에 있으나 그 하부조직은 아니고 별개의 인격체이다. [그림 5]에 표시된 6개 광역시는 도(道)에 소속되지 않고 중앙정부(구 내무부)가 직할한다는 의미인 직할시에 인근의 군(郡)을 편입하여 확대한 것이다. 현재 광역시 안에는 5개의 군이 있다. 부산광역시의 기장군, 대구광역시의 달성군, 인천광역시의 강화군과 옹진군, 울산광역시의 울주군이다. 광주광역시에 군이 없는 것은 1988년 광역시가 될 때 인근의 광산군과 송정시를 편입하며 광산구로 했기 때문이다. 대전은 1989년에 대전직할시가 되면서 대덕군을 유성구와 대덕구로 재편하였고 1995년에 광역시가 되었으므로 처음부터 군이 없었다. 반면에 울산은 1997년에 광역시가 되면서 울산시 울주구는 울주군으로 바뀌었다.

[그림 5] 우리나라 지방자치단체 구성체계

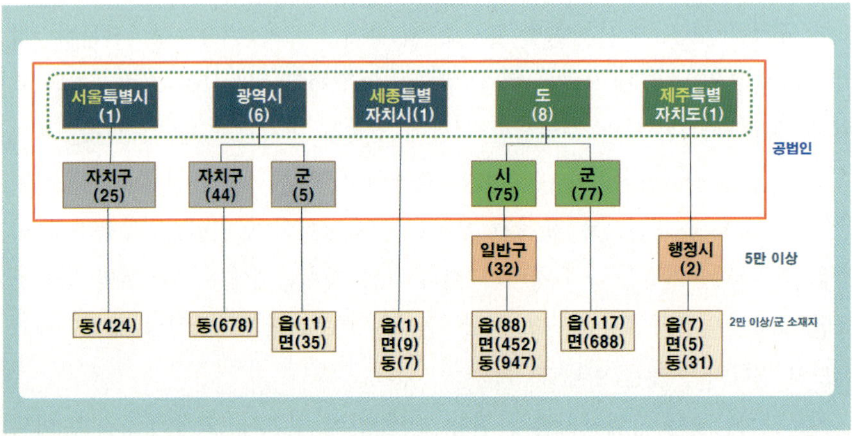

	서울특별시(1)	광역시(6)		세종특별자치시(1)	도(8)		제주특별자치도(1)	
	자치구(25)	자치구(44)	군(5)		시(75)	군(77)		공법인
					일반구(32)		행정시(2)	5만 이상
	동(424)	동(678)	읍(11)면(35)	읍(1)면(9)동(7)	읍(88)면(452)동(947)	읍(117)면(688)	읍(7)면(5)동(31)	2만 이상/군 소재지

　외형상으로는 인구가 밀집된 시(市)를 일정한 구역으로 나누는 동일한 구(區)지만 법적 지위는 자치구와 일반구로 나누어진다. 자치구는 특별시와 광역시 안에서 법인격을 가진 구이고, 일반구는 기초자치단체인 시(市) 중에서 「지방자치법」 제175조에 따라 인구 50만이 넘는 대도시에 적용되는 특례시에 설치하는 것이다. 이 규정은 강제성이 없어 특례시 중에는 경기도 부천시와 화성시 등 일반구를 두지 않고 기관장의 직급을 한 단계 높인 책임 읍·면·동제로 운영하는 시도 있다. 구청을 두지 않으면 청사운영과 공무원 인건비 예산을 절감하는 데는 상당한 효과가 있다. 일반구를 둔 시 중에는 경상남도 창원시가 5개로 가장 많고, 경기도 수원시와 충청북도 청주시는 4개씩으로 뒤를 잇고 있다.

　특별자치도와 특별자치시는 기초자치단체를 두지 않고 광역자치단체만 있는 단층(單層)의 지방자치 구조이다. 제주특별자치도의 경우 2006년 「제주특별자치도 설치 및 국제자유도시 조성을 위한 특별법」을 제정·시행하면서 종전에 기초자치단체로 있던 북제주군을 제주시에, 남제주군을 서귀포시로 각각 통합하여 행정시로 전환하였다. 따라서 제주특별자치도만 공법인인 지방자치단체이며 자치권 즉 법인격이 없는 행정시의 장은 도지사가 임명하는 하부조직이다.

　지방자치단체의 주민과 접촉하는 일선 하부조직인 읍·면·동은 지방자치단체의 행정사무를 분담·수행한다. 지방자치단체도 헌법과 법령에 따라 부여된 소관 사무를 수행할 때 사람과 돈이 필요하다. 이 자원은 원칙적으로는 해당 지역의 주민들이 부담하나 충분하지 않으므로 국가로부터 일정한 지원을 받는다. 국가와 마찬가지로 행정조직을 구성하는 인적 자원인 지방공무원은 임명되면 퇴직할 때까지 수십 년간 근무하는 데 비하여, 물적 자원인 예산과 자금은 1년이 지나면 소멸하므로 매년 새로 보충해야 한다.

지방자치단체의 재정

국가와 지방자치단체는 재원 조달방식에 차이가 있다. [그림 6]은 조세 관련 법률에 규정된 국세와 지방세의 세목을 보여준다. 조세의 종목과 세율은 법률로 정하도록 했으므로 국세는 물론 지방세도 국회가 제정하는 법률로서만 부과할 수 있다. 다만 지방자치단체는 조세가 아닌 기타 비용, 예컨대 수수료, 사용료, 분담금, 임대료 등은 세금이 아니므로 「지방세외 수입금의 징수 등에 관한 법률」이 정하는 바에 따라 일부 항목은 조례로 부과·징수할 수 있다. 또한 「지방자치법」 제27조는 지방자치단체의 조례를 위반한 행위는 조례로써 1천만 원 이하의 과태료를 정할 수 있도록 권한을 부여하고 있다.

국세는 일반적으로 '응능성(應能性)' 원칙에 따라 세율을 정한다. 이는 국민이 세금을 많이 낼 '능력'이 있으면 많이 내고 그렇지 않으면 적게 낸다는 뜻이다. 국가가 개인에게 자유로운 경제활동을 보장함으로써 남들보다 많은 부를 축적한 유능한 국민은 더 많은 세금을 내는 것이 타당하다는 관념이다. 비경합성·비배제성을 가진 공공재의 성질상 개별 국민이 국가로부터 받는 혜택을 일일이 산출하여 반대급부를 비례로 과세하기는 불가능하므로 소득세·법인세 등은 수혜 규모와 관계없이 능력에 따라 부과한다. 자유 시장경제 체제 안에서 마음껏 창의력을 발휘하여 열심히 돈을 벌어 국가가 부과하는 세금을 많이 내면 낼수록 국부가 증가하고 그 재원을 토대로 국민 전체를 위한 좋은 일을 많이 할 수 있다.

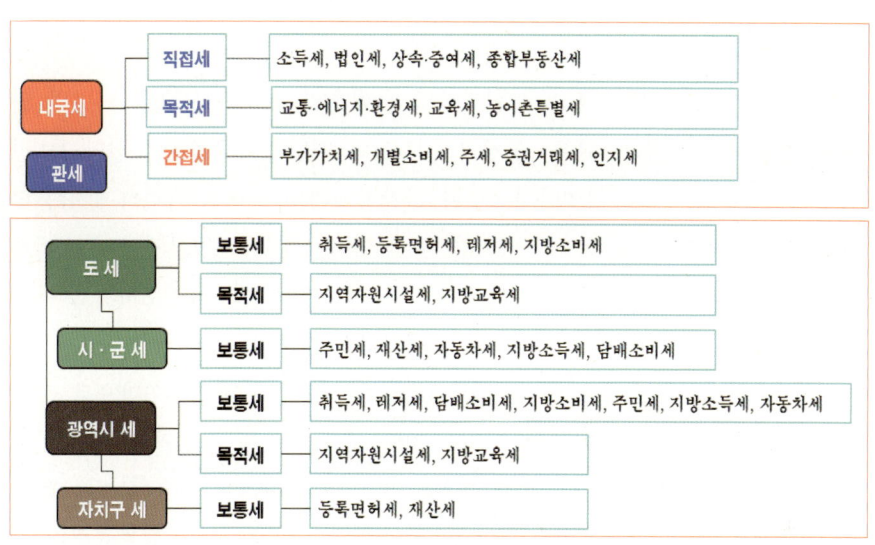

[그림 6] 우리나라의 조세 구조

한편 부가가치세·소비세 등 간접세는 개별 물건값에 처음부터 포함되어 안정된 세수 확보에는 도움이 되나 구매력과 반드시 비례하지 않고 역진될 수 있다는 점에서 응능성 원칙과는 거리가 있다. 특별소비세와 같이 국민 다수가 보편적으로 구매하기 어려운 비싼 소비재의 경우는 세율을 차등하여 응능성 원칙이 상당히 반영되어 있다.

이에 반해 지방세는 '응익성(應益性)' 원칙에 따라 세율을 정한다. 지방자치단체는 해당 지역에 거주하는 주민이 받는 '편익'에 비례하여 과세한다는 의미이다. 지방자치단체가 처리하는 사무는 국가사무를 수임하여 처리하는 것도 있으나 대부분 「지방자치법」 제8조에서 제10조에 예시한 주민 생활과 직결되는 사무이다. 자치단체의 구역, 조직, 행정관리 사무, 주민의 복지증진, 농림·상공업 등 산업진흥, 지역개발과 주민의 생활 환경시설의 설치·관리,

교육·체육·문화·예술의 진흥, 지역민방위 및 지방소방 등이다. 예컨대 주민들이 구매하는 사유재산을 안전하게 취득·보유할 수 있도록 지방자치단체는 각종 민원서류를 작성하고 보관하는 등 필요한 절차를 수행하므로 보유재산의 규모에 따라 세금을 부과한다. 재산세와 자동차세 등은 소유하는 물건의 크기로, 등록면허세나 취득세 등은 거래 관계를 통해 얻는 수익의 규모로 각각 산출하여 부과한다.

경제개발계획의 성공 이후 도시집중과 농어촌의 고령화 등으로 지방의 인구는 점점 줄어들었다. 교통·통신망의 발달과 개방경제체제로의 전환 등 전국이 단일 생활권으로 광역화됨으로써 지방경제에는 오히려 불리하게 작용하게 되었다. 이에 따라 수도권 규제를 통한 균형발전과 지방분권의 목소리가 높아가면서 국세인 소득세와 소비세 일부를 지방소득세와 지방소비세로 구분하여 지방세에도 응능성 과세원칙이 반영되기 시작하였다.

지방자치단체가 전체 예산 중 해당 지역의 지방세와 세외수입만으로 충당할 수 있는 지표인 재정자립도는 [그림 7]의 상단을 보면 수도권과 지방 사이에 격차가 큼을 알 수 있다. 이를 완화하기 위하여 국가는 사용 목적을 특별히 지정하지 않고 재정여건이 어려운 지방자치단체들에 「지방교부세법」에서 정한 바에 따라 지방교부세를 지급한다. 또 광역지방자치단체는 관할 지역 안에 재정상태가 상대적으로 좋지 않은 기초자치단체에 조정교부금을 지원한다. 이 두 가지 지원액은 지방자치단체가 임의로 쓸 수 있으므로 지방세까지 합친 재원이 지방자치단체 예산 중 차지하는 비율을 재정자주도라고 한다. 이 정책수단을 통하여 [그림 7] 하단의 광역자치단체별 재정자주도의 격차는 많이 좁혀졌다.

[그림 7] 광역자치단체별 재정자립도와 재정자주도

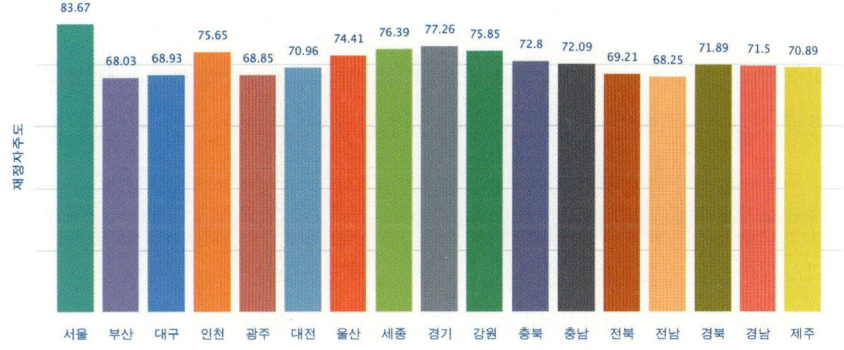

* 지방재정365(lofin.mois.go.kr) 지방재정통계에서 재정리(기준년도: 2019)

국가가 재정을 지원하여 지방자치단체의 재정을 계속 지원하는 것은 지방자치제도의 본질과 부합되지 않는다. 그래서 국회는 2015년 12월 29일 「지방재정법」을 개정하여 제5장의2에 긴급재정관리에 관한 규정을 신설하였다. 제60조의3에서 행정안전부장관은 지방자치단체가 소속 공무원의 인건비를 한 달 이상 지급하지 못하는 등 자력으로 재정위기상황을 극복하기 어려운 경우 해당 지방자치단체를 긴급재정관리단체로 지정할 수 있다. 지방자치단체장이 지방의회의 의견을 들어 지정을 신청할 수도 있다. 지정되면 행정안전부장관은 소속 공무원 또는 재정관리에 관한 업무 지식과 경험이 풍부한 사람을 긴급재정관리인으로 선임하여 긴급재정관리단체에 파견한다. 긴급재정관리계획을 수립·시행하여 재정상황이 호전되면 지정을 해제할 수 있다. 국가는 긴급재정관리단체가 긴급재정관리계획을 추진하는 데 필요한 행정적·재정적 사항을 지원할 수 있다.

 2016년부터 시행되고 있는 위 규정에 청산절차를 통하여 지방자치단체의 법인격을 회수할 근거는 아직 없다. 그렇지만 국가기관에서 긴급재정관리인을 파견하는 등 자치행정권과 자치재정권을 국가가 한시적으로 직접 행사하므로, 추후 주민투표 등을 통하여 기초자치단체가 없는 제주도와 세종시처럼 운영하는 방안을 검토할 필요가 있다. 즉 해당 단체를 광역자치단체가 직할 관리하는 출장소 조직으로 전환하거나 인근 기초자치단체와 병합하는 방안이다. 미국의 찰스 티부(Charles Tiebout)가 '발로 하는 투표(Voting with feet)'에서 주장한 바대로 지역간 주민의 이동이 자유로운 상황에서는 한번 긴급재정관리단체로 지정되면 이를 조기에 회복하기가 쉽지 않다. 고령사회에서는 법인격 유무가 지역주민의 삶에 큰 영향을 미치지는 않을 것이다. 한편 주민의 자율의사에 따라 기초지방자치단체 스스로 자치권을 반납하는 사례도 있다. 1994년 3월 16일「지방자치법」이 개정되고 10년 뒤 2004년 7월 30일 제정된「주민투표법」에 따라 지방자치단체를 통합하는 방법이다. 충청북도 청원군을 청주시로 통합하는 방안은 당초 2005년 투표에서는 부결되었으나 2012년 투표에서는 찬성의견이 더 많아 합치게 되었다. 이처럼 주민들의 자발적·긍정적 의사결정으로 자치권이 소멸하고 새로 창설되는 경우는 언제든지 가능하다.

특수법인과 공공기관

특수법인은 국가나 지방자치단체가 법률과 조례로 설치하고 법령에 규정된 목적 범위 안에서 권한을 행사하는 공법인이지만 조직의 기본 원리는 사법인과 다를 바가 없으므로 공법원리가 적용되는 영역을 제외하고는 사법상 법인에 관한 규정이 원칙적으로 적용된다. 그래서 「민법」상 사단법인의 기본 성격을 가진 특수법인은 공법상 사단법인 또는 공사단으로, 「민법」상 재단법인의 기본 성격을 가진 특수법인은 공법상 재단법인 또는 공재단으로, 「상법」상 주식회사의 기본 성격을 가진 특수법인은 공법상 기업법인 또는 공기업으로 각각 부를 수 있다. 예컨대 공사단인 「한국대학교육협의회법」 제20조에는 협의회에 관하여 이 법에서 규정한 것 외에는 「민법」 중 사단법인에 관한 규정을 준용한다고 하고, 공재단인 「국민연금법」 제48조는 공단에 관하여 이 법에서 정한 것 외에는 「민법」 중 재단법인에 관한 규정을 준용한다고 하며, 공기업인 「한국전력공사법」 제19조 제2항에는 공사에 관하여 이 법과 「공공기관의 운영에 관한 법률」에 규정된 것을 제외하고는 「상법」 중 주식회사에 관한 규정을 적용한다고 되어있다.

실정법상 특수법인의 이름만 보면 어느 유형에 속하는지 짐작할 수 있다.

대체로 공사단의 경우 사람들이 모인 인적 결합체에 법인격을 부여한 것이므로 회(會) 또는 조합의 이름이 많다. 한국크루즈산업협회, 한국자원봉사협의회, 한국문화예술회관연합회, 대한민국재향소방동우회, 교정공제회, 민주화운동기념사업회, 산업기술연구조합, 대한민국재향군인회, 관세사회 등이다. 사단법인인데 한국숲사랑청소년단과 같이 명칭만 보고서는 구별하기 어려운 것도 있다.

공재단의 경우 공공사무를 처리하기 위하여 국가 또는 지방자치단체가 출연한 재산에 인격을 부여한 물적 결합체이므로 재단, 공단(公團), 원(院), 소(所), 관(館), 센터 등 이름이 다양하다. 한국연구재단, 사립학교교직원연금공단, 국립과학관, 한국한의약진흥원, 한국문학번역원, 국기원, 한국물기술인증원, 국제무예센터, 한국해양수산연수원, 국방전직교육원, 한국환경산업기술원, 한국소방안전원, 국립해양박물관, 국립해양생물자원관, 한국보건복지인력개발원, 국방과학연구소, 국립생태원, 국립중앙의료원, 한국고용정보원, 한국국제협력단, 한국의료분쟁조정원, 한국에너지기술평가원, 서울대학교병원, 국립대학법인 인천대학교, 한국수목원관리원, 신용보증기금, 지방공단 등이 있다. 심지어 한국문화예술위원회, 겨레말큰사전남북공동편찬사업회와 같이 공사단으로 오해할 수 있는 '會'라는 이름과 한국생산성본부처럼 행정기관과 유사한 이름도 있다.

공기업의 경우는 국가 또는 지방자치단체가 공공재를 생산·공급하는 기업을 설립하기 위하여 출자한 회사라는 뜻의 공사(公社)라는 이름이 많으나 한국감정원, 서민금융진흥원과 같은 다른 이름도 있다. 국가가 설립하는 은행과 「지방공기업법」에 의한 지방공사도 이 범주에 속한다. 공익을 위하여 국가 등이 공재단에 일정한 자금을 일방적으로 이전하는 출연(出捐)과 달리 공기업에의 출자(出資)는 국가 등이 제공하는 자본금을 토대로 공익을 위하여 일정한 수익을 창출한다는 점에서 차이가 있다.

대부분의 행정법 교재에서 인적·물적 종합시설이라며 '영조물법인'으로 예시하는 공사는 공기업으로, 국립대학교나 대학병원 등은 공재단으로 재분류하는 것이 적절할 것 같다. 왜냐하면 「국가배상법」 제5조 제1항, 「한국지방재정공제회법」 제16조 제1항, 「광업법」 제44조 제1항, 「산림보호법」 제13조의6 제1항에 있는 '영조물'이라는 용어의 뜻은 공적 목적에 이용되는 공물이나 공공시설인데, 여기에 법인이라는 말을 갖다 붙이면 행정법학자들이 정의하는 영조물법인의 뜻으로 이해하기 어렵기 때문이다.

　현행 법률에서 특수법인이라는 용어는, 「점자법」 제8조 제2항, 「국어기본법」 제7조 제2항, 「민원 처리에 관한 법률」 제2조, 「한국은행법」 제2조, 「금융위원회의 설치 등에 관한 법률」 제24조 제2항, 「예금자보호법」 제4조 제1항, 「정보보호산업의 진흥에 관한 법률」 제2조, 「통계법」 제3조, 「정보통신 진흥 및 융합 활성화 등에 관한 특별법」 제2조, 「국가정보화 기본법」 제3조, 「자동차손해배상 보장법」 제45조 제4항, 「토양환경보전법」 제23조의2 제3항에 들어 있다. 한국은행과 은행감독원, 예금보험공사는 자본금이 없는 법인으로 정의하고 나머지 규정들은 해당 법률의 용어 중 공공기관에 특수법인이 있다.

　한편 공공기관에 관해서는 실정법상 다양하게 사용되고 있다. 「공공기관의 운영에 관한 법률」에서는 공공기관을 특수법인 중에서 특별히 국가가 관리하는 특수법인을 한정해서 말하지만, 「공공기관의 정보공개에 관한 법률」에서는 국가와 지방자치단체까지 포함하여 공공성을 지난 모든 특수법인까지 망라하고 있다. 따라서 특수법인은 이론상 사법인과 구분되는 공법인으로서 행정주체의 하나로, 공공기관은 특수법인 중에서 국가의 관리가 필요한 공재단과 공기업을 대상으로 지정된 것이라 하면 무난할 것 같다.

행정기관과 특수법인

　국가가 필요하다고 판단하여 행정법령에 따라 설치된다는 점에서 특수법인도 국가 또는 지방자치단체의 행정기관과 별반 차이가 없다. 다만 법률에 규정된 목적 사무(권한이나 기능)를 수행할 때 국가의 하부조직이 되어 정부의 지시를 일일이 받게 할 것인가 아니면 스스로 결정하여 집행토록 할 것인가를 정해야 한다. 만약 사무의 성질상 자율권을 부여하는 것이 더 적합하다면 설치 법률에 "○○기관은 법인으로 한다."라는 조문 하나를 삽입한다. 이 규정이 있으면 특수법인이 되고 없으면 국가의 행정기관이 된다. 특수법인도 그 설립근거와 기능을 거슬러 가보면 국민에게서 나온 권력 중의 일부이다.
　이 규정이 중요한 이유는 공무원 숫자와 직결되기 때문이다. 특수법인에 근무하는 직원은 공직자의 범주에는 들어가나 공무원 신분이 아니므로 국가공무원이나 지방공무원 규모에는 포함되지 않는다. 그래서 국민의 다양한 수요에 맞추어 법령을 제·개정하여 늘어난 업무를 처리할 행정기관을 신설하거나 기존 행정조직에 공무원을 늘리는 대신 특수법인을 만드는 것이다. 법률 중에는 진흥이나 지원의 명칭이 포함된 것이 적지 않다. 특정한 산업이나 사업, 사람들 등을 지원하는 법률에는 예산과 업무가 반드시 소요된다. 국회는 그런 법률을 제정함으로써 관련 국민으로부터 지지를 받겠지만 그로 인해 시장경제 질서를 왜곡할 수도 있다.

　이러한 유형의 법률을 제정하려면 매우 신중해야 할 뿐만 아니라 지속적인 예산지원이 필요하므로 입법화 과정이 어려워야 하는 게 정상이다. 정치적 압력을 받는 일부 부처에서 다음과 같은 우회 방법을 사용하기도 한다. 먼저 「민법」상 재단법인을 설립하고 인가한다. 그 법인에 신설되거나 증가한 법령상 일부 사무를 위임 또는 위탁한 후 보조금을 지원한다. 초기에는 보조 금액이 많지 않고 인건비가 거의 들지 않으므로 확보하기 쉽다. 이런 형태로 몇 년간 운영하면 그 법인을 통한 수혜자가 늘고 조직이 안정화되면서 국회를 통해 특수법인 전환을 시도한다. 특별법을 제·개정하면서 부칙에서 종전의 민법상 법인으로 보유하던 권리와 의무를 포괄 승계하면 반영구적 조직으로 계속 성장할 수 있다.

　행정기관이나 특수법인은 법률적 근거가 있으므로 조직이 쉽게 없어지지 않는다. 문제는 특수법인의 신설과 관련된 일반 기준과 표준절차 규범이 없다는 점이다. 기획재정부가 예산 편성권으로 정부 내에서는 억제하고 있으나 국회가 직접 법률을 제정하면 막기 어렵다. 국가와 지방자치단체를 포함하는 넓은 의미의 정부 전체 규모를 정확히 알 수 있도록 특수법인의 신설기준과 구성원의 복무에 대하여는 공무원에 준하는 의무와 책임을 갖도록 절차를 보완하는 입법을 검토할 필요가 있다.

공직자의 규모

 행정주체를 구성하는 공직자 수는 특수법인의 다양성으로 정확한 통계를 파악하기 어렵다. 공사단, 공재단, 공기업 등 기관의 형태와 국가와 지방자치단체의 관여 범위가 각기 다른 탓이다. 나라마다 기준도 상이하다. 그래서 OECD는 국가별 공무원 수를 비교할 때 법령에 따른 신분상의 공무원 수가 아니라 '일반정부(general government)' 개념을 적용하여 편차를 줄이고 있다.
 여기서는 공무원을 포함하여 행정주체의 범주에 속하는 모든 공직자의 정원을 기준으로 파악해 보았다. 현원은 유동적이므로 조사하기가 쉽지 않다. 정원을 조사하는 방법은 행정안전부와 기획재정부가 관리하는 홈페이지에 공개된 자료와 개별 기관의 직제규정 등에 있는 정원 숫자를 기준으로 [표 5]에 정리하였다. 법령마다 기준일자가 다르고, 직무 특성상 정원이 대외비로 관리되거나 공공기관으로 지정되지 않은 특수법인 등은 추정한 것도 있으므로 2019년 6월 말 현재 기준으로서 정확한 수치는 아니다.

[표 5] 대한민국 공직자 전체 정원

행정주체	기관	소속 공직자			정원(정규직)
합계					1,770,652(명)
국가 887,572명 (50.1%)	국회	국회의원			300
		일반직공무원			1,836
		기타(정무직공무원, 별정직공무원)			2,228
	정부	경력직 공무원	일반직	행정·기술·연구·지도	131,932
				현업(우정공무원)	33,251
			특정직	외무공무원	2,099
				교육공무원	359,100
				경찰공무원	130,885
				소방공무원	675
				검사	2,292
				경호공무원	446
				(직업)군인, 군무원, 국정원 직원	200,000
				경찰대/국방대, 사관학교 교수 등	(추정)
		특수 경력직 공무원	정무직		135
			별정직		978
	법원	법관(판사)			3,214
		일반직			13,745
		정무직, 별정직, 기타			2,376
	헌법재판소	재판관, 정무직			11
		특정직(재판연구관, 법관)			65
		일반직, 별정직			234
	선거관리 위원회	정무직			3
		일반직			2,864

제3장 • 국가와 국민   105

지방자치단체 420,171명 (23.8%)	일반자치	광역단체	정무직	20
			일반직, 별정직	98,117
			자치경찰공무원	151
			소방공무원	53,378
			직영기업	11,781
		기초단체	정무직	226
			일반직	185,984
			별정직, 기타	48,856
	교육자치 (광역)		정무직	17
			교육공무원	840
			일반직	69,920
			별정직, 기타	4,598
특수법인 (공공기관) 462,909명 (26.1%)	국가 설립	공사단	협회, (공제)조합 등	
		공재단	기금관리형 준정부기관	28,644
			위탁집행형 준정부기관+기타공공기관	214,413
		공기업	시장형	64,138
			준시장형	75,676
	지방자치 단체 설립	공사단	협회, 조합 등	
		공재단	지방공단	14,108
			출연연구원	30,509
		공기업	지방공사	35,420

    표에서 총 정원의 50%의 분포를 보이는 국가공무원 중 병역의무를 수행하는 단기 복무 사병은 제외하였다. 국가공무원 중에는 교육공무원이 가장 많고 직업군인과 경찰이 뒤를 잇고 있다. 외국에는 교육공무원과 경찰공무원을 지방공무원으로 분류하는 경우가 많다. 우리나라도 교육공무원의 인건비 등 소요경비는 지방자치단체가 대부분 부담하고 있다. 경찰공무원은 「경찰법」 제2조 제2항에서 지방경찰청을 광역지방자치단체 소속으로 하고 있으나, 지휘 감독은 국가의 경찰청장이 한다. 경찰 업무는 국민보호·수사·정보·보

안·외사·범죄피해자 보호 등의 국가 사무와 교통질서·생활안전(방범)·경비·여성청소년 등의 지방 사무가 섞여 있다. 우리나라는 대규모 소요 진압 등 여러 정치적 사정을 고려하여 광역적으로 처리할 업무에 대응할 일사불란한 지휘체계가 필요하여 지금까지는 국가경찰이 지휘권을 갖고 있다. 2006년부터 제주특별자치도에서 운영되고 있는 자치경찰을 2020년부터 일부 지역에서 시범 운영할 예정이라 앞으로 지방자치경찰이 확대될 여지는 있다. 이 점을 고려하면「지방자치법」제10조에 규정된 국가의 본래 기능을 수행하는 국가공무원 수는 약 45만 명 정도가 된다.

법령에 따라 정원이 공개되는 공무원과 달리 특수법인에 소속된 직원의 정확한 규모는 특수법인의 범위, 규모, 기능, 설립주체 등이 워낙 다양하므로 정원 규모를 파악하기 매우 어렵다. 특수법인 중에서 기관의 규모와 성격에 따라 기획재정부가「공공기관의 운영에 관한 법률」에 따라 특별히 지정·관리하는 '공공기관'에 대한 정보는 '공공기관에 대한 경영정보 공개시스템'에 수록되어 있으므로 알 수 있다.

공법상 사단법인의 직원은 인건비를 직접 지원하지 않으므로 더욱 알 수 없다. 특수법인은 아니나 그렇다고 순수하게 일반법인으로 보기도 어려운 것 중에서 사립학교법인, 사회복지법인 등 중간지대에 속한 것도 있다. 법인을 설립하는 것은 개인의 자유의사지만 일단 법인이 설립되면 인·허가 주체인 국가나 지방자치단체로부터 다양한 재정 지원을 받음으로써 감독과 규제를 받는다. 그렇다고 이들을 공직자의 범주에 넣기는 곤란하므로 표에서도 빈칸으로 두었다. 또「지방공기업법」의 적용을 받으나 공무원 신분인 상수도 사업본부 등에 소속된 지방직영기업 직원들은 지방공기업 직원에서는 제외하고 지방자치단체에 별도의 칸으로 분류하였다.

결론적으로 위 표를 근거로 전체 공직자 수는 비정규직과 시간제 근무자 등까지 포함하면 대략 200만 명 정도로 추정되고, 현역복무 중인 사병까지 포함하면 250만 정도로 추산되므로 대략 5천만 국민의 약 4~5%에 해당하는 공직자가 일한다고 보면 될 것 같다.

제 4 장

국가의 통치기구

우리나라 헌정사를 보면 대한민국헌법인을 구성하는 통치기관의 지위가 제9호 헌법까지는 그다지 안정적이지 못하였다. 왕조시대 초기에 왕권을 확립해 가는 과정에서 정변과 갈등이 있었듯이 민주국가에서도 형태는 약간 다르나 이와 비슷한 상황이 생길 수 있었다. 이 장에서는 현행 헌법에서 직접 규정된 통치기구별로 변천 과정에 대한 쟁점을 정리하고 바람직한 방향을 모색해 본다.

입법권과 국회

　입법권은 법률을 제정하는 권한으로서 국회에 속한다(헌법 제40조). 법률을 제정하려면 먼저 법률안을 제출하여 상임위원회의 심의를 거쳐 본회의에서 의결하는 절차를 밟는다. 헌법 제52조에서 국회의원과 정부에게 법률안을 제출할 수 있는 권한을 부여했으나 법률을 만드는 것은 국회만이 할 수 있다. 법이 만들어지면 통치기구 스스로는 물론 국민전체가 이에 구속되므로 매우 신중하게 진행되어야 한다. 예산안 심의·확정권이나 국정 감시권보다 훨씬 더 중요한 권능이므로 국회는 국민의 대표기관으로서 헌법상 통치기구 중 앞자리에 위치하였다.
　[표 6]에서 보는 바와 같이 제8호 (유신)헌법과 제9호 헌법에서는 정부 다음에 국회가 배치되기도 했다. 제8호 헌법에서는 국회의원 정수의 3분의 1을 대통령이 추천한 전국구의원 후보에 대하여 통일주체국민회의가 찬반투표로 선출한 적도 있었다. 유신정우회(유정회) 의원으로 불린 간선 국회의원들의 임기는 직선 국회의원의 절반인 3년이나 별도의 원내교섭단체를 구성해 정당처럼 활동하였다.

[표 6] 역대 헌법상 국회 관련 주요사항

헌법	기구	구성	임기
제10호 (1987.10.29.)	제3장 국회	• 200인 이상 법률로 정함 • 국민의 직선	4년
제9호 (1980.10.27.)	제4장 국회	• 200인 이상 법률로 정함 • 국민의 직선	4년
제8호 (1972.12.27.)	제6장 국회	• 의원수는 법률로 정함 • 국민의 직선 2/3 통일주체국민회의 간선 1/3	• 직선의원: 6년 • 간선의원: 3년
제6, 7호 (1962.12.26.~ 1969.10.21.)	제3장 통치기구 제1절 국회	• 150~250인 법률로 정함 • 국민의 직선	4년
제2~5호 (1952.7.7.~ 1960.11.29.)	제3장 국회 (양원제)	• 의원수는 법률로 정함 • 국민의 직선	• 민의원: 4년 • 참의원: 6년(3년: 1/2)
제1호 (1948.7.17.)	제3장 국회	• 의원수는 법률로 정함 • 국민의 직선	4년

국회의 형태는 제2호부터 제5호 헌법을 제외하고는 줄곧 단원제로 운영해 왔다. 제1공화국 시절 헌법(2호와 3호)에서 양원제 근거를 두었으나 구성되지는 않았다. 양원제를 실제로 운영한 것은 헌법 제4호와 5호에 의한 제2공화국에서였다. 국회의원의 임기는 양원제 하의 참의원과 제8호 헌법을 제외하고는 모두 4년이었다.

국회의원의 수는 상·하한선을 규정한 제6호 및 제7호 헌법을 제외하고는 200명 이상의 하한선만 규정하는 방식이 주로 채택되었다. 상한선을 규정하지 않은 배경은 국민의 대표성을 인위적으로 축소하지 못하도록 예방한 조치로 볼 수 있다. 그러나 지방의회가 구성되기 전에 개정된 현행 헌법과 본격적인 지방자치 실시 후의 정치 상황을 생각해보면, 국회의원 수를 더 늘리는 것은 문제가 있다. 특히 하한선을 200명으로 규정한 것은 300명은 넘지 말라는 암묵적인 입법 방향을 제시했다고 볼 수 있다. 그러므로 「공직선거법」 제21조에서 국회의원 정수를 300명으로 개정한 것은 재검토가 필요하다. 국회의원 1명이 늘어나면 예산이 8억 원 정도 추가되는데 결코 적잖은 경비이다. 국회의 기능과 지방의회의 역할을 함께 고려한다면 국회의원 수는 현행보다 대폭 줄여도 될 것 같다.

헌법과 '선진화'법

국회는 200명 이상의 국회의원으로 구성되는 헌법기관이다. 그래서 국회가 단일의 의사를 만들기 위해서는 다수가 참여하는 회의에서 의사를 결정하는 절차가 필요하다. 헌법은 중요한 결정 기준을 [표 7]과 같이 미리 설정해 두었다. 이는 국회가 자의적으로 또는 정부나 언론 등 외부의 힘으로 올바른 결정이 방해받지 않도록 제도화한 것이다. 우리나라 헌법은 원칙적으로 헌법 제53조부터 제130조까지 특별히 정한 경우를 제외하고는 모두 헌법 제49조에 따라 재적의원 과반수 출석과 출석의원 과반수가 찬성하면 국회의 의사로 보도록 의결정족수를 규정하였다.

[표 7] 현행 헌법상 국회의 의사·의결정족수

구분	의사정족수	의결정족수
제49조(기본 원칙)	재적의원 과반수 출석	출석의원 과반수 찬성
제53조④법률안 재의요구	재적의원 과반수 출석	출석의원 2/3이상 찬성
제63조②해임건의	재적의원 1/3이상 발의	재적의원 과반수 찬성
제64조③국회의원 제명		재적의원 2/3이상 찬성
제65조②탄핵소추	재적의원 1/3이상 발의	재적의원 과반수 찬성
제65조③대통령 탄핵소추	재적의원 과반수 발의	재적의원 2/3이상 찬성
제67조②대통령 선출	재적의원 과반수 출석	다수득표자
제130조①헌법개정	재적의원 과반수 발의	재적의원 2/3이상 찬성

그런데 국회는 2012년 5월 25일 「국회법」 제85조를 개정하고 제85조의2를 신설하여 안건을 신속하게 처리하기 위한 의결정족수를 재적의원 3/5 이상의 찬성을 얻도록 함으로써 헌법으로 규정되어야 할 사항을 법률로 강화하는 위헌적 규정을 두었다. 물리적이고 강압적인 힘에 따라서가 아니라 대화와 토론을 거쳐 합리적으로 의사를 결정하지 못했던 과거의 일부 잘못된 관행을 타파하기 위한 고육지책으로 이해는 되지만 헌법의 취지와 달리 법률로써 기본적 원칙보다 더 엄격한 기준을 정함으로써 헌법상 중요 규정을 하위 법률로 사실상 수정하는 선례를 남긴 것은 아쉽다.

국회의 인사청문회

　국회가 입법권을 남용한 대표적 사례를 들자면 인사청문회라 할 수 있다. 본래 인사청문회는 미국이 「연방헌법」을 제정하면서 대통령이 인사권을 통한 제왕적 권한을 행사하지 못하도록 헌법 제2장 제2조에서 주(State)의 면적이나 인구수에 상관없이 2명의 대표로 구성하는 상원(Senate)의 조언과 동의를 받도록 한 데에서 비롯된다. 대상 직위도 열거하고 있다. 원문과 그 뜻은 다음과 같다. "He shall nominate, and by and with the Advice and Consent of the Senate, shall appoint Ambassadors, other public Ministers and Consuls, Judges of the Supreme Court, and all other Officers of the United States(대통령은 상원의 조언과 동의에 따라 지명하고, 대사, 기타 장관과 영사, 대법원판사 및 그 밖의 모든 미국의 공무원을 임명한다)."

　미국 헌법의 영향을 받아 제정된 필리핀 헌법에도 유사한 규정이 있다. 「1987년 헌법」 제7장 제16조의 원문과 뜻은 다음과 같다. "The President shall nominate and, with the consent of the Commission on Appointments, appoint the heads of the executive departments, ambassadors, other public ministers and consuls, or officers of the armed forces from the rank of colonel or naval captain, and other officers whose appointments are vested in him in this Constitution(대통령은 국회지명위원회의 동의하에 행정부의 기관장, 대사, 기타 공공 장관과 영사, 또는 이 헌법에서 대통령에게 부여된 대령 또는 해군 대위 이상의 장교를 임명한다)." 이같이 국회가 대통령의 인사권에 절차적으로 관여하는 나라는 미국과 필리핀 두 나라밖에 없으며 모두 헌법에서 직접 규정하고 있다.

그러나 우리나라는 역대 헌법에서 대통령이 공무원을 임명할 때 국회에 인사청문회를 할 수 있는 권한을 부여하지 않았다. 대신 국무총리나 대법원장 등 극소수 고위직에 임명 동의권 또는 승인권만을 부여하였다. 현행 헌법에서는 대통령이 국무총리, 감사원장, 대법원장, 대법관, 헌법재판소장을 임명할 경우 국회가 동의할 수 있도록 했다. 따라서 국회가 동의권을 행사하기 전에 국회의원 개개인의 의사결정을 돕는 절차의 하나로서 청문회 형식을 통하여 후보자의 적합성과 관련된 사항을 알아볼 수 있다. 2000년 5월 30일 인사청문회 제도를 처음 도입할 당시에는 국회는 이러한 헌법규정을 존중하여 동의 대상 직위에 대하여만 인사청문특별위원회를 구성하여 인사청문회를 실시하였다.

2003년 2월 4일 노무현정부가 출범하기 전에, 국회는 입법권 행사에 대한 자제력을 지키지 않고 동의권이 없는 직위까지 인사청문회를 확대하는 법률을 개정하였다. 헌법 제78조의 '대통령은 헌법과 법률이 정하는 바에 의하여 공무원을 임면한다.'는 규정에서 '법률이 정하는 바'를 자의적으로 확대 해석·적용하였다. 인사청문회의 본질은 국회가 대통령의 임명절차에 개입하여 면접심사를 실시하겠다는 것이다. 국회가 관여할 정도의 중요한 면접 '절차'라면 미국이나 필리핀처럼 헌법에서 직접 규정해 두어야 한다. 하지만 면접할 수 있는 근거가 없기 때문에 입법권을 가진 국회는 국민의 기대수준에 맞는 도덕성과 직무능력의 기준을 정하는 법률을 제정하는 것이 타당하다.

예컨대 그간 청문회의 단골 메뉴로 지적된 병역기피, 세금탈루, 위장전입, 논문표절 등에 해당하는 사람을 아예 검토 또는 임명하지 못하도록 법률로 정하면 된다. 다음에 예시한 것과 같은 내용을 담은 법률을 제정하거나 「국가공무원법」에 포함하여 정무직공무원에 대한 결격사유 기준을 법률로 정하면 된다. 헌법에서 국회가 동의 또는 선출하도록 한 직위는 청문회 절차를 하더라도 나머지 직위는 이 기준이 적용되도록 한다. 대통령은 이 결격사유에 저촉되지 않는 사람을 찾아 임명할 뿐만 아니라 법적 기준에 적합하지 않은 사람을 알고도 추천하거나 검증을 잘못하여 결격자를 임명하면 관계 공무원을 처벌하거나 임명을 취소하도록 한다. 이것이 헌법 제78조가 예정한 입법권의 올바른 행사 방법이다.

「고위공직자 임명에 관한 법률」 제정안

제1조(목적) 이 법은 고위공직의 후보자가 될 수 있는 윤리적 기준을 정함으로써 공직에 대한 사회적 위신과 행정의 책임성을 높이는 것을 목적으로 한다.

제2조(적용범위) 이 법은 「대한민국헌법」과 법률에 따라 대통령이 임명하는 다음 각호의 공직(이하 '고위공직'이라 한다)에 적용한다.
1. 국무위원 및 행정각부의 장, 장관급 중앙행정기관의 장
2. 처장, 차관, 청장 등 차관급 이상 정무직공무원으로 보하는 직위
3. 한국은행총재, 한국방송공사사장 등 대통령령으로 정하는 공공기관의 장

제3조(결격사유) ① 고위공직에는 「국가공무원법」 제33조의 각호의 사유에 해당하거나 다음 각호의 어느 하나에 해당하는 사람이 임용되어서는 안 된다.
1. 본인 또는 직계가족이 병역 및 납세의무를 회피하기 위하여 국적을 이탈하거나 외국 영주권을 취득한 사람
2. 본인 또는 직계가족이 병역을 기피하거나 병역과 관련하여 특혜를 받은 사람
3. 고의로 소득세, 재산세, 취득세, 증여세, 상속세 등 세금을 면탈한 사람
4. 부동산 투기를 목적으로 위장전입 하는 등 「주민등록법」을 위배한 사람
5. 대학의 연구윤리규정을 위반하여 타인의 논문을 표절한 사람

5. 사회통념에 어긋난 과도한 전관예우나 강의료를 받은 사람
6. 성희롱, 향응, 접대, 호화 결혼 등으로 사회적 위화감을 조성한 사람
7. 음주운전, 범칙금 등을 미납하는 등 사회적 물의를 일으킨 사람
8. 벌금이나 과태료, 수수료, 사용료 등을 장기간 체납하거나 납부하지 않은 사람
9. 외국의 부동산을 소유하거나 과도한 예금을 가진 사람
10. 기타 위에 준하는 사유로 대통령령이 정하는 사유에 해당하는 사람
② 제1항에 규정된 사유는 시효 도과, 사면이나 복권에 따라서도 치유되지 않는다.
③ 제1항의 요건은 「대한민국헌법」에 따라 국회의 동의를 받아 대통령이 임명하는 직위 또는 국회가 선출하는 직위에 준용할 수 있다.

제4조(임명 취소) 대통령 또는 국회의장은 제3조의 사유에 해당하는 사람이 임용 또는 선출되었음을 나중에 알게 될 경우 임용 또는 선출을 즉시 취소하여야 한다.

제5조(검증) 대통령과 국회의장은 공직후보자가 제3조의 결격사유에 해당되는지 여부를 확인하기 위하여 후보자의 동의를 받아 검증을 실시할 수 있다. 이 때 고위공직후보자는 제3조의 사유에 해당하는지 여부를 성실하게 신고하여야 한다.

제6조(벌칙) 제3조의 결격사유에 해당하는 자를 추천 또는 검증을 잘못하여 대통령이 임명하도록 한 자는 6월 이하의 징역 또는 500만 원 이하의 벌금에 처할 수 있다.

부칙
제1조(시행일) 이 법은 공포한 날부터 시행한다.
제2조(다른 법률의 개정) ① 「인사청문회법」을 폐지한다.
   ②~⑰ (타법 개정)

국회가 이러한 헌법규정의 취지를 모르고 인사청문회를 확대하지는 않았던 것 같다. 국회 속기록을 읽어보면 입법권의 남용이나 일탈의 위헌성 소지를 지적한 의원이 있었는데도 합리적인 소수 의견은 무시되었다. 이런 이유로

국회는 인사청문회 대상을 확대하는 목적은 달성했으나 헌법의 수권 없이 임의로 만든 법이므로 청문 결과 아무리 '부적격' 의견을 내어도 대통령이 임명을 강행할 경우 이를 저지할 규정까지는 둘 수 없었다. 그래서 2003년 이후 대상 직위만 늘린 인사청문회는 많은 부작용을 초래하는 위헌적인 입법이 되었다. 지방의회가 조례로 정한 인사청문회제도에 대해서는 대법원이 이미 몇 번 무효판결을 한 사례와 달리 국회가 법률로 정한 인사청문회제도에 대하여는 헌법재판소가 위헌결정을 아직 하지 못하고 있는 것은 헌법재판의 한계 때문이다.

「인사청문회법」의 위헌심사 및 위헌결정은 두 가지 방법으로 할 수 있다. 하나는 법률의 위헌여부 심판을 제청하는 것인데 이는 「헌법재판소법」 제41조에 따라 재판의 전제가 된 경우 법원이 직권으로 또는 당사자가 신청해야 한다. 다른 하나는 인사청문회라는 공권력 행사로 공무담임권이나 인간의 존엄과 가치 및 행복추구권 등 헌법상 보장된 기본권이 침해된 사람이 「헌법재판소법」 제68조에 따라 헌법소원심판을 헌법재판소에 직접 청구하는 것이다. 두 가지 방법 모두 고위공직후보자로서 인사청문회에서 구체적으로 불이익을 받았다고 생각하는 사람만 헌법재판을 청구할 당사자 자격이 있다. 따라서 이들이 헌법재판을 청구하지 않는 한 헌법재판소가 주도적으로 해당 법률에 대하여 추상적인 위헌심사를 할 수는 없다. 인사청문회제도의 문제를 바로잡기 위하여 헌법소송을 제기하면 마치 장관을 하고 싶은 사람으로 인식될 수 있어서 누구도 앞장서지 않게 되어 여기까지 온 것 같다.

이와 달리 「지방자치법」 제172조에서는 지방의회가 재의결한 내용이 법령에 위반된다고 판단되면 지방자치단체의 장 또는 주무부장관이 대법원에 직접 제소하거나 집행정지결정을 신청할 수 있는 객관적 소송의 길을 열어 두었다. 그래서 지방의회에서 임의로 제정한 인사청문회조례에 대하여 지방자치단체장이 대법원에 소를 제기하였고 대법원은 이를 무효로 판단할 수 있었다. 비록 심판기관은 다르지만, 법률의 근거 없이 제정한 인사청문회조례를 대법원이 무효로 판결한 것처럼 헌법의 근거 없이 제정한 인사청문회법을 헌법재판소가 위헌으로 결정하는 것이 법 논리에 부합된다.

국회가 임명기준을 법률로 제정하지 않고 청문 절차만 도입해 말로써 지적하는 배경에는, 자신들도 그런 기준으로부터 완전히 자유로울 수는 없기 때문이다. 위에 예시한 법률안을 실제로 만드는 과정에서 10가지 기준에 하나라도 해당 사항이 있는 의원은 법안 제정에 찬성하기가 쉽지 않다. 또 그런 법적 기준을 만들면 국민이 정당의 공천기준으로 삼으라고 요구할 수 있으므로 상당한 부담이 될 수 있을 것이다. 법적 기준이 없는 상태에서는 청와대가 아무리 엄격한 자체 검증기준을 정해 후보자를 내세워도 국회의원마다 달리 정하는 기준을 모두 충족하기 어렵다. 공직후보자가 동료 국회의원이면 심하게 따지기 어려운 고무줄 청문회가 되는 이유가 바로 여기에 있다.

드러나지 않는 부작용도 적지 않다. 국민전체를 위해 봉사하려고 개인정보를 제공하고 검증을 받은 공직후보자는 공직무대 위에 올라가서 해당 직위에서 일한 게 없으니 임용예정 직위와 관련하여 법적·정치적으로 책임질 일이 없다. 그런데도 인터넷으로 전 세계에 생중계되는 인사청문회에서 하나님으로부터 심판 때 들을 수 있는 '(그동안) 왜 그렇게 살았는가?'라는 질문을 국회의원에게서 들어야 한다. 가족들도 큰 상처를 받는다. 그로 인해 국가를 위해 일하고 싶으나 청문회 부담 때문에 개인정보제공동의서를 내지 않으려는 사람이 점점 늘고 있다고 한다.

헌법규정에 따라 국회는 성과가 미흡한 국무위원의 해임을 대통령에게 건의하거나 직무집행에 있어서 헌법이나 법률을 위배하면 헌법재판소에 탄핵소추를 의결할 수 있다. 즉 국무총리의 제청으로 국무위원의 임명은 임의로 하되, 성과에 대하여는 엄중하게 책임을 물음으로써 국회의 견제를 받는다. 하지만 국회는 입법권을 남용하여 이 균형추를 국회 쪽으로 기울게 했다. 심지어 국회가 인사청문회에서 도덕적으로 흠이 없고 직무능력이 탁월하다고 보고 '적격' 의견을 낸 공직후보자가 임명된 후 비리와 무능력이 드러나도 국회는 면접(인사청문회)을 잘못한 책임을 전혀 지지 않는다. 결국 현행 인사청문회는 대통령과 정부를 향한 국회의 정치공세 도구 기능이 주된 것이다.

언론은 인사청문회 제도의 가장 큰 수혜자이다. 과거에는 정부의 주요 인사에 대한 내정 사실이 발표되면 후보자의 흠을 찾아서 일일이 취재해야 했다. 지금은 제보가 넘친다고 한다. 청문위원들은 후보자와 관계기관으로부터 받은 자료들을 체계적으로 정리하여 보도자료까지 만들어 준다. 헌법을 개정하여 미국이나 필리핀처럼 주요 직위에 대하여 국회에 인사청문회를 할 수 있는 권한을 부여하면 위헌성 문제는 해결되겠지만 개헌이 쉽지 않다. 그러므로 헌법의 수권 없이 행해지고 있는 40여 직위에 대한 청문회 관련 법률은 국회가 자발적으로 폐지하고 입법 공백 상태인 국무위원 등 정무직공무원의 결격사유에 관한 법률을 제정하는 것이 옳다. 300명이나 되는 국회의원으로 구성된 국회가 당연히 해야 할 입법 조치이다. 이기심이나 당리당략부터 버리고 직업공무원의 임용 결격사유보다 더 엄격한 기준안을 마련하여 표결로 처리한다. 국회가 헌법을 중시하는 성숙한 자세를 국민에게 보여준다면, 국회의 잘못된 행태를 따르는 지방의회의 편법적인 인사청문회도 바로 잡힐 것이다.

지방자치단체의 인사청문회

입법권을 남용한 국회의 행태를 따라 지방의회도 자치입법권을 일탈하고 있다. 지방자치단체 가운데 인사청문회 실시를 처음 시도한 것은 전라북도였다. 도의회는 2004년 인사청문회실시조례를 제정하였는데 대법원은 2004년 7월 22일에 상위법에 근거가 없다는 이유로 무효로 판결하였다. 그 후 2013년 광주광역시의 인사청문조례안에 대하여 대법원은 상위법령에서 허용하지 않는 견제나 제약을 가한 것이라는 이유로 무효를 재확인하였다. 그러자 다른 광역자치단체들은 조례를 제정하지 않고 편법을 찾기 시작했다. 인사청문회 또는 이에 준하는 간담회를 지방의회의 훈령이나 예규 또는 당해 자치단체장과의 협약서로 대체하였다. 임명하기 전 실시한 청문회의 위법성을 지적한 대법원판결을 회피하기 위해 일단 임명을 해 놓고 사후 검증이라는 명목으로 청문회를 하거나, 아예 이름을 청문회 대신 청문 간담회 등으로 실시하는 사례도 나타났다.

현행 법령상 지방의회에 인사청문회를 실시할 수 있는 권한을 부여한 것은 2006년 7월 1일부터 시행 중인 「제주특별자치도 설치 및 국제자유도시 조성을 위한 특별법」이 유일하다. 같은 법 제44조에 제주도지사가 별정직 지방공무원인 부지사를 임용하거나 도의회의 임명동의 대상자인 감사위원회 위원장을 임명하기 전에 도의회의 인사청문회를 거치도록 규정하였다. 도지사로부터 인사청문 요청을 받으면 도의회가 인사청문특별위원회를 구성하여 청문회를 실시하는데, 회의 운영상 세부 절차는 「인사청문회법」을 준용하거나 조례로 정하도록 위임하고 있다. 제주도 특별법에서 인사청문회 대상을 별정직 부지사와 감사위원장에게만 적용한 것은, 헌법이 정부의 국무총리와 감사원장 직위를 국회의 동의를 받아 대통령이 임명하도록 한 절차와 같은 기준이라 할 수 있다.

따라서 제주도를 제외한 나머지 지방자치단체에서 어떠한 명목이나 형식으로 인사청문회를 실시하더라도 적법한 것으로 보기 어렵다. 어떤 자치단체는 당사자 자격이 없는 공법인 내부의 기관들인 지방자치단체장과 지방의회가 협약을 체결하여, 법령으로 설치한 별정직공무원이나 지방공기업 사장 등을 대상으로 인사청문회를 하고 있다. 협약은 대외적으로는 법적 효력이 없으므로 후임자들은 전임자들이 체결한 사항에 구속받지 않는다. 법치행정원리가 지배되어야 할 행정기관 업무를 사적자치원리가 적용되는 민간조직처럼 만들고 있다. 지방공기업보다 자본이나 매출 규모가 훨씬 큰 기획재정부가 지정·관리하는 국가의 공공기관은 인사청문회를 하지 않는다. 이에 반해 지방자치단체가 조례로 설치하는 소규모의 지방공기업에 대하여는 지방의회가 인사청문회를 한다는 것은 형평에도 맞지 않는다.

지방자치단체의 인사청문회를 개선하기 위한 가장 올바른 방법은 제주도처럼 지방자치 법규의 상위규범인 「지방자치법」이나 「지방공기업법」 등에 근거 규정을 신설하면 된다. 그렇지 않으면, 법령이나 조례로 인사권자가 적용할 인선 기준을 정해야 한다. 지방의회의원들이 상위법의 근거 없이 인사청문회라는 면접절차를 만들어 단체장의 인사권을 제약하는 것은 자치입법권의 한계와 범위를 넘는다. 지방의회는 법령에서 위임된 범위 안에서 조례로서 임명 결격사유를 추가하거나 임원추천위원회가 그런 후보자를 추천할 수 있도록 기준과 요건을 정해야 한다. 법치행정원리를 무시하는 인사청문회를 정치적 배경으로 확대만 해나갈 것이 아니라 인사 관계 법령을 개정하여 입법권을 올바르게 행사하는 것이 시급하다.

행정권과 정부

　행정권은 법률에 따라 행정을 담당하는 권한을 말한다. 제헌헌법부터 우리나라는 [표 8]에서 정리한 바와 같이 행정권은 대통령을 수반으로 하는 정부에서 담당하였다. 정부는 대통령과 행정부로 구분하여 행정부 안에 대통령을 보좌하는 기구로서 헌법 제1호부터 제5호까지 국무원을 두었다. 국무원에 대하여 제헌헌법 제68조는 "대통령과 국무총리 기타의 국무위원으로 조직되는 합의체"로서 "대통령의 권한에 속한 중요 국책을 의결한다."고 규정하였다. 국책이란 국가의 정책을 뜻한다. 대통령이 정부의 최고 우두머리이나 중요정책을 의결할 때는 국무원의 일원으로 의결절차를 거쳐서 실행한다는 점을 강조하였다. 대통령의 독단적인 의사결정으로 독재체제가 되는 것을 방지하려는 의도라 할 수 있다.

[표 8] 역대 헌법상 정부 관련 주요사항

헌법	기구	대통령 등 선출 방법	대통령 임기
제10호 (1987.10.29.)	제4장 정부 　제1절 대통령 　제2절 행정부	• 국민의 직접선거	• 5년, 중임금지
제9호 (1980.10.27.)	제3장 정부 　제1절 대통령 　제2절 행정부	• 대통령선거인단에서 무기명투표, 재적 과반수 득표자	• 7년, 중임금지
제8호 (1972.12.27.)	제3장 통일주체국민회의 제4장 대통령 제5장 정부	• 통일주체국민회의에서 무기명투표, 재적 과반수 득표자	• 6년, 연임제한 없음
제7호 (1969.10.21.)	제3장 통치기구 　제2절 정부 　　제1관 대통령 　　제2관 국무회의 　　제3관 행정각부 　　제4관 감사원	• 국민의 직접선거 • 잔여임기 2년 미만시 국회에서 선출(재적 2/3 출석, 출석 2/3 찬성 필요)	• 3기연임 가능
제6호 (1962.12.26.)			• 4년, 1차 중임 가능
제5호 (1960.11.29.) 제4호 (1960.6.15.)	제4장 대통령 제5장 정부 　제1절 국무원 　제2절 행정각부	• 대통령: 양원합동회의 선거에서 재적 2/3이상 득표 • 국무총리: 대통령이 지명, 민의원 동의 필요 • 국무위원은 총리가면, 대통령이 확인(과반수: 국회의원)	• 5년, 재선에 따라 1차에 한해 중임 가능
제3호 (1954.11.29)	제4장 정부 　제1절 대통령 　제2절 국무원 　제3절 행정각부	• 국민의 직선(대통령, 부통령) • 국무총리 폐지	• 재선에 따라 1차 중임가능
제2호 (1952.7.7.)		• 국민의 직선(대통령, 부통령) • 국무총리는 국무위원 제청권	• 4년, 1차 중임 가능
제1호 (1948.7.17.)		• 국회에서 무기명 투표	

국무위원들이 안건을 심의할 때에만 일시적으로 모였다가 흩어지는 국무회의와 달리 국무원이라는 상설 조직의 구성원이 됨을 강조한 것이다. 국무위원이 행정각부를 맡아 각기 소관 업무를 처리하나 소속된 부의 이익만 고려해서는 안 되고 국가의 중요정책을 합의 처리하는 공동체 의식을 갖는 효과가 있었다. 특이한 점은 국무원을 구성하면서 부통령은 제외하였다. 대신 부통령은 헌법위원회와 탄핵재판소장을 맡았고 대통령 유고시 권한을 대행하는 지위를 부여하였다. 부통령을 국무회의 의결과정에 관여하지 못하게 한 이유는 차기 대통령을 노릴 수 있는 권력의 누수를 방지하고 대통령의 지휘통솔권을 강화하며 행정의 정치화를 방지하기 위함이라 생각된다. 부통령은 국무총리와 국회의원을 겸직할 수 없도록 한 것도 이와 같은 맥락으로 볼 수 있다.

이와 달리 대통령이 임명하고 국회의 승인을 얻어 취임하는 국무총리는 국무회의의 부의장 역할을 가질 뿐만 아니라 국회의원 겸직도 가능하였다. 이는 국민으로부터 직접 선출된 권력이 아니므로 임명권자인 대통령을 보좌하는 직무에 충실할 수 있다고 판단했기 때문이다. 국무위원도 국회의원을 겸직하는 것을 금지하지 않아서 제1호 헌법을 제정하는 과정에서 첨예하게 대립했던 대통령제와 의원내각제 사이에서 많은 고민을 했음을 알 수 있다. 국무원 조직은 제3공화국의 제6호 헌법에서 폐지되고 국무회의만 존치해 지금에 이르고 있다. 제2호 헌법은 국무총리에게 국무위원 제청권을 부여하는 등 권한을 다소 강화하였으나 제3호 헌법에서 국무총리를 폐지하기도 했다. 이승만 대통령이 물러난 후 1960년 제4호 의원내각제 헌법으로 국무총리는 정부의 수반으로서 부활하였다. 그러나 1963년 말 제6호 헌법이 시행되면서 국무총리는 다시 행정부의 일인자 지위로서 지금까지 유지되고 있다.

[표 8]에서 보는 바와 같이 제헌헌법부터 제9호 헌법까지는 정부의 구성에 변화가 있었다. 그래서 법률에서 구체적으로 범위를 정하여 위임받았거나 시행하기 위해 제정한 대통령령은 의원내각제의 제4호와 제5호 헌법에서 대통령이 국가원수의 지위만 갖게 됨으로써 국무원령(國務院令)으로 대체되었다. 이어서 5·16군사정변 후 헌정을 중단하고 설치한 국가재건최고회의의 집행

기구인 내각에서 제정한 각령(閣令)도 기존의 대통령령, 국무원령과 같은 효력을 갖는다고 제6호 헌법 부칙 제9조에서 정한 바 있다.

제1호 헌법에서부터 행정각부 장관은 담임한 직무에 관하여 직권 또는 특별한 위임을 받아 부령을 발할 수 있었다. 제6호 헌법을 개정하면서 국무총리에게 소관사무에 관하여 법률이나 대통령령의 위임 또는 직권으로 총리령을 발할 수 있는 권한을 부여하였다. 국무총리는 대통령의 명을 받아 행정각부를 통할하는 지위에 있으나 총리령과 부령의 효력 차이는 없고 비교대상이 아니다. 왜냐하면, 서로 다른 업무 영역에 대하여 시행규칙을 정하는 것이므로 내용이 충돌될 가능성은 거의 없고 또 총리령에서 부령으로 위임할 수는 없기 때문이다. 다만 권한과 책임의 차이는 분명히 있으므로 총리훈령은 장관훈령보다 우위에 있다고 할 것이다.

이처럼 민주화를 향한 점진적 발전과정을 거치면서 우리의 헌법은 지금의 모양을 갖추게 되었다. 헌법에 규정된 단어마다 정치적·경제적·역사적·문화적 의미가 담겨 있어 어느 한 조문이라도 가볍게 볼 수 없다. 세상에 공짜는 없다는 말과 같이 국가나 헌법 역시 얻는 것 못지않게 대가를 치른 것이 많다. 현재를 살아가는 우리 시대의 모든 국민은 선조들의 피와 땀과 눈물의 토대 위에 건립된 이 나라에서 자유롭고 안전하게 살고 있으므로 미래의 후손들에게도 더 좋은 나라로 만들어 물려줄 책무가 있다. 지금은 좋은 정책이라고 판단하고 추진하는 일들이 미래의 후손들로부터 크게 비난받을 수도 있다. 그러기에 문제를 인식하고 해결하는 정책대안을 모색하는 단계에서부터 신중하게 접근하는 것은 아무리 강조해도 지나치지 않다. 결정된 정책을 집행하는 단계에서도 항상 내용과 절차의 합리성을 고려하여야 한다.

대통령의 임기

　[표 8]에서 정리한 바와 같이 대통령의 임기 변화는 우리 현대사의 격랑을 보여준다. 처음에는 임기 4년에 한 번 중임할 수 있는 규정으로 출발하였다가 제3호 헌법에서 이승만 대통령의 3기연임을 위하여 대통령에 재선된 경우 (이미 8년간 국민의 절대적 지지를 받았으니까) 4년 임기를 한 번 더 할 수 있는 길을 열어 주었다. 나중에 이 방법은 1969년 제7호 헌법으로 개정할 때 박정희 대통령의 3기연임을 위해 재활용된 바 있다. 의원내각제인 제2공화국의 제4호 헌법에서 국가원수인 대통령의 임기를 5년으로 하되 역시 재선된 경우에는 한 번 더 취임할 수 있는 근거가 되었다. 그 후 제8호 유신헌법에서는 대통령의 임기를 6년으로 연장하면서 중임 제한 규정을 폐지하였다. 제9호 헌법에서 7년으로 임기는 늘리되 헌정사상 최초로 한 번만 할 수 있도록 중임을 금지하였다. 6·29선언으로 개정한 현행 제10호 헌법은 단임 제도는 유지하되 7년 임기를 5년으로 단축하였다. 5년의 대통령 단임 규정을 개정할 수 없는 것은 아니다.

　대통령 임기가 시작되는 시점은 현행 「공직선거법」 제14조 제1항에 규정되어 있다. 즉 대통령에 당선되어 새로 취임하는 대통령은 전임대통령의 임기가 끝나는 날 다음날 0시부터 임기를 시작한다. 그런데 이는 위헌성이 있다. 우리나라 헌법은 대통령 임기가 시작하는 시간을 명백하게 규정하지는 않으나, 미국이나 필리핀 헌법상에는 정오(noon)부터 대통령 임기를 시작한다. 우리나라 법률에서 대통령의 임기개시에 관해 처음 규정한 것은 1963년 2월 1일 제정된 구「대통령선거법」제6조이다. 그때는 대통령의 임기를 '전임대통령의 임기만료일의 익일부터 개시한다.'고 되어있었다. 그 후 2003년 2월 4일「공직선거및선거부정방지법」을 개정할 때 제14조 제1항에 다음날 0시부터 임기가 개시된다는 규정이 들어갔다. 「민법」제157조의 기간 계산 방식을 원용한 것이다.

우리나라 헌법에서 대통령의 임기개시와 관련한 단서가 전혀 없지는 않다. 헌법 제69조는 '대통령은 취임에 즈음하여 다음의 선서를 한다.'고 규정하고 있다. '즈음하여'라는 말은 '특정한 때에 다다르거나 그러한 때를 맞다.'는 뜻이다. 제헌헌법 제54조에서는 '취임에 제(際)하여'라고 하였다. '즈음하여'와 '제하여' 둘 다 무슨 행위를 하는 특정한 시점을 말한다. 즉 대통령의 취임과 선서가 같은 시간대에 이루어진다는 뜻이다. 우리 헌법은 대통령의 임기개시를 특정한 '시간'이 아니라 선서를 하는 '행위' 또는 '사실'을 기준으로 정하였다. 그러므로 아직 취임 선서도 하지 않은 한밤중에 대통령의 임기를 시작하도록 한 현행 법률 규정은 헌법과 맞지 않는다.

1988년 2월 25일 발효된 제10호 헌법에 따라 제6공화국의 첫 대통령이 된 제13대 노태우 대통령부터 여의도 국회의사당에서 대통령 취임식이 거행되었다. 보통 오전 10시에 시작하여 식순에 따라 취임선서를 할 때까지 약 30분 정도 소요된다. 따라서 대통령 임기개시를 정한 법률은 현행 헌법규정보다 약 10시간 30분 정도 일찍 임기를 시작하게 되었다. 대통령은 헌법 제66조 제2항에 따라 국가의 독립, 영토 보전, 국가의 계속성과 헌법을 수호하는 책무가 있다. 이에 따라 대통령과 그를 보좌하는 비서실과 경호실의 업무와 각종 핵심 시설이 밀집된 청와대의 업무 인계·인수는 공백 없이 이루어져야 한다. 0시에 교대하는 것은 매우 비현실적이다. 극단적인 사례이기는 하나 임기가 끝나는 날 밤 11시 30분경 비상사태가 발생하여 대통령이 국가안전보장회의를 소집하고 회의를 주재하다가 30분 후 아직 회의가 끝나지 않았음에도 24시가 되면 후임 대통령이 옆 방에서 대기하다가 회의장에 들어와 전임자가 임명한 안전보장위원들과 회의를 속개하고 중대한 결심을 해야 하는 상황까지 가정해 볼 수 있다.

그동안 퇴임하는 대통령 중에는 임기 마지막 날 저녁에 미리 청와대에서 나온 경우가 있고, 임기가 끝난 다음 날 오전에 나온 사례도 있는 등 다양하였다. 이러한 관점에서 0시의 임기개시 규정은 헌법 취지에서 보거나 현실적으로도 문제가 많다. 따라서 국회는 대통령선거가 있기 전 충분한 검토시간이 있을 때 「공직선거법」을 손질할 필요가 있다. 예컨대 '대통령의 임기는 헌법 제69조에 의한 취임선서를 할 때부터 개시된다.'로 개정하거나, 아니면 임기개시 규정 자체를 아예 삭제하고 헌법해석으로 풀어도 된다. 퇴임하는 대통령은 임기 마지막 날까지 청와대에서 일하고 다음 날 오전에 청와대에서 후임 대통령이 취임하는 장소로 이동하는 모습이 보기에도 좋을 것 같다. 물론 법 개정 당시 대통령 임기는 몇 시간 늘어나겠지만, 후임 대통령의 임기가 그만큼 줄어드는 것이 아니므로 형평에 어긋나지 않는다. 더욱이 대통령 임기가 햇수로는 5년으로 똑같으나 날짜 수로는 5년 안에 2월 29일이 두 번 들어있으면 1,827일간 재임하고 한 번뿐이면 1,826일간 재임하는 등 24시간 차이가 나므로 큰 문제는 되지 않을 것이다(매일신문 2015. 3. 30. 기고문 보완).

대통령의 지위

[표 1]에서 본 바와 같이 제8호 헌법은 영도적 대통령제였다. 헌법에서 '영도적'이라는 표현을 사용하지는 않았으나 대통령의 헌법상 지위를 보면 그렇다는 뜻이다. 대통령은 헌법 제2장 국민의 권리와 의무 다음에 제3장으로 신설한 통일주체국민회의의 의장이었다. 통일주체국민회의는 평화적 통일을 추진하기 위한 온 국민의 총의에 의한 조직체로서 국민의 주권적 수임기관으로 정의하였다. 대통령은 임기가 6년이었지만 중임 제한 규정이 없고 통일주체국민회의에서 약 2,500여 명의 재적 대의원 과반수의 찬성만 얻으면 당선될 수 있어서 사실상 종신으로 재임할 길이 열려 있었다.

대통령은 통일주체국민회의가 선거하는 국회의원 정수의 3분의 1을 추천할 수 있었고 국회를 해산할 권한은 물론 헌법적 효력을 갖는 긴급조치와 비상조치 발령 권한까지도 행사할 수 있었다. 더욱이 통일주체국민회의는 헌법개정안을 최종 의결·확정하는 권한까지 있어서 의장인 대통령은 사실상 대한민국을 '영도'하는 지위에 있었다. 당시는 인터넷도 없던 시절이라 정보의 습득·유통과정에도 상당한 통제를 가할 수 있어 대통령의 권한을 견제하기란 거의 불가능하였다. 지금 생각하면 상당히 많은 규정이 무리하게 신설되었으나, 당시 북한은 김일성 일인 독재의 왕조체제로 헌법을 개정하였고, 또 무장 공비들을 남파하여 청와대까지 습격하는 등 남북 대치의 긴장이 극심하던 상황이라 제8호 헌법은 국민투표에서 91.5%, 제9호 헌법은 91.6%의 찬성률로 각각 개정되었다.

1987년 6월 민주항쟁 이후 대통령 직선제 도입 등 유권자의 93.1%의 찬성으로 제정된 현행 제10호 헌법은 한때 영도적 대통령에게 귀속되었던 국회해산이나 비상명령과 같은 권한을 폐지하여 민주헌법으로 정상화하고, 국회를 정부 앞쪽에 배치함으로써 제7호 헌법 이전의 위상을 회복하였다. 또 대통령은 여당 총재의 지위마저 내려놓고 권력기관을 정치에 활용하는 등과 같은 사실행위도 버렸다. 그간 변화된 국민의식의 선진화, 정보사회의 진전, 지속적 경제발전 등의 요인이 조화를 이룬 결과이다.

현행 헌법이 헌정사상 최장수 기록을 연일 경신하고 있는 배경에는 건국 후 1980년대까지의 산업화 과정의 정치적 격량을 거친 후 얻게 된 민주화로 평화적 정부 이양이라는 안정된 헌정 질서가 바탕이 되었음은 두말할 나위도 없다. 우리 국민은 그간 수십 년간의 경험을 통해 대한민국 대통령이 더는 국가를 절대적으로 영도할 권능이나 의지가 없음을 확인하였다.

이렇게 법치행정원리가 지배되는 민주적 대통령제가 정착된 것은, 역대 대통령이 국민의 뜻을 받들어 현행 헌법 제69조에 따라 취임 선서한 대로 "헌법을 준수하고 국가를 보위하며 조국의 평화적 통일과 국민의 자유와 복리의 증진 및 민족문화의 창달에 노력하여 대통령으로서의 직책을 성실히 수행"한 덕분이라 할 수 있다. 그런 의미에서 대통령의 직책은 헌법을 수호하는 기본 토대 위에서 국가 발전과정에 거쳐야 할 시대적 과제를 성실히 수행할 사람에게 부여된 소명이었다.

그러니 우리 국민이 합의하여 만든 헌법에 규정된 대통령의 소임을 잘 수행할 수 있도록 국민은 물론 헌법에 따라 설립된 기관들도 도와야 할 것이다. 국민이 국가에 부여한 권력의 총량이 별로 변하지 않은 상태에서 대통령이 종전에 행사하던 권력이 축소되었다면 그 권력은 제도적으로 국민에게 돌려주기 전에는 풍선효과에 의하여 다른 기관으로 이전된다. 실제 대통령이 행사하던 권한의 상당 부분이 국회로 이관되었다. 과거 입법권은 헌법상 한계를 지키고 대통령이 초헌법적 권력을 행사한다고 비판했는데 이제는 인사청문회 사례에서 본 바와 같이 국회가 헌법적 권력을 남용하고 있다(서울신문 2015. 4. 8. 기고문 보완).

대통령의 자문기구

현행 헌법에서 대통령의 자문기구는 5개를 두고 있는데, 원칙적으로 대통령이 의장으로서 회의를 주재하면서 위원들로부터 직접 자문받기에 '회의'라는 이름을 쓰고 있다.

헌법 제90조에 규정된 국가원로자문회의만 의장이 직전 대통령으로서 1988년 2월 25일 제10호 헌법 발효와 동시에 「국가원로자문회의법」을 시행하였으나 여러 가지 정치적 상황으로 제대로 활동하지 못하다가 다음 해 4월 29일 법이 폐지된 후 지금은 헌법상 근거만 있다. 그렇지만 국정을 운영하면서 경륜이 많은 원로의 고견을 듣는 것은 중요하므로 이명박정부에서는 명칭을 바꾸어 2009년 5월 28일 대통령령으로 「국민원로회의규정」을 제정하여 100명 이내의 각계 인사들을 위촉·운영한 바 있다. 이 규정은 2013년 12월 11일 폐지되었다.

헌법 제91조에 규정된 국가안전보장회의는 국가안전보장에 관련되는 대외정책·군사정책과 국내정책의 수립에 관하여 국무회의에서 심의하기 전에 대통령의 자문에 응하고 있다. 현직 대통령이 주재하는 국가안전보장회의의 조직과 직무범위 등은 1963년 12월 17일 제정된 「국가안전보장회의법」에서 정한다. 의장인 대통령, 국무총리·외교부장관·통일부장관·국방부장관 및 국가정보원장과 대통령령으로 정하는 약간의 위원으로 구성한다.

헌법 제92조에 규정된 민주평화통일자문회의는 평화통일정책의 수립에 관한 대통령의 자문에 응하도록 설치할 수 있는 것으로 조직과 직무범위 등은 1988년 2월 25일 제정된 「민주평화통일자문회의법」에서 규정하고 있다. 자문회의는 대통령이 위촉하는 7천명 이상의 자문위원으로 구성한다. 대통령인 의장은 자문위원 중 출신 지역과 직능을 고려하여 위원 중에서 임기 2년의 25명 이내의 부의장을 임명한다.

헌법 제93조에 규정된 국민경제자문회의는 국민경제의 발전을 위한 중요정책의 수립에 관하여 대통령의 자문에 응하기 위하여 둘 수 있는데, 조직과 직무범위 등은 1999년 8월 31일 제정된 「국민경제자문회의법」에서 정하고 있다. 현행 자문회의는 의장인 대통령 외에, 당연직위원인 기획재정부장관·고용노동부장관·대통령비서실장·경제수석비서관·정책조정수석비서관, 30명 이내 위촉위원 및 지명위원으로 구성한다.

헌법 제127조 제3항에 '국가는 과학기술의 혁신과 정보 및 인력의 개발을 통하여 국민경제의 발전에 노력하기 위하여 대통령은 필요한 자문기구를 둘 수 있다.'는 규정이 있다. 다른 자문기구와 달리 헌법에서 직접 자문기구의 명칭을 두지 않았으나 이 근거에 따라 「국가과학기술자문회의법」을 제정함으로써 국가과학기술자문회의가 설치되었다. 자문회의는 의장인 대통령, 부의장 1명을 포함한 30명 이내의 위원으로 구성한다.

헌법규정에서 알 수 있듯이, 국가안전보장회의는 '둔다.'고 강행규정으로 표현되어 다른 4개의 자문회의가 '둘 수 있다.'는 임의기구 성격인 점과 달리 반드시 설치해야 한다. 이는 헌법 제66조의 대통령의 책무와 밀접한 관계가 있기 때문이다.

대통령은 행정권을 담당하는 정부의 수반이므로 행정의 다양성을 고려하여 헌법상 근거에 상관없이 각계의 의견을 수렴하기 위하여 대통령령 등으로 자문위원회를 구성할 수 있다. 헌법상 자문회의와 달리 자문위원회에는 대통령이 직접 회의를 주재할 필요가 없다. 대통령이 직접 분야별 전문가들을 인선하여 조직만 하고, 회의는 스스로 운영한다. 회의를 주재할 위원장을 선임하는 등 자율권을 부여한 뒤 위원회에서 논의된 결과를 추후 위원장을 통해서 또는 관계 수석비서관을 통하여 보고 받아 중요한 의사결정에 참고하면 되는 것이다. 역대 정부에서 추진하려는 국가 정책의 우선순위가 다를 수 있으므로 위원회의 신설과 폐지는 전적으로 대통령의 주관적 판단에 따른다. 역대 정부의 대통령 자문위원회는 이름도 구성원도 다양하게 나타난다.

내각제형 정부

　제헌헌법을 제정할 당시 의원내각제를 추진하다가 이승만 국회의장의 반대로 결국 대통령중심제를 원칙으로 하되 내각제를 가미하는 절충식 헌법이 만들어졌다. 제2공화국 헌법을 제외하고는 그러한 취지가 현행 헌법까지 이어지고 있다. 따라서 헌법을 개정하지 않아도 의원내각제처럼 정부를 운영할 수 있다. 예컨대 국무총리를 포함하여 국무위원을 모두 여당 또는 여·야당 연립정부로 운영할 경우 참여 정당의 국회의원으로만 구성하면 된다. 여당 대표가 국무총리를 맡으면 당정 협의가 원활해져 책임정치를 구현할 수 있다.
　여당 의원이 국회 과반수이면 국회와 정부의 의사를 하나로 만들기 쉽다. 그러나 국회와 정부 사이에 대립형인 우리나라 대통령제에서는 정부와 여당이 늘 협조적이지는 않다. 더러 긴장 관계가 조성되는 이유는 5년 단임의 대통령과 연임 제한이 없는 4년의 국회의원 임기가 서로 다르기 때문이다. 여당 의원이라도 선거에 도움이 되지 않는다면 정부를 서슴없이 비판하고 심지어 같은 당 소속인 대통령에게 탈당을 요구하는 경우도 생긴다.
　국정의 추동력이 정부로부터 정당 또는 국회로 사실상 넘어간 정치 과잉 시대에서 국무위원 모두를 여당 의원으로 구성하면 사실상 의원내각제와 다를 바가 없다. 국가의사의 단일화 및 책임행정 구현 측면에서는 장점이 많을 것 같다. 대통령 재임 중 정부와 여당은 실질적 운명공동체가 되어 정책추진의 일관성과 효율성을 높이게 된다. 그러면 정당도 정부의 예비내각(shadow cabinet)을 염두에 두고 분야별 전문가를 찾아 공천할 것이다. 「공직선거법」 규정 때문에 총선 몇 달 전에 다시 국회의원이 되려는 국무위원들은 사임해야 하는 문제는 있으나, 차관이 직무대리를 하거나 임명과정에서 출마 여부를 확인하는 등 충분히 대비할 수 있다고 생각된다(서울신문 2015. 2. 28. 기고문 보완).

내각제형 정부를 운영하면 매년 초 행정각부 장관이 임명권자인 대통령에게 하는 형식적인 업무보고회 대신 국회에 하는 실질적인 성과관리보고회로 전환될 것 같다. 연례행사인 업무보고회는 과거 중앙정부가 경제·사회개발계획을 수립하여 주도적으로 추진하던 시절에는 필요하였다. 다음 장에서 설명할 극장모형에서 무대 위치가 객석보다 높거나 비슷했던 무대1.0과 무대2.0 시절에, 국정 책임자로 정부를 진두지휘하는 대통령이 장관들로부터 업무보고를 받으며 훈시하는 장면은 국가발전의 비전을 제시하고 정부의 신뢰를 높이는 데 일조했다. 하지만 객석이 무대보다 높아진 무대3.0 시대에는 정부가 국민을 선도할 일이 많지 않게 되었다. 정부는 민간부문의 경쟁력을 저해하는 규제를 완화하며, 각 부처는 헌법과 법률에 규정된 국가안보, 공공질서, 시장경제, 사회복지 등 국가의 본질적 사명을 실천할 방법을 찾아 소관 법령에 맞게 추진하면 된다.

업무계획을 아무리 잘 세워도 그대로 추진하기는 어렵다. 현재 각 부처 홈페이지에는 연도별 업무(계획)보고서만 공개되어 있고, 그 계획들의 실시 여부에 대한 피드백 자료는 찾기 어렵다. 백서가 있으나 계획과 연계되어 있지 않고 별개로 되어있다. 예측하지 못한 상황이 생기면 당초 계획은 수정이 불가피하다. 수십 년 관행인 연두업무보고회를 폐지해도 될 것 같다. 대통령은 국무회의 의장으로서 최소한 한 달에 두 번 이상 장관들을 만난다. 원하면 언제든지 각종 현안을 보고받고 지시할 수 있고, 행정각부를 통할하는 국무총리에게 명하여 방침을 전달할 수도 있다. 그렇지만 공직사회 전체를 보고 행사 준비에 매달리게 하는 것은 비생산적이다.

따라서 이제는 무엇을 추진하겠다고 방침을 보고하는 행사로서의 업무계획서보다는, 이런 일을 실제로 수행했다고 결과를 정리하는 연차보고서를 작성하는 것이 더욱 중요하다. 현재 정부기관 중 연차보고서를 작성할 법적 의무는 개인정보보호위원회, 방송통신위원회 등 개별법으로 설치된 일부 기관에게만 부여되어 있다. 중앙과 지방조직의 기본 규범인 「정부조직법」이나 「지방자치법」 등에는 아무런 규정이 없다. 그러나 대다수 OECD 회원국은 각 행정기관에게 연차보고서(annual report) 작성의무를 부과하고 있다. 외국 정부의 홈페이지에는 회계연도 중 수행한 중요 사업을 사진, 통계 등을 활용하여 설명한 연차보고서를 쉽게 찾을 수 있다. 이는 정부의 수반과 국회, 감사원 등에 제출하는 대국민 성과보고서이다.

우리나라도 각 행정기관에서 통계연보나 백서를 발간하고 있다. 그렇지만 자율적으로 만들다 보니 일관성과 지속성이 부족하여 정책정보로서의 활용가치가 미흡하였다. 앞으로는 모든 국가기관과 지방자치단체, 공공기관이 연말연시에 업무(계획)보고서가 아닌 업무(성과)보고서를 작성하도록 법제화하고 체제와 형식을 정비하면 좋겠다. 화려한 수식어가 동원된 업무보고서보다 충실하게 작성한 연차보고서는, 일차적으로 국민에게 세금이 어디에 어떻게 사용되었는지를 밝히고 정부조직을 개편할 때 객관적 판단기준이 되겠지만 궁극적으로 우리 후손들의 국가경영에 참고할 중요한 역사적 기록물이 될 것이다(매일신문 2015. 2. 2. 기고문 보완).

국무위원과 행정각부

　우리나라의 주요 정책은 헌법 제88조와 제89조에 따라 반드시 국무위원들로 구성되는 국무회의의 심의를 거쳐야 한다. 행정각부란 행정권에 속하는 정부의 업무를 '부(部)'라는 이름으로 각각 나누어 조직하고 일한다는 뜻이다. 같은 한자어를 사용하는 중국은 국무원의 조직을 우리와 같이 부로, 일본과 북한은 내각의 조직을 성(省)으로 표현한다. 흔히 중앙부처(部處)라는 표현을 많이 사용하는데, 부(部)와 달리 처(處)는 헌법에는 없고「정부조직법」에 들어있다. 헌법을 제정하면 가장 먼저 해야 할 일이 정부조직을 만드는 것이다. 우리나라의 제1호 법률「정부조직법」제4장에 국무총리 소속으로 4개의 처를 두었다.

　제헌헌법 제73조에 국무총리는 대통령의 명을 승(承)하여 행정각부장관을 통리감독하며 행정각부에 분담되지 아니한 행정사무를 담임한다고 규정하였다. 특정한 행정각부가 맡기 어려운 행정사무란 행정각부가 공통적으로 필요로 하는 사람과 물자 등 자원 관리를 말한다. 자원을 종류별로 나누어 국무총리를 보좌하기 위한 조직이 '처(處)'이다. 총무처는 인적 자원인 공무원과 조직을, 공보처는 정책의 홍보를, 법제처는 법령심사 업무를, 기획처는 물적 자원인 예산을 각각 관장하였다. 국무총리는 행정각부가 일하는데 필요한 자원을 확보하여 합리적으로 배분함으로써 행정각부를 실질적으로 통할할 권능을 갖게 되었다. 행정각부의 이름 중 1948년부터 지금까지 한 번도 바뀌지 않은 것은 국가를 유지하는 양대 축인 국방부와 법무부이다. 법제처도 이름이 그대로이나 한때 총무처에 통합되었다가 다시 분리되었다.

청(廳)은 부(部)에 소속된 국(局)의 규모가 커져서 일일이 장·차관의 결재를 받아 일하는 것은 효율성이 떨어지므로 부에서 분리한 것으로 역시 헌법에는 없는 조직 형태이다. 청은 행정각부의 장으로부터 지침을 받아 일하고 나머지는 청장의 지휘 아래 독자적으로 법령에 규정된 사무를 처리한다. 특별지방행정기관인 소속기관으로서의 청과 구분하여 보통 중앙행정기관인 청은 외청이라고 한다. 1998년 관세청 등 9개 청을 국토의 균형발전을 위하여 대전광역시에 지은 정부대전청사로 이전한 바 있다. 중소기업청이 2017년 7월 26일 중소벤처기업부로 승격되면서 행정각부의 장으로서는 유일하게 정부대전청사에 입주한 부가 되었다.

청은 대부분 부(部)에서 분리되었으나 국가 전체적으로 통일적인 사무를 처리하는 중앙행정기관이므로 「정부조직법」에 규정하여야 한다. 그런데 새만금개발청은 「새만금사업 추진 및 지원에 관한 특별법」에서, 행정중심복합도시건설청은 「신행정수도 후속대책을 위한 연기·공주지역 행정중심복합도시 건설을 위한 특별법」에 설치근거를 두고 청장을 차관급 정무직공무원으로 하고 있는데, 이는 정부조직의 기본 원리와는 맞지 않는 사례라 할 수 있다.

상이한 업무를 수행하고 있는 행정각부의 시각에서만 보면, 청사를 어디에 두든 문제가 되지 않는다. 하지만 헌법상 행정각부의 장은 반드시 헌법인의 중요한 정부 의사를 결정하는 국무회의를 구성하는 국무위원의 지위를 갖고 있으므로 소재지는 매우 중요하다. 회의체 성격상 의장인 대통령이 국무회의를 소집하면 국무위원들이 최대한 빨리 모여 심의할 수 있어야 한다. 영상회의 방식으로 논의는 할 수 있으나 사안의 성격상 같은 공간에서 긴밀하게 토의해야 하는 경우도 많다. 국무회의 심의사항을 볼 때 의장과 부의장인 국무총리 그리고 국무위원들이 서울과 다른 지역으로 흩어져 근무하는 것은 행정권을 담당하는 정부의 기능을 효과적으로 수행하는데 큰 장애가 될 수 있다. 국가와 별개의 인격체인 특수법인 중 공재단과 공기업을 전국의 주요 도시로 분산·이전한 조치와는 차원이 다르다.

　대통령의 헌법수호 책무 때문에 국가안보와 관련된 업무를 수행하는 중앙행정기관은 수도 서울에 두어야 한다. 헌법재판소가 2004년 10월 21일 위헌으로 결정한「신행정수도건설을 위한 특별조치법」이후 국회가 제정한「신행정수도 후속대책을 위한 연기·공주지역 행정중심복합도시 건설을 위한 특별법」제16조 제2항에서 해당 기관들을 서울에 그대로 둔 것은 이 때문이다. 현재 외교부·통일부·국방부·법무부·여성가족부가 서울에 있다. 당초 행정안전부도 포함된 것은 국가안보의 한 축을 담당하는 경찰청을 소속기관으로 둔 명분이 있었는데 세종시로 이전시켰다. 여성가족부가 포함된 것은 이 원리와 무관한 정치적 결정이라 생각된다.

　국가안전기획부를 대통령 직속기관으로 설치한 구「정부조직법」제14조가 행정각부를 국무총리의 통할 하에 두도록 한 헌법 제86조 제2항에 위반하는지에 대한 사건(89헌마86)에서 헌법재판소는 1994년 4월 28일 전원재판부를 통하여 모든 중앙행정기관을 행정각부로 보기 어렵다는 취지로 헌법에 위배되지 않는다고 결정하였다. 정부는 헌법재판소의 합헌결정에도 불구하고 더는 불필요한 논란이 생기지 않도록 국가안전기획부에서 부(部)자를 빼고 헌법에서 대통령 소속인 감사원처럼 원(院)자를 붙여 국가정보원으로 바꾸었다. 다만 '원' 글자는 공통적으로 들어가나 감사원은 감사위원들로 구성된 합의제 중앙행정기관(Board)이고 국가정보원은 원장이 의사를 결정하는 독임제 중앙행정기관이라 구분되므로 영어 표기는 다르다. 감사원은 Board of Audit and Inspection이고 국가정보원은 National Intelligence Service이다.

감사원의 역할

감사원은 제6호 헌법에서 조직과 기능의 대강을 처음 규정하게 되었다. 종전 헌법은 국가의 수입 지출의 결산을 심계원이 검사하되 그 조직과 권한은 법률로 정하도록 위임하였다. 이 심계원이 감사원의 전신이다. 감사원은 헌법과 법률적 근거를 가졌던 심계원에다 대통령령으로 설치한 대통령 직속기구인 감찰위원회를 통합하여 만든 합의제 중앙행정기관이다. 이후 감사원은 회계검사와 직무에 관한 감찰을 함께 관장하게 되었다.

여기서 직무에 관한 감찰의 범위를 검토할 필요가 있다. 감찰의 사전적 뜻은 단체의 규율과 구성원의 행동을 감독하여 살피는 것 또는 그런 직무를 말하는데, 공무원이 자기 직무를 수행하면서 위법이나 비위행위가 있는지를 살펴보는 것이다. 즉 공무원이 법령에 따른 직무를 수행할 때 관련 정책의 검토와 내용에 대한 합목적적 사항을 직무감찰 대상으로 삼으라는 뜻은 아니다. 과거 감사원의 전신인 감찰위원회의 활동과 심계원의 회계검사 범위를 보더라도, 감찰 활동을 통하여 직무수행 과정에서 비리가 발생하지 않도록 하라는 것이지, 공무원이 자기 본연의 역할을 적법하고 성실하게 수행한 결과까지 사후에 감사하여 적정성 여부를 가리는 것은 아니라고 본다.

정책의 타당성은 시대와 장소에 따라 달라질 수 있는 가치판단의 영역이다. 정책결정 과정에 직접 참여하지 않은 외부기관에서 일정한 시간이 흐른 후 정책의 대안을 놓고 법적 책임을 묻는 것은 재고해 볼 문제이다. 물론 법령에서 규정한 절차를 지키지 않으면 위법성의 문제가 발생하므로 주관 기관이나 담당자가 책임을 지는 것은 당연하다. 집행과정에서의 위법성 문제가 없음에도 불구하고 정책대안의 선택과 관련하여 적정성 시비를 따져 공무원을 문책하면 부작용이 생길 수 있다. 외부의 시각으로 판단한 것이 반드시 옳을 것이라고 또 미래에까지 그 판단이 타당할 것이라고 자신 있게 말할 사람은 아무도 없다.

정책 결정과 집행에 관해서는 행정을 통할하는 국무총리를 비롯한 행정각부의 장 등이 소관 업무에 대하여 전문성을 갖고 책임 있게 수행토록 맡겨야 한다. 그 정책의 성과는 국무총리실을 중심으로 「정부업무평가 기본법」에 따라 평가를 하거나 국회의 국정감사 등을 통하여 장관 등에게 정치적 책임을 물으면 된다. 정책을 입안하고 분석하며 대안을 결정하고 집행하는 과정은 평가할 대상은 될 수 있을지언정 감사를 통하여 실무자에게 법적 책임을 물을 성질은 아니다. 헌법에 규정된 직무감찰을 직무감사로 확대 적용하면 공무원의 무사안일을 조장하여 국민에게 불편을 줄 부작용이 생길 수 있다.

「감사원법」은 감사처리 기준, 절차, 조직, 회의 운영 등 세부사항을 감사위원회에서 결정하는 감사원규칙으로 정하도록 위임하고 있다. 감사원과 달리 법률로 설치된 합의제 중앙행정기관인 금융위원회에 「금융위원회의 설치 등에 관한 법률」 제16조 등에 따라, 중앙노동위원회에 「노동위원회법」 제25조에 따라, 공정거래위원회에 「독점규제 및 공정거래에 관한 법률」 제48조에 따라 위원회 운영과 관련된 사항을 규칙으로 정할 수 있는 권한이 각각 부여되어 있다. 이들 규칙은 국회규칙, 대법원규칙, 헌법재판소규칙, 중앙선거관리위원회규칙과 달리 헌법에서 규정한 것이 아니므로 국민의 기본권을 직접 제한할 수 있는 권한을 부여한 법규명령으로 보기는 어려울 것이다.

사법권과 법원

사법권은 법을 적용하고 해석하여 바로잡는 권한으로서 법관으로 구성된 법원에 속한다. 법원은 '최고'법원인 대법원과 각급 법원으로 조직된다. 법원의 변천과정은 [표 9]에 정리하였다. 국회나 정부와 달리 역대 헌법에서 법원은 크게 변화된 것은 없다. 다만 대법원장을 임명하는 절차에서 대법원장과 대법원판사를 법관자격자로 구성된 100명의 선거인단에서 선출하도록 한 제2공화국 헌법을 제외하고는 대통령이 국회의 동의 또는 승인을 얻어서 임명하고 대법관은 대법원장의 제청으로 임명하도록 하였다.

대법원장과 대법관의 임기가 당초 10년에서 5년, 6년, 5년, 6년으로 약간의 변화가 있었다. 중임 또는 연임을 허용하기도 하였고 금지한 적도 있다. 문리적으로 해석하면, 연임은 임기가 끝나고 다시 시작하는 경우를, 중임은 연임을 포함하여 두 번 이상 취임할 수 있는 경우를 말한다. 임명절차에서 동의는 원칙적으로 사전에 받아야 임명할 수 있으나 승인은 사전 또는 사후 모두 가능하나 명문 규정이나 규정 취지 등을 종합적으로 검토하여 판단하면 된다.

[표 9] 역대 헌법상 법원 관련 주요사항

헌법	기구	대법원장 등 임명	임기
제10호 (1987.10.29.)	제5장 법원	• 대법원장: 대통령이 국회의 동의를 얻어 임명 • 대법관: 대법원장 제청 → 대통령이 국회의 동의를 얻어 임명	• 6년, 중임불가 • 6년, 연임가능
제9호 (1980.10.27.)	제5장 법원	• 대법원장: 대통령이 국회의 동의를 얻어 임명 • 대법관: 대법원장 제청 → 대통령 임명 ※ 군법회의 → 군사법원으로 변경	• 5년, 중임불가 • 5년, 연임가능
제8호 (1972.12.27.)	제7장 법원	• 대법원장: 대통령이 국회의 동의를 얻어 임명 • 대법관: 대법원장 제청 → 대통령 임명	• 6년, 연임 가능
제7호 (1969.10.21.) 제6호 (1962.12.26.)	제3장 통치기구 제3절 법원	• 대법원장: 법관추천회의 제청 → 대통령이 국회의 동의를 얻어 임명 • 대법원판사: 대법원장이 법관추천회의 동의를 얻어 제청 → 대통령이 임명	• 6년, 연임불가 ※ 법관추천회의: 법관4, 변호사2, 법학교수1, 법무부장관, 검찰총장
제5호 (1960.11.29.) 제4호 (1960.6.15.)	제7장 법원	• 대법원장·대법관: 법관자격 가진 선거인단(100명)에서 선출, 대통령이 확인 ※ 군법회의 규정 신설	• 5년, 1차 중임 가능
제2,3호 (1952.7.7., 1954.11.29) 제1호 (1948.7.17.)	제5장 법원	• 대법원장: 대통령 임명, 국회의 승인 필요	• 10년, 연임 가능

헌법재판

　헌법재판이란 국회, 정부, 법원이 소관 업무를 행사하는 과정에서 헌법규정에 위배되는지를 최종 심판하는 것이다. 정치적 산물인 헌법에 비추어 판단하는 것이므로 국민의 권리와 의무를 직접 제한하는 법령에 따라 판단하는 법원의 재판권과 충돌되지 않도록 설계하는 것이 중요하다. 헌법재판은 소관 업무의 범위와 재판 효력에 따라 다양하게 변천해 온 내용을 [표 10]에서 정리하였다.

[표 10] 역대 헌법상 헌법재판 관련 주요사항

헌법	기구	권한	구성·임기
제10호 (1987.10.29.)	제6장 헌법재판소	• 위헌법률심사, 탄핵심판, 권한쟁의, 정당해산, 헌법소원	• 대통령이 9명 임명(국회 선출 3명 및 대법원장 지명자 3명 포함) • 6년
제9호 (1980.10.27.)	제6장 헌법위원회	• 위헌법률심사, 탄핵심판, 정당해산	
제8호 (1972.12.27.)	제8장 헌법위원회		

제7호 (1969.10.21.) 제6호 (1962.12.26.)	※탄핵심판위원회 (헌법 제62조)	※ 위헌법률여부 심사: 대법원 (102조)	• 대법원장, 대법원판사 3명 + 국회의원 5명
제5호 (1960.11.29.) 제4호 (1960.6.15.)	제8장 헌법재판소	• 위헌법률심사, 헌법해석, 탄핵재판, 권한쟁의, 정당해산, 헌법소원, 선거소송	• 대통령, 대법원, 참의원이 3인씩 선임 • 6년(2년에 3인씩 改任)
제2,3호 (1952.7.7., 1954.11.29)	제3장 국회 47조: 탄핵재판소 제5장 법원 81조 헌법위원회	• 탄핵재판 ※ 대통령과 부통령 탄핵시, 재판장은 대법원장 • 위헌법률심사는 헌법위원회에 제청, 재판	헌법위원회: 부통령, 대법관5 + 민의원3 + 참의원2
			탄핵재판소: 부통령, 대법관5 + 참의원5
제1호 (1948.7.17.)			• 부통령이 의장, 대법관 5명 + 국회의원 5명 → 2/3이상 찬성 필요

헌법재판소는 제1호 헌법 제3장 국회 중 제47조의 탄핵재판소와 제5장 법원 중 제81조의 헌법위원회의 기능을 합한 것이라 입법기능과 사법기능이 섞여 있다. 탄핵재판소와 헌법위원회의 의장은 부통령이었다. 탄핵재판소는 정치적 성격이지만 위헌법률을 심사하는 헌법위원회는 사법적 기능으로 볼 수 있다. 제4호와 제5호 헌법에서 양 기능을 통합하여 헌법재판소를 신설하였다가 제6호 헌법을 개정하면서 탄핵심판위원회만 존치하고 위헌법률심사는 대법원으로 이관하였다. 최종적인 법률심 판단기관인 대법원이 법률의 헌법 위반 여부까지 함께 판단하는 것이 적절하지 않아 제8호 및 제9호 헌법을 개정하면서 위헌법률 심사 권한은 신설된 헌법위원회로 변경하였다. 그러나 위원회라는 명칭은 집행부터 심의, 의결, 자문 등 다양하게 사용되는 합의체라는 보통명사로 인식되기 때문에 상설의 헌법기관으로는 적절하지 못했다. 또 당시 정치적 분위기로 위헌결정된 사례 또한 극히 드물었다.

현행 제10호 헌법으로 전면 개정하면서 헌법재판소에 위헌법률심사, 탄핵심판, 권한쟁의심판, 정당해산, 헌법소원 심판권을 부여하였다. 이는 제4호 및 제5호 헌법에 규정된 제2공화국에서의 헌법재판소의 관장업무 중 선거소송만 대법원의 권한으로 이관했을 뿐 대부분 같다.

선거관리

 선거관리 업무는 기능상으로 보면 행정권에 속한다. 실제로 과거 선거관리 사무는 구 내무부에서 대부분 관장하였고 지금도 선거에 필요한 실무적인 사무는 행정안전부와 각 지방자치단체에 소속된 일선 공무원들이 수행한다. 그러나 3·15 부정선거 이후 의원내각제 도입에 따른 헌법개정으로 제2공화국이 출범하면서 선거가 빈번할 것으로 예상하였다. 이에 따라 공정한 선거관리의 중요성을 부각하고자 헌법에 직접 규정한 것이다. 선거관리위원회의 헌법적 연혁은 [표 11]에 정리하였다.

 선거관리 기구를 헌법기관으로 처음 규정한 제4호 헌법에서는 제5장 정부와 제7장 법원 사이의 제6장에 설치하였다. 이는 두 가지 의미가 있다. 공정한 선거관리 업무는 행정권의 일부 또는 그 연장선이라는 점을 고려하였고 법원과 제8장의 헌법재판소 보다 기관의 역할을 더 중시한 결과일 수도 있다. 더욱이 기관 이름에서 '관리'를 빼고 '중앙선거위원회'로만 명시하여 집행기구의 성격을 강조하였다.

 공정한 선거관리가 정착된 후부터는 입법권, 행정권, 사법권을 각각 행사하는 기관을 앞쪽에 배치한 뒤 지방자치 앞에 선거관리 업무를 둠으로써 현행

과 같이 되었다. 제8호 헌법부터는 선거관리위원회에 선거관리 업무 외에 국민투표와 정당사무까지 관장하도록 확대하였다.

[표 11] 역대 헌법상 선거관리 관련 주요사항

헌법	기구	권한	구성·임기
제10호 (1987.10.29.)	제7장 선거관리 중앙선거관리위원회 각급선거관리위원회	선거와 국민투표의 공정한 관리, 정당사무	• 대통령 임명 3인, 국회 선출 3인, 대법원장 지명 3인 → 위원장: 호선 • 임기 6년
제9호 (1980.10.27.)			• 대통령 임명 3인, 국회 선출 3인, 대법원장 지명 3인 → 위원장: 호선 • 임기 5년
제8호 (1972.12.27.)	제9장 선거관리 중앙선거관리위원회 각급선거관리위원회		• 대통령이 위원 9인 임명(국회선출 3인, 대법원장 지명 3인 포함) → 위원장: 대통령 임명 • 임기 5년
제7호 (1969.10.21.) 제6호 (1962.12.26.)	제3장 통치기구 제4절 선거관리	공정한 선거관리	• 대통령 2인 임명, 국회 2인 선출, 대법원 판사 5인 선출 → 위원장: 호선 • 임기 5년, 연임가능
제5호 (1960.11.29.) 제4호 (1960.6.15.)	제6장 중앙선거위원회		• 대법관 중 호선 3명, 정당추천 6명 → 위원장: 대법관 위원 중 호선

제 5 장

국가와 극장모형

국민으로부터 주권을 수임하여 국경 내부의 모든 생명과 영토를 지키는 국가는 일부 국민이 공직자로서 일정한 역할을 맡아 각각 임무를 수행한다. 민주사회의 공직은 절대왕조 시대와 달리 권력을 대대로 이어받는 특수한 신분계층이 전담하는 것이 아니라 나라를 위해 일할 의사와 능력이 있는 우수한 사람을 선발하여 부여한다. 마치 연극이나 영화, 드라마 등에서 유능한 사람을 오디션을 거쳐 뽑아 배역을 맡기는 것과 같다. 그래서 국가를 관객과 무대와 연기자로 구성된 극장에 비유하면 이해하기 쉽다.

극장모형의 의미

[그림 3]의 대한민국헌법상의 권력 배분 구조를 모형화한 것이 [그림 8]이다. 주권자인 국민은 대한민국극장의 주주 겸 관객이다. 무대는 국가인 중앙정부를 비롯하여 지방자치단체와 각종 특수법인의 세 유형이 있다. 공직자는 각각의 무대 위에서 연기하는 사람들이다. 주주들은 4~5년마다 정기총회를 열어 극장과 무대를 관장하는 대표자(대통령)와 임원(국회의원)을 선출한다. 극장의 건물은 외부의 침입으로부터 안전하게 보호되어야 하며 비가 새거나 무너지지 않도록 유지관리를 잘해야 한다. 또 극장에 들어와 있는 관객들이 편안하게 관람할 수 있도록 내부 질서를 유지하고 쾌적한 환경을 조성해야 한다.

극장의 총감독은 좋은 작품을 만들어 무대 위에 올림으로써 극장을 찾는 관객들이 내는 입장료와 관람료가 아깝지 않도록 노력해야 한다. 이를 위해서는 작품의 내용과 구성이 좋아야 함은 물론이고 극장의 시설과 무대 위에서 연기를 펼치는 공직연기자의 실력도 뛰어나야 한다. 그렇지 않으면 관객들은 불만을 터뜨릴 것이고 참을만한 정도를 넘으면 결국 다른 극장으로 떠날 것이다.

[그림 8] 대한민국 극장모형

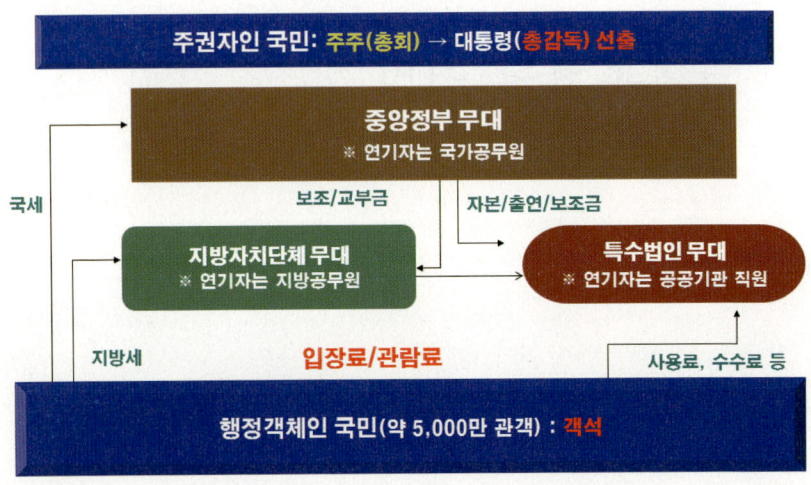

극장모형으로 보면 공직자들이 사무실로 출근하는 과정은 연기자가 무대에 오르는 것과 같다. 연기자가 무대에 오를 때는 이미 관객들의 시선이 집중되어 있으므로 만반의 준비를 하고 올라야 한다. 무대 위에 있는 동안에는 연출가(법령, 정부 수반 등)가 지정한 세트(조직)와 공연하는 작품(정책)별로 각자 맡은 역할에 최선을 다해야 한다. 무대는 세 종류로 구분할 수 있으나 각기 단절된 것이 아니라 상호 유기적으로 협조한다. 무대가 필요로 하는 인적·물적 자원은 관객으로부터 충원되거나 조달된다. 국가공무원·지방공무원·공직자, 국세·지방세·사용료 등으로 구분할 수 있으며, 국가는 국민으로부터 거두어들인 재원을 가지고 지방자치단체에는 보조금이나 교부금을, 특수법인에게는 자본금이나 출연금, 보조금 등을 각각 지원한다. 지방자치단체도 직접 설립하는 특수법인에게 자본금이나 출연금 등을 댄다.

극장의 리모델링

대한민국극장을 구성하는 무대와 객석의 관계를 시대별로 [그림 9]와 같이 그릴 수 있다. 극장을 꾸준히 리모델링한 결과이다. 편의상 무대가 객석보다 높은 시기를 무대1.0, 비슷한 시기를 무대2.0, 객석이 무대보다 높은 시기를 무대3.0으로 설정한다. 그림에서 알 수 있듯이 무대의 위치는 별로 달라지지 않았으나 객석이 급속히 성장·발전하면서 무대 즉 정부의 위상은 상대적으로 낮아졌다.

[그림 9] 무대와 객석의 높낮이 비교

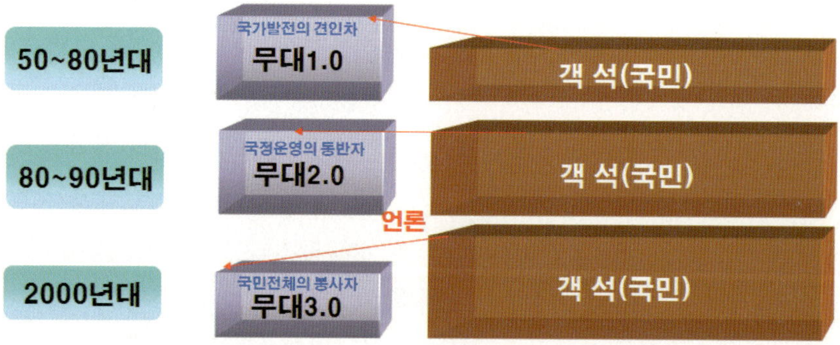

시기	무대	객석
50~80년대	국가발전의 견인차 무대1.0	객 석(국민)
80~90년대	국정운영의 동반자 무대2.0	객 석(국민)
2000년대	국민전체의 봉사자 무대3.0	객 석(국민)

(언론)

무대1.0 시기는 건국 후 약 30여 년간으로 이승만정부에서 전두환정부까지로 볼 수 있다. 이 단계에서는 6·25전쟁의 참화를 딛고 하루바삐 세계 최빈국의 굴레를 벗어나는 것이 국가의 최우선 과제였다. 나라의 기초를 다지는 기간이었다. 대부분 정부가 주도할 수밖에 없었다. 관객들은 입장료를 내기 어려울 정도로 가난하여 객석은 무대보다 낮았다.

이 시기 엘리트 공직자들은 국가발전을 이끌어 간다는 자부심과 긍지를 가지고 열심히 일했다. 토지개혁, 전후 복구사업, 고속도로와 철도, 공항 건설 등 사회간접자본의 축적, 경제개발 5개년 계획, 경제사회발전계획, 산림녹화, 외자도입을 통한 중화학공업과 대규모 공업단지 육성, 자조·근면·협동을 토대로 한 전국적 새마을운동, 한강종합개발사업 등 정부가 앞장서 추진한 정책들은 민간부문에 일임해서는 진행되기 어려운 사업들이었다. 정부와 공직자들이 '국가발전의 견인차'로서 마중물 역할을 함으로써 민간부문이 자생력을 갖기 시작하였다. 시장의 경쟁력이 향상됨에 따라 객석이 높아지기 시작했다. 그래도 아직은 무대의 위치가 높다 보니 객석에서 무대 위의 모든 상황을 자세히 알기는 어려웠다. 무대 위 소식을 전달하는 언론은 정부가 제공하는 자료를 토대로 보도하는 경우가 많아 관객의 다양한 의견이 정부로 충분히 반영되는 데 한계가 있었다.

무대2.0 시기는 노태우정부에서 김대중정부까지의 기간이다. 무대1.0 시기에 축적된 자본력과 대량생산 체제로 국민의 배고픔 문제는 상당히 해소되었다. 그러자 사람의 입의 기능이 먹는데서 말하는 수단으로 그 비중이 이동하기 시작하였다. 경제보다는 사회와 문화에 관심이 증대함에 따라 표현의 자유와 욕구가 급증하였다. 특히 서울올림픽을 계기로 무대와 객석의 높이가 비슷하게 됨에 따라 무대에서 관객으로 향하는 일방통행 방식의 통치가 아니라 무대 위 공직자와 객석의 국민·기업 등이 '국정운영의 동반자'로서 함께 문제를 해결해 나가는 협치(governance)의 쌍방향으로 바뀌었다.

이 시기에 주목할 만한 정부의 주도적 사업은 오늘날 IT 강국의 기초를 다지게 된 전국적 초고속망 구축, 신도시 건설, 인천국제공항의 건설 등을 추진하였으며, 무대1.0 시기에서 유보 또는 연기되었던 소프트웨어 측면에서 국민의 참여를 확대하는 조치들이 많았다. 금융실명제, 「행정절차법」과 「공공기관의 정보공개에 관한 법률」, 「전자정부법」 등이 제정되었고, 「지방자치법」 개정 등 국민의 지위를 향상하는 다양한 입법 조치가 단행되었다. 다만 무대1.0에서 무대2.0으로 발전된 것에 대하여 너무 일찍 샴페인을 터뜨린 탓으로 아시아 외환위기를 겪고 IMF로부터 구제금융을 받아 타율적으로 정부의 구조조정을 한 점은 아쉬운 부분이라 할 수 있다.

무대3.0시기는 노무현정부에서 현재까지이다. 이 시기는 인터넷이 본격적으로 활용되었고, 곧이어 무선통신과 스마트폰의 보급으로 1인당 GDP가 15,000달러를 상회하기 시작한 2000년대 중반 이후 탄력이 붙어서 크게 늘기 시작한 때이다. 민간부문의 이러한 발전은 객석의 위상을 자연스럽게 무대보다 높게 만들었다. 이제 공직자는 헌법 제7조에 규정된 '국민전체의 봉사자'라는 본연의 지위를 갖추게 되었다. 무대1.0과 무대2.0 시기에는 무대 위에서 무슨 일이 일어나는지 잘 보이지 않았으나, 무대3.0 시기에는 객석이 높아 무대 뒤까지 잘 볼 수 있다. 국민은 스마트 폰으로 언제든지 기자와 같은 역할을 할 수 있어 무대 위 정책이나 공직자의 비위를 감추려고 하면 더 큰 부작용을 초래할 상황이 되었다.

사적자치원리가 지배하는 민간부문은 당연히 법치행정원리가 적용되는 공공부문보다 변화의 속도가 빠르다. 이 속도는 2000년대 이후 우리나라의 국민총생산(GDP)이 가파르게 성장한 아래 사진을 보면 쉽게 이해된다. 헌법인 즉 헌법에 의해 만들어진 사람의 성장과 비교해보면 신생아, 유아기에는 더디게 성장하다가 청소년기가 되면서 체격이 급속히 커지는 것과 유사하다.

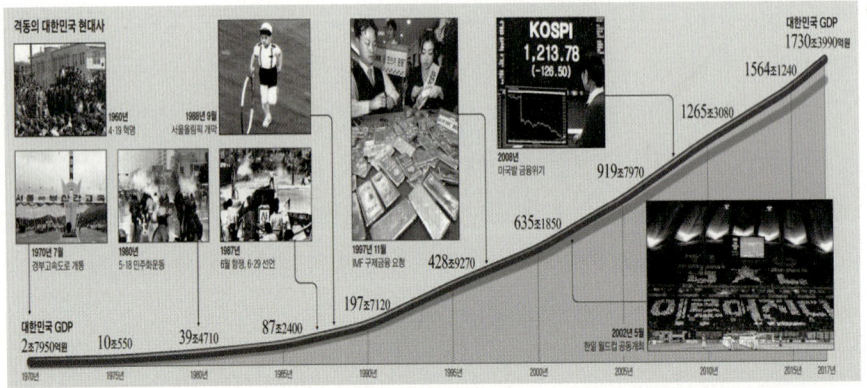

* 조선일보, "58년 개띠, 경제무대서 공식퇴장…그래도 다시 달린다.", 2018.12.31.

* GoodStudio, shutterstock.com

무대와 개방인사

　무대1.0에서 무대3.0의 변화를 국민의 위상이 높아진 데 착안하면 국민1.0, 국민2.0 시대를 거쳐 이제는 모두 일등석에 앉은 국민3.0 시대로 구분해도 된다. 이에 따라 극장 구성원 전체의 인식에 변화가 생겨 공직사회를 개혁하는 여러 조치가 단행되었다. 예를 들면, 공직연기자에게 근무연수에 비례하여 보수가 자동 인상되는 연공(年功)급 대신 일반연기자의 출연료와 같이 역할의 중요도와 크기에 따라 차등 지급하는 직무성과급제, 객석의 민간경력자에게 필기시험 없이 역량평가 등을 통하여 배역을 바로 부여하는 개방형직위, 그리고 정부가 보유 중인 데이터를 국민이 요청하기 전에 먼저 공개하는 제도 등은 모두 무대3.0 시대의 산물이다. 직업공무원제도의 기본 틀은 유지하되 신분과 계급 중심의 인사제도를 직위와 역할 중심으로 바꾼 정책들이다.

　무대1.0 시기의 국민과 정부의 관계를 단적으로 알 수 있는 사례를 소개한다. 아래는 1979년 12월 8일 서울신문의 2면 하단에 실린 제23회 행정고등고시 2차시험 합격자 및 3차시험 공고문이다. 인터넷이 없었던 당시의 공무원 시험 일정공고 등 정부에서 공식적으로 국민에게 알리는 사항은 관보 외에는 거의 서울신문에 게재하였다. 공고문을 보면 총무처장관이 "시행계획을 다음과 같이 공고한다."라는 평어체로 썼다. 더욱이 공고내용 중 4번 기타사항에 보면, "응시자는 면접시험 당일 응시표, 필기용구 및 제출서류를 갖추어 09:00 까지 면접시험장에 출두하여야 한다."고 했다. 면접시험을 보러 가는 수험생들에게 형사사건의 피의자가 수사기관에 조사받으러 가는 것처럼 면접시험장에 '출두'해야 했다.

* 서울신문 포토라이브러리

만약 요즘 그런 표현을 썼다면 아마 장관을 비롯하여 시험담당 공무원 모두 문책을 받거나 언론과 네티즌들로부터 뭇매를 맞을 것이다. 당시에는 정부의 장관은 젊은 수험생들에게 이 정도의 반말은 전혀 문제가 되지 않았고 누구도 이를 시빗거리로 삼지 않았다. 3차시험 장소는 김영삼정부에서 완전 철거하여 지금은 사진으로만 볼 수 있는, 경복궁 터에 있었던 일제의 조선총독부 건물인 중앙청이었다.

무대3.0에서는 객석에서 무대의 장치와 상황을 훤히 파악하는 데에서 그치지 않고 무대 위 연기자의 언행까지 판단할 수 있게 되었다. 때로는 관객들이 보기에 '나도 그 정도는 하겠다.' '차라리 내가 하는 게 낫겠다.'는 불만의 소리가 높아지기 시작했다. 이러한 경향은 치열한 경쟁을 뚫고 공직에 들어온 젊은 인재들을 정년이 될 때까지 신분을 보장하는 직업공무원제도의 정당성에 의문을 품게 하였다. 마침내 외환위기를 초래한 책임 중 하나로 지목된 공직사회의 철밥통 깨기라는 명분과 신자유주의의 영향을 받아 공직사회를 개혁하게 되었다. 객석의 관객 중 공직과 유사한 경력을 쌓고 리더십 역량이 뛰어난 민간전문가를 무대 위 주연급으로 바로 등용하는 개방형직위제도를 도입하였다. 오랫동안 인사행정에서의 금과옥조(金科玉條)로 여겨온 직업공무원제도가 마침내 수정되기 시작하였다.

그래도 극장이 존재하는 한 무대를 없앨 수는 없다. 다만 무대의 크기나 위치는 얼마든지 고칠 수 있다. 무대가 있으면 연기자도 있다. 연기자는 관객을 향해 일한다. 일반의 관객은 훌륭한 연기자에게 아낌없는 환호를 보낸다. 대한민국극장도 이렇게 되는 것이 바람직하다. 대다수 공직자는 자신의 역할을 잘 수행하고 있기 때문이다. 지금의 공직자에게 국가발전의 견인차라는 표현은 어울리지 않으나 국정운영의 동반자라는 긍지와 국민전체에 대한 봉사자라는 보람은 항상 갖게 하는 것이 중요하다. 이를 위해서는 국민이 개인적으로 받는 친절이나 혜택에만 감사하지 말고 국민 전체를 위한 공직자의 역할에 대하여도 인정해주면 더 좋을 것 같다. 지금은 종이 공고문을 보기 어렵지만, 인터넷 홈페이지를 통해 인사혁신처에서 2019년 9월 2일에 올린 2019년도 5급(행정·기술) 공개경쟁채용시험 2차시험 합격자 발표 공고문과 비교해보면 무대와 객석의 위상이 40년간 많이 달라졌음을 알 수 있다.

인사혁신처 공고 제2019-553호

2019년도 5급(행정·기술) 공개경쟁채용 제2차시험 합격자 발표

2019년도 5급(행정·기술) 공개경쟁채용 제2차시험 합격자 명단과 합격선 및 면접시험에 관한 합격자 유의사항 등을 다음과 같이 공고합니다.

2019년 9월 2일
인 사 혁 신 처 장

1. 합격자 명단 : 첨부파일을 확인하시기 바랍니다.
※ 개인정보 보호 차원에서 성명을 제외하고 응시번호만을 발표하므로 사이버국가고시센터(www.gosi.kr)에 로그인 후 [마이페이지] → [합격/성적조회]에서 합격 여부를 추가적으로 확인하시기 바랍니다.

2. 합격선 결정 : 인사혁신처 시험관리위원회에서 공무원임용시험령 제20조, 제20조의2 및 제23조 등 관계 법령에 따라 모집단위별 특성과 성적분포 등을 종합적으로 고려하여 결정하였습니다.

3. 합격자 유의사항
○ 면접시험은 2019.9.21.(토)~9.24.(화)에 실시되며, 면접시험 포기 등록 및 면접시험 일정 등에 관한 사항은 「2019년 국가공무원 5급 공개경쟁채용 면접시험 포기 등록 및 일시·장소 등 공고」를 반드시 확인하시기 바랍니다.

○ 면접시험 포기 등록 안내
- 대상 : 2019년도 국가공무원 5급 공개경쟁채용 면접시험 미응시 예정자
  ※ 제2차시험 합격자는 별도의 등록절차 없이 면접시험 응시자로 간주됩니다.
- 면접시험 포기 등록 기간 : 2019.9.2.(월) 09:00 ~ 9.3.(화) 18:00 (2일간)
  ※ 등록기간 중 24시간 등록 가능(마지막 날만 18:00까지 등록 가능)
- 방법 : 사이버국가고시센터(www.gosi.kr) → [서류전형/면접시험] → [면접시험 포기 등록]
  ※ 면접시험 포기 등록 전산시스템 관련 문의 : 인사혁신처 공개채용1과(044-201-8263)
  ※ 면접시험 문의 : 인사혁신처 공개채용2과(044-201-8367)

4. 개인별 성적조회 : 사이버국가고시센터(www.gosi.kr) → [마이페이지] → [합격/성적조회]에서 다음과 같이 1년간 조회 가능합니다.
○ 불합격자 : 2019. 9. 2.(월) 09:00부터
○ 합 격 자 : 2019. 10. 2.(수) 09:00부터(최종합격자 발표 이후 조회 가능)

※ 기타 문의사항
- 합격자 및 성적관련 문의 : ☎ 044-201-8366~8367(인사혁신처 공개채용2과)
- 홈페이지 이용 문의 : ☎ 044-201-8263(인사혁신처 공개채용1과)

* www.gosi.kr/cop/bbs/selectBoardArticle.do

공직의 입직경로

국민이 무대로 진입하는 경로는 여러 가지가 있다. 공무원이 되려면 좁은 관문을 통과해야 하는 치열한 공개경쟁 필기시험만 떠올리기 쉬우나 무대3.0 시대를 맞이하여 과정이 다양화되었다. 객석의 관객 중 다양한 분야에 능력과 경험을 가진 사람을 무대로 쉽게 영입하기 위하여 필기시험을 거쳐야 하는 경로뿐만 아니라 다른 문들도 활짝 열었다. 필기시험은 기초지식을 갖춘 사람을 공정하고 객관적으로 가려내는 도구이다. 과거와 달리 현대 행정은 복잡하고 전문화되어 교재 내용을 잘 외우고 답하는지 측정하는 지식검증만으로는 국민의 높은 행정수요를 충족하기 어렵다. 공무원 시험제도는 국가와 지방자치단체 등 수요기관의 필요와 시험응시자인 공급자 편의 등 여러 가지 측면을 반영하여 조금씩 개선되어왔다. 예컨대 업무 특성에 따라 자격증을 갖추고 있는 사람 중에서 면접을 거쳐 선발하거나 실제 유사한 업무를 시켜보고 우수한 사람을 뽑을 수도 있다. 민간부문에서 전문경력을 쌓은 사람을 면접이나 역량평가(A/C: Assessment Center) 등을 실시하여 선발한다.

시험 없이 유권자의 신임을 받아도 공무원이 될 수 있다. 선거로 공무원이 되는 사람은 국민이나 주민의 투표로 신분을 부여받으므로 임기가 끝나면 재

신임 받는 절차를 거쳐야 한다. 그래서 신분보장 제도의 적용을 직업공무원은 될 수 없는 것이 원칙이다. 지방의회 의원을 과거에는 명예직이었으나 지금은 지방의회 의원에게 일정액의 연봉을 지급하고 있어 임기 중 「공직선거법」이나 「형법」 등에 저촉될 문제만 없으면 일정기간 안정된 신분을 보장받는 정무직공무원이 되었다.

[그림 10]은 이러한 맥락을 쉽게 이해할 수 있도록 개략적으로 도형화한 것이다. 오른쪽에 있는 큰 3개의 네모는 위로부터 국가, 지방자치단체, 특수법인의 순서이며, 국가 칸 네모 안에는 국회, 정부, 법원 순서로 주요 직위 충원절차를 보여주고 있다.

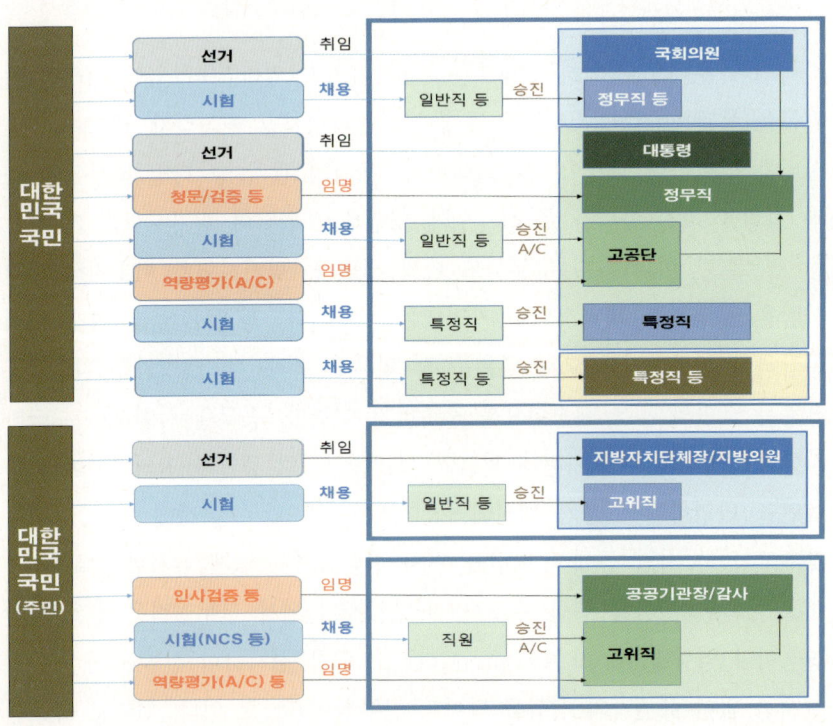

[그림 10] 공직자의 인력충원체계도

공공리더십을 발휘할 수 있는 직위는 입법, 행정, 사법 등의 국가기관에서 중요한 정책을 결정하는 공직자로서 정부의 고위공무원단 이상의 직위에 임명되므로 굵은 선 네모 안에는 주요 정책결정 직위를 오른쪽에 별도로 구분하여 외부에서 바로 임용되는 경우와 내부에서 승진 등을 통해 충원하는 이원적 운영을 보여주고 있다.

공직자를 채용하는 경로 중 그림에 표시된 시험은 서류전형부터 필기시험과 면접시험까지의 일련의 과정을 모두 포함하고, 그 유형도 공개경쟁채용시험은 물론 자격증, 학위 등 일정한 요건을 갖춘 지원자들을 대상으로 한 경력채용시험까지 망라한 개념이다. 채용제도 중 필기시험이 공정성 측면에서 가장 신뢰할 만하지만, 직무와 역할의 특성상 시험만으로는 한계가 있으므로 선거, 청문, 검증, 역량평가 등 정성적 방법들이 활용된다. 특수법인은 개별 법령과 정관 등에 따라 자율적으로 충원하는 것이 원칙이나 공직자의 범주에 포함되므로 국가의 채용정책으로부터 완전히 자유롭지는 못하다. 기획재정부나 고용노동부 등 정부의 공공기관 인력정책에 따라 공공기관의 직원을 채용할 때 무자료면접(Blind Interview)을 실시하거나 국가직무능력표준(NCS: National Competency Standards) 방식의 필기시험을 시행하는 것 등은 국가의 행정지도에 따른 것이다.

자아와 공직

　극장모형의 관점에서 공무원이 맡는 모든 직위는 배역이다. 어떤 젊은 사람이 재학 중 열심히 공부해서 공무원시험에 합격하여 수습을 마치고 행정기관에 배치되어 보직을 받아서 일하고 있다고 가정해보자. 이 사람은 무대에서 일할 때의 역할과 사적인 영역에서의 본래 역할을 동시에 지닌다. 후자의 경우 누군가의 배우자, 자녀, 부모가 될 수 있다. 또 자신이 속한 종교단체나 취미활동을 하는 동아리 등에서 무슨 역할을 맡을 수도 있다. 공직무대 밖에서는 어떤 역할이라도 사적자치원리에 따라 부여받은 역할을 자율적으로 수행한다.

　이와 달리 공직에서 어떤 업무를 담당하는 실무자나 과장, 국장 등의 역할은 모두 법령에 의하여 주어진다. 따라서 자의적으로 하지 못하고 법령에서 무슨 일을 어떻게 할 것인지 지정한 대로 일해야 한다. 법치행정원리 중 법률유보원칙과 법률우위원칙이 적용되기 때문이다. 「정부조직법」 등 개별 조직설치 법률과 대통령령인 각 직제규정에서 부여한 임무를 수행하는 공무원은 「국가공무원법」을 비롯한 각종 공무원법과 「공직자윤리법」, 「부패방지 및 국민권익위원회의 설치와 운영에 관한 법률」, 「부정청탁 및 금품등 수수의 금지에 관한 법률」 등에서 규정한 모든 의무를 잘 지켜야 한다. 또 대통령령인 「공무원 행동강령」에 따라 중앙행정기관장이 훈령이나 예규로 정한 부처별 행동강령의 내용과 대통령훈령인 「공무원 헌장」과 국무총리훈령인 「공무원 헌장 실천강령」의 내용도 준수해야 한다.

공직자는 본래의 자아 역할과 공직에서 맡은 배역을 잘 구분할 줄 알아야 한다. 이 두 개의 역할이 충돌하면 공직자는 당연히 공직에서의 역할이 우선되어야 한다. 이것이 공직윤리의 첫걸음이다. 공직은 잠시 맡은 것에 불과하나 그 역할은 국민에게서 나온 권력 중 일부를 대한민국극장 무대 위에서 국민전체를 위해 일하는 것이므로 개인 역할보다는 항상 우선시되어야 한다. 그것이 확립되지 않은 사람이 공직을 맡으면 관객이 힘들고 그에게 공직을 맡긴 정부에 해를 미칠 수 있다. 그러니 자신보다 뛰어난 역량을 갖춘 사람이 나타나면 기꺼이 그 배역을 넘겨야 한다. 이 역할은 무대 밖에서의 사적(私的) 역할과 당연히 구분되어야 한다. 무대 위 어떤 작품 속에서 왕의 역할을 한 사람이 무대 밖에서도 계속 왕처럼 대접 받으려 한다면 사람들은 그를 정신병원으로 데려갈 것이다. 마찬가지로 공직에서의 역할을 다 마무리하고 내려오거나 다른 역할을 맡는다면 과거 지위에 대한 미련은 가급적 빨리 버리는 것이 좋다.

극장모형에서 무대보다 높은 위치에 있는 관객들은 무대 위의 공직자가 맡은 역할을 얼마나 잘 수행하는지 못하는지 아주 잘 구분해 낸다. 역할은 공직자의 소유물이 아니므로 관객이나 연출자가 그만 두라면 언제든지 내려올 마음의 준비가 되어 있어야 한다. 공직자가 흔히 잘못된 행동을 하는 근저에는 역할을 자신의 전유물로 착각하는 데서 생긴다. 언젠가는 맡은 역할이 끝날 때가 있음을 잊지 말아야 한다. 이를 잘 알면 갑(甲)질 문화가 발생할 여지가 없다. 권한이 많은 자리에서 일하든지 부하에게 명령하는 상관의 역할을 맡든지 신분상의 높낮이와 무관한 배역의 차이일 뿐이다. 이 사실만 명심하면 동료 공직자나 국민에게 친절하고 예의를 갖추게 된다. 관객들이 자신을 평가하는 이상 맡은 역할을 사적 목적을 위하여 이용할 생각은 할 수 없을 것이다.

공직연기자

　일반 드라마의 연기자와 공직연기자가 특정 배역을 맡아 일한다는 점은 같으나 차이점이 많다.
　첫째, 일반연기자는 감독에 의해 부여된 역할에서 작가가 써준 각본에 따라 연기를 하지만, 공직연기자는 임명권자로부터 역할만 부여될 뿐 대본은 자신이 직접 작성하고 연기해야 한다. 그렇다고 자기 마음대로 뭐든지 다 쓰고 행동할 수는 없고 법령에 규정된 사항을 참고하여 실생활에서는 자신의 언행을 통하여 역할을 담당한다.
　둘째, 일반연기자는 역할의 비중과 크기로 출연료가 결정되나, 공직연기자는 역할의 크기와 함께 부여된 직급과 성과에 따라 출연료가 책정된다. 과거에는 법령에 정한 역할을 행한 직무상 경험을 중시하여 경력에 비례하여 보수를 지급했으나 개방형과 민관교류의 활성화로 공직 경험이 길지 않더라도 민간의 유사 경험을 인정하여 바로 적정한 연봉을 책정할 수 있게 되었다.
　셋째, 일반연기자는 영화, 연극, 드라마 등에서 아무런 역할을 맡지 않으면 바로 실업자가 되나 공직연기자는 헌법과 법령으로 신분이 보장되어 당장 실업자가 되지는 않는다. 일단 무대 위에 올라와 있는 이상 법적 근거 없이 쫓 아내기는 어렵고 질병이나 징계 등 특별한 사유가 없는 한 보직(역할)을 계속 부여받을 법적 권리를 갖고 있다. 만약 공직자의 신분을 법적으로 보장하지 않고 정권이 교체되면 당연퇴직하는 엽관주의로 운영될 경우 집권하는 동안 자신의 권력이나 권한을 최대한 이용하여 평생 먹고살 재산을 챙겨둘 것이다.

넷째, 일반연기자는 대중들로부터 큰 인기를 얻으면 팬들이 많아지고 파파라치 같은 사람들이 따라 다녀 사생활 침해 우려가 큰 데 비하여, 공직연기자는 대중적 인기를 얻는 것은 아니지만 활동 무대가 국민전체를 대상으로 하고 무대가 관객보다 낮아 잘못된 언행으로 크게 비판받을 수 있다.「국가공무원법」제63조에는 직무의 내외를 불문하고 공무원의 품위를 손상하는 행위를 하면 징계를 받을 수 있다. 현행「국가공무원법」상의 여섯 가지 징계 종류 중 파면과 해임은 공직에서 강제로 내보내는 배제징계이며 강등, 정직, 감봉, 견책은 공직 복귀를 전제로 한 교정징계이다. 정직은 1개월에서 3개월까지, 강등은 3개월간 '무노동 무임금' 원칙에 따라 보수를 지급하지 않는다.

일반연기자는 일종의 개인사업자로서 자신의 몸값이 생존에 있어서 매우 중요하기에 다음과 같이 부단히 노력한다. 첫째, 일반연기자는 배역을 맡지 못한 기간이 길지 않도록 연기력을 꾸준히 향상하려 한다. 비록 단역에서 출발하더라도 조연을 거쳐 주연급으로 도약하기 위하여 다양한 분야에서 비중 있는 역할을 맡을 자신의 강점을 최대한 부각한다. 둘째, 연기를 안 하는 실직 기간에는 생활에 어려움이 없게 광고나 모델 활동 등 부수적인 일을 열심히 찾아다닌다. 셋째, 인기의 중요성을 누구보다 잘 알기에 사생활에 있어서 흠이 없도록 매우 조심한다. 자연인으로서 개인 생활을 누릴 자유와 권리를 갖고 있으나 자신을 좋아하는 팬들의 입장을 고려하여 신중하게 처신한다.

이와 마찬가지로 공직연기자는 행정주체의 구성원으로서 선공후사(先公後私) 정신으로 다음과 같이 일하는 것이 중요하다. 첫째, 법령에 부여된 역할을 명확히 인식하고 항상 공부해야 한다. 헌법과 법령에서 자신이 맡은 사무의 핵심적 내용, 요건과 절차, 효력, 주된 고객이 누군지 숙지해야 한다. 둘째, 자신이 쓰는 시나리오는 주로 공무원의 행동과 관련된 규정들이다. 직접 담당하는 사무와 관련된 법령 외에 공무원이 모두 지켜야 하는 복무규정도 잘 알고 있어야 한다. 이것은 공무원을 처음 시작할 때 교육원에서 중점적으로 가르친다. 집합교육의 한계로 실제 각 부서에 배치되어 근무할 때는 잘 생각나지 않을 수 있으므로 선임자나 부서의 관리자로부터 일하면서 (on-the-job training) 잘 배워야 한다. 누구든지 진면교사(role model) 또는 반면교사로서 배울 것이 있다. 동료 공직자로부터 무엇을 배워야 할지 어떤 것은 하면 안 되는지도 자연스럽게 알게 된다. 셋째, 공무원으로 한번 채용되면 사임하거나 징벌을 받아 물러나지 않는 한 신분이 안정된 장점이 있으나 자리에 안주하면 안 된다. 국민전체에 봉사하는 자리임을 명심하고 맡은 직무에 최고 전문가가 되도록 노력한다. 상대하는 국민은 모두 카메라를 들고 녹음하는 기자로 보고 언행을 늘 조심해야 한다. 넷째, 대한민국극장의 관객들은 언제든지 다른 극장으로 옮길 수 있다. 나라를 떠나는 주된 원인은 대한민국극장이 안전하지 못하거나 무대 위의 작품 내용이 마음에 들지 않아서 자기가 낸 입장료와 관람료를 아깝게 여기는 탓이다. 따라서 공직연기자는 관객의 목소리에 항상 민감할 필요가 있다. 다양하게 의견을 듣되 신중히 판단한다. 이런 자세를 견지하는 공직자에게는 누구에게 청탁하지 않아도 항상 비중 있는 역할이 주어질 것이다.

신분과 역할

 공직에서의 신분은 계급이라는 수직구조로 표현된다. 조선의 관료를 종1품부터 종9품까지의 18단계와 대한민국 초기의 1급 외에 2급부터 5급을 각각 갑·을 류(類)로 구분해서 9단계로 구분한 것과 같다. 계급은 동질적인 직무를 수행하는 기관에서는 아주 편리한 인사관리 수단이다. 공직자마다 일정한 계급을 미리 부여하고 그것을 기준으로 보직을 주고 급여를 주며 상벌과 연금 지급 등 인사관리를 하면 된다. 이런 제도가 적합한 직종은 상명하복(上命下服)의 일사불란(一絲不亂)한 지휘체계가 요구되는 직종이다. 주로 제복을 입고 근무하며 필요한 경우 상대를 힘으로 제압해야 하는 군인·경찰·소방·교정·관세 등이 해당한다.
 이들 직종이 모두 그렇지는 않으나 다수가 동일한 직무를 수행하는 경우는 더욱 적합하다. 지휘관의 명령에 따라 움직이면서 소기의 목적을 달성해야 하고, 지휘관이 사고가 있으면 차상급자가 대신 지휘해야 하므로 계급제가 어울린다. 이를 위하여 결집된 힘을 대내외에 과시하려면 제복을 입혀야 한다. 따라서 공직자마다 정해진 계급이 있고, 일정한 기간이 지나거나 해당 계급에서 탁월한 성과를 남기면 상위 계급으로 신분을 상승시키는 동기부여 방식에 따라 인사관리 한다.

　한편 역할은, 사람에 대한 값을 미리 부여하는 계급과 달리 자리에 대한 값을 매기는 것이다. 공직자가 맡을 역할의 비중이 얼마나 큰가를 먼저 정해 놓고 그 일을 하는 사람이 자리가 기대하는 역할을 잘 수행할 수 있는지 평가해 보직을 부여한다. 직무의 크기를 정한다는 점에서 직무등급제라고 하거나 직위별로 필요한 사람을 선발한다는 점에서 직위분류제로 부른다. 핵심적인 내용은 공직에서 맡는 개별 직위는 같지 않다는 전제이다. 그래서 관리 대상 직위에서 무슨 일을 할 것인지 상세한 직무를 기술하고 그 일의 크기를 다른 자리와 상대적으로 비교·분석한 후 평가결과에 따라 직무값을 매긴다. 이때 직무수행요건을 함께 도출한다. 만약 그 요건을 충족하는 사람이 공직 내부에 있든지 아니면 외부의 민간이나 학계에서 경력을 쌓았던지는 중요하지 않다. 누구든지 경쟁을 거쳐 임용하면 된다.

　[그림 11]의 왼쪽은 계급제의 승진과정을 보여준다. 지정된 계급에 따라 단계적으로 신분이 상승하는 구조이다. 이 제도에서는 공직에 처음 들어오기 위해서는 계급의 아래 단계에서부터 출발하여 해당 계급에서 적어도 몇 년간 경력을 쌓고 상위 계급에 결원이 있어야 다음 단계로 올라갈 수 있다. 승진(昇進)의 한자어는 오를 승(昇)이며, 상관(上官)·부하(部下)의 용어에도 상·하를 구분하는 신분 개념이 들어간다.

　오른쪽 그림은 직무등급제의 승진과정이다. 극장모형에서 공직을 무대로 비유했으므로 공직에 입문하는 과정은 무대 뒤쪽으로 들어간다고 보면 된다. 그림의 역삼각형은 주연이 될수록 역할의 범위가 확대되어 맡을 수 있는 배역이 다양해 지는 것을 나타낸다. 공직에서 장기간 근무하면서 경력이 축적되는 것은 신분의 상승이 아니라 무대 앞의 관객 쪽으로 점점 더 나아간다(前進)는 의미이다. 그래서 영어로 승진은 앞으로(pro) 이동한다(move)는 뜻의 promotion으로 쓴다.

　넓은 무대 뒤쪽에서 연기하면 같은 시간 무대 앞쪽에 있는 사람에 비해 카메라에 노출될 가능성이 거의 없다. 이들을 카메오나 엑스트라라고 한다. 이렇게 무대 뒤편에서 몇 년간 단역으로 활동하다가 연기력을 인정받으면 조연을 맡는다. 그 후 언젠가는 주연이 될 것이다. 주연은 카메라에 자주 노출되는 연기자이다. 당연히 관객에게 보이는 횟수가 대폭 늘어난다. 정부의 고위직으로 갈수록 신문이나 방송에 자주 등장하는 이유가 여기에 있다. 출입 기자들 앞에서 브리핑하지만 궁극적으로 관객인 국민에게 무대 위의 상황을 언론을 통해 전달하는 홍보활동이다. 무대 뒤쪽의 공직자가 언론에 나오는 경우는 조직과 무관한 개인적 문제가 많을 것이다. 요컨대 민주주의 사회에서 공직 개념은 신분상의 높낮이로 결정하는 것이 아니라 무대 위에서 맡는 역할의 크기가 어떤지에 따라 판단하는 것이 타당하다.

[그림 11] 계급제와 직무등급제의 경로 비교

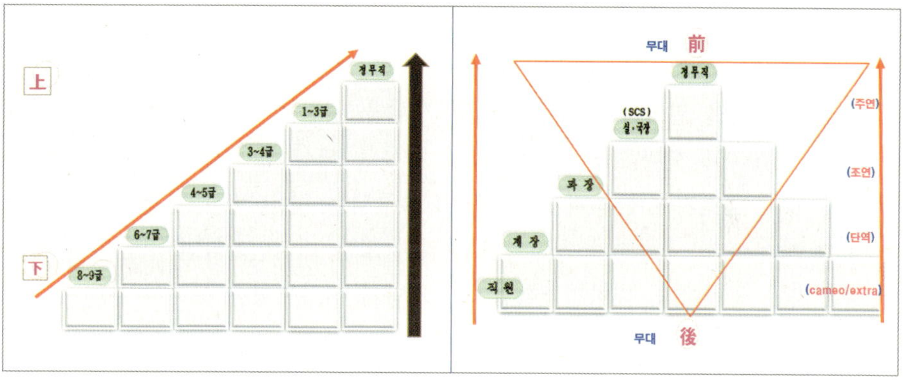

주인과 청지기

　청지기(steward, manager)의 사전적 의미는 양반 집의 수청방(守廳房)에 있으면서 잡일을 맡아보고 시중을 들던 사람을 일컫는다. 청직(廳直)이라는 말에서 나왔다고 한다. 즉 주인의 가정 사무를 대신 맡아 충실하게 관리하는 사람이다. 공직자에게 청지기의 사명이 요구되는 것은, 바로 주인과 대리인의 관계 때문이다. 공직자가 청지기인 관리인 또는 대리인이라면 주인은 당연히 주권자인 국민이다. 대한민국헌법인의 개념과 극장모형을 통하여 무대 위 공직자는 주주 겸 관객인 국민의 신탁을 법령을 통해 받아서 각자의 역할을 담당하고 있다. 공직자는 청지기의 사명감을 가져야 한다. 사명감이란 공직자에게 부여된 법령상의 일부 권력을 다양한 관점에서 규정하는 직무상 권한, 담당 사무(업무), 조직의 기능, 공직자의 역할 등을 성실하게 수행하도록 명받은 사람이 갖추어야 할 겸손한 자세를 말한다.
　국가공무원과 지방공무원은 물론 특수법인의 직원들도 청지기라는 점에서는 다르지 않다. 특수법인의 직원 임용과 처우, 복무에 있어서 공무원법이 직접 적용되지는 않으나 특수법인의 설립목적과 소관 업무가 공법으로 부여되었기 때문에 공무원에 준하여 민간기업의 사원보다는 엄격한 기준이 적용된다. 「공공기관의 운영에 관한 법률」 제53조에서 공공기관의 임직원 등은 「형법」제129조부터 제132조를 적용할 경우 공무원으로 본다고 규정하고 있다. 「공직자윤리법」, 「공직자 등의 병역사항 신고 및 공개에 관한 법률」과 같이 공무원과 동시에 적용되는 법률이 많다.

주인인 국민에게서 나와 국가로 들어가 통치의 근거가 된 공권력을 분담·행사하는 공공부문에서 일하는 모든 공직자는 선량한 관리자인 청지기 직분에 충실해야 한다. 청지기의 직분은 어떤 것을 말하는가? 공무원의 경우에는 「국가공무원법」제7장과 「지방공무원법」제6장에서 기본적인 복무 사항을 규정하고 「경찰공무원법」, 「소방공무원법」, 「외무공무원법」, 「교육공무원법」, 「군인사법」, 「군무원인사법」, 「검찰청법」, 「법원조직법」 등 특정직공무원 관련 법률에서 각기 특별한 기준을 추가하고 있다. 공공기관 직원의 경우에는 조직의 설치 근거법령, 정관, 자체 인사규정 등에서 자율적으로 정하나 각 공공기관의 지주회사(持株會社, holding company) 역할을 하는 주무부처의 인가 또는 감독을 받기 때문에 공무원에 준하는 복무상 의무를 지고 있다. 법령에서 공직자의 의무를 상세하게 부여하는 이유는, 주인과 대리인 관계에서 볼 때 주인의 일을 맡아 처리하는 대리인은 주인보다 훨씬 많은 정보를 갖고 있으므로 주인의 선택을 잘못되게 유도하거나 자신의 잘못을 은폐하는 도덕적 해이를 예방할 필요가 있기 때문이다.

한편 6급 이하의 일반직 및 이에 상당하는 별정직과 외무공무원은 「공무원의 노동조합 설립 및 운영 등에 관한 법률」과 「공무원직장협의회의 설립·운영에 관한 법률」에 따라, 그리고 교육공무원과 사립학교 교원은 「교원의 노동조합 설립 및 운영 등에 관한 법률」에 따라 단결권 등을 각각 행사할 수 있다. 물론 공공의 청지기 직분에 어울리지 않는 쟁의행위는 금지된다. 경찰이나 군인, 판사, 검사, 국가정보원직원 등 여타 특정직공무원은 업무의 특성상 단결권조차 허용되지 않는다.

특수법인 직원의 단체활동에 개별 법률로 정하지 않고 「노동조합 및 노동관계조정법」에 따라 공사(公私)부문의 구분 없이 적용하되, 같은 법 제71조에서 규정한 (필수)공익사업의 범위에 속하는 경우 쟁의행위가 제한되고 우선적 조정과 중재절차 규정이 적용된다.

청지기의 본분

공직자는 정부라는 무대에서 일하는 사람이므로 객석의 다양한 분야에서 일하는 민간부문과는 다른 특징이 있다. 그러면 무대 위의 삶은 어떤 특징들이 있을까?

다양한 역할들은 그 내용과 비중이 천차만별이다. 똑같은 무대 위에서 각자 맡은 역할이 있으나 관객의 주목을 받는 것도 있고 별로 관심을 못 얻는 것도 있다. 화려한 스포트라이트를 받지 못하는 단역을 맡았다고 슬퍼하거나 기분 나쁠 필요는 없다. 모든 공직의 역할들은 소유물이 아니라 잠시 맡은 것이기 때문이다. 처음에는 작은 역할에서 시작하나 언젠가는 큰 임무가 부여될 수 있다. 물론 조직 내부에서 인정을 받아야 하고 관객의 호응과 평가도 좋아야 한다. 인사행정에서는 적소적재(適所適材)의 원칙을 중요시한다. 각 배역에 적합한 사람을 앉히라는 뜻이다. 시원적 행정주체인 국가와 함께 180여 지방자치단체와 수많은 특수법인은 각기 인격을 가진 권리·의무의 주체이다. 따라서 국가와 지방자치단체, 특수법인에 소속된 공직자들은 인격체의 구성원으로서 대내적 의사결정과 대외적 의사표시 과정이 물 흐르듯이 안정되고 예측 가능성을 가질 때 성숙한 인격자로 인정된다. 양보와 절제의 미덕은 자연인은 물론 헌법인과 공법인에게도 필요하다. 동료 공직자를 동반자로 여기고 서비스를 받는 민원인을 고객으로 생각하고 감사의 대상으로 여긴다면 좋은 관계가 유지될 것이다.

각자 맡은 공직의 역할에서 고객이 처한 어려운 문제를 적극적으로 해결하는 방향으로 접근하는 것이 중요하다. 물론 관객은 공직 연기자를 속이지 않아야 한다. 국민의 요청을 선의로 받는 것이 당연하고 공직자는 법령에 따라 일하는 사람이기 때문에 소관 법령에 어떻게 규정되어 있는지를 정확하게 숙지해야 한다. 일반적·추상적 법규의 특성상 다양한 해석이 가능한 법령의 경우에는 선례를 참고하거나 관련 판례, 입법 배경 등을 살펴보고 오류를 최소화한다. 이런 자세는 담당 공직자가 신분상 불이익처분을 받는 것을 예방하는 길이나 행정의 신뢰성을 확보하는 방법이다.

신중히 처리하겠다며 아무런 조치를 하지 않거나 자신이 마무리해야 할 일을 후임자나 다른 부서로 넘기려는 의도는 좋지 않다. 성실하게 업무를 처리하는 과정에서 때로는 과실이 생길 수도 있으나 무사안일한 자세보다는 낫다. 적극적으로 일 처리를 하다가 생긴 잘못에 대하여는 책임을 감면하는 정책은 이러한 풍토를 권장하려고 만들었다. 그러기에 일이 끝난 후 감사나 평가를 할 때의 목적과 방향을 잘 설정해야 한다. 문책하기 위함인가 아니면 시스템을 정비하기 위함인가에 따라 공직사회의 분위기가 달라진다. 대체로 두 가지 목적을 다 갖지만 감사나 평가를 받는 공직자의 처지에서는 부담스러운 게 사실이다. 일을 처리하면서 늘 사후 감사나 평가를 의식할 수밖에 없다. 법령의 취지에 따르는 긍정적인 측면도 없지 않으나 불필요한 서류까지 만들고 절차를 따져야 하므로 업무 효율이나 국민의 불편은 가중된다. 고의나 중과실이 아닌 한 공직자를 엄중 문책하는 것만이 능사는 아니다. 일상생활에서도 그렇지만 요즘 같은 투명한 공직사회에서는 공직자는 대부분 정직하고 성실하게 최선을 다해 일하고 있다.

그렇지만 공직자들은 상사의 무리한 지시, 외부기관의 압력, 편향된 여론의 비판 등으로 받는 직무상 스트레스가 적지 않다. 이것이 가정과 사회 전반에 부정적 영향을 미치면 국민마저 불편하게 된다. 이럴 때는 청지기로서의 본분을 잊지 말고 당면한 문제의 본질을 찾아서 관련 법령에 기초하여 일을 처리한다. 일정한 시간이 지난 후 피드백을 해서 당시 또는 지금의 결정과 집행이 역사적으로 어떤 평가를 받을 것인가를 신중히 생각하고 역지사지(易地思之)로 보면 해결방안이 도출될 수 있다.

공직과 인생

　사람마다 조금씩 분류하는 기준에서 차이는 있겠으나 태어나서 죽을 때까지 삶의 전 과정을 [표 12]와 같이 구분할 수 있다. 출생 후 학교에서 사회진출을 준비하는 1막은 가정, 학교 등에서 배움으로써 인생의 빈자리를 채워나간다. 이 기간에는 자아가 성장함에 따라 인생의 부채는 급속히 증가한다. 학교를 졸업하고 사회로 진출해 일하면서 가정을 이루어 부모가 되고 본격적으로 일하는 2막에서는 그간 외부로부터 받은 은혜를 갚아 나가지만 여전히 다른 사람의 도움이 필요하므로 인생의 부채는 증감한다. 어느덧 나이가 들어 은퇴하고 시간과 영원히 작별할 때까지의 3막에서는 남아 있는 인생의 부채를 조금이라도 더 갚기 위하여 자신이 그동안 쌓은 지식과 경험을 모두 국가와 사회, 이웃과 가족을 위해 사용한다. 나그네와 같은 인생은 생존하는 동안 세상의 무대에서 다양한 역할을 맡아 일하다 떠난다. 각 막(幕)은 다시 4개의 장(章)으로 세분하여 단계별로 특징을 찾아볼 수 있다.

[표 12] 인생의 단계별 시기와 특징

막(幕)	장(章)	시기	특징
1	1	취학 전(유아)	부모 등의 사랑과 보살핌이 절대적으로 필요
	2	초등(아동)	교사의 지도로 친구 등과 사회화 과정을 경험
	3	중·고등(청소년)	신체와 자아의식이 급속하게 성장하는 단계
	4	대학교 등	정신연령이 성숙하며 본격적으로 2막을 준비
2	1	신입 직원/창업	공동체를 통한 조직학습, 책임 증가, 가족 형성
	2	초급 직원/성장	관리적 리더십을 통해 조직에 공헌하는 보람
	3	중견 직원/확대	중요한 의사결정에 참여함에 따르는 자긍심
	4	임원급/성숙	조직의 핵심 역할에 대한 의무와 책임감
3	1	상근 등	1·2막 단계의 자손들에게 직접 도움을 주는 일
	2	비상근 등	비상근(part timer)으로 사회에 유익을 주는 삶
	3	자원봉사	국가와 공동체, 이웃에게 도움이 되는 건전한 봉사
	4	생의 마감	다 내려놓고 세상과 아름답게 이별하는 준비 단계

인간은 사회적 동물이다. 혼자서는 살 수 없기에 항상 다른 사람의 도움을 받는다. 문제는 많은 사람이 이러한 유·무형의 도움을 당연하게 여긴다는 점이다. 갓 태어난 신생아들이 부모의 헌신적 도움을 모르고 자라다가 철이 들거나 자기들도 부모가 되고 나서야 은혜를 깨닫는 것처럼 뒤늦게 아는 경우가 많다. 좀 더 검토해보면 부모가 자녀를 돌볼 수 있는 여건도 국가와 사회가 지탱하고 있어서 가능하다. 국가가 아예 없거나, 있어도 나라답지 못하면 부모의 역할을 제대로 수행할 수 없다. 지금도 세계 각처에서 분쟁이 일어나서 모국을 떠나는 난민들의 행렬이 이어지고 있다. 정처 없이 작은 배에 의지해서 자녀들을 데리고 바다로 나온 난민들이 급류에 휩쓸리거나 해적들의 공격을 받아 희생되는 안타까운 소식을 접하고 있다.

지금도 우리가 살아 있다는 사실은 기적이다. 왜냐하면, 우주가 질서를 지킴으로써 태양계 안의 작은 별 지구도 일정 괘도를 유지하고 있다. 산소가 끊이지 않았고 하늘로부터 생수도 수시로 공급되었다. 지진, 해일, 화산, 태풍, 폭염 등 자연재해의 피해가 다른 나라에 비해 적었다. 이런 것은 사람의 능력으로 통제할 수 있는 것이 아닌, 초자연적인 하나님의 영역이다. 수십 년간 전쟁이 없었고 테러 등 외부 위협으로부터 대체로 안전하였다. 교통, 화재, 공사, 폭발, 가스, 전기 등 각종 사고에 노출되지 않았다. 살인, 강도, 폭력, 증오 등 강력 범죄자의 표적이 되지 않았다. 이런 것은 국가가 존재함으로써 그 안에 사는 사람들을 안전하게 보호해 준 덕분이다.

또 학교와 사회 등으로부터 교양과 지식을 배우고 익혀 인간답게 사는 기초를 마련하게 되었다. 다른 사람이 재배, 가공, 운송한 음식물을 먹고 건강하게 자랐다. 다른 사람이 깔아 놓은 보도블록을 밟고 포장한 길을 따라 왔다. 다른 사람이 만들고 운전하는 차를 타고 편하고 빠르게 다녔다. 다른 사람이 만든 옷을 입고, 지은 집에서 쉬고, 공부도 한다. 특히 신경망처럼 연결된 길은 모두 사람이 만들었다. 하늘길과 뱃길, 기찻길과 버스길, 지하길이 있고, 사람이 다닐 수 있는 인도가 있다. 터널을 뚫고 다리를 놓고 지하도를 파고 굽은 길을 바로잡는 등 생각하면 할수록 너무 많은 길이 주변에 갖추어져 있어 일일이 다 헤아리기 어려울 정도이다. 우리는 아주 적은 비용으로 이 모든 혜택을 누리고 있다. 그 길은 예외 없이 각 시대에서 피땀 흘려 일한 사람들의 희생과 노력 덕분이다. 그러므로 사람들은 어느 시간과 공간에 있든지 외부 도움이 없이는 살기 어려운 나약한 존재임을 깨닫는다. 나도 남에게 도움을 줄 수 있어야 한다는 차원으로 승화되면 공동체를 사랑하고 봉사하는 것이 당연하게 느껴진다. 더 나아가 국가의 존재가 이 모든 것을 가능하게 해줬다는 것에 이르면 나라사랑은 진정으로 가치 있는 일임을 부인할 수 없다.

2017년 12월 19일 「국적법」 제4조가 개정되어 2018년 말부터 우리나라에 귀화하여 국적을 취득하는 사람은 법무부장관 앞에서 국민선서를 하고 귀화증서를 받아야 국적을 취득하게 되었다. 개정된 법 규정에 따른 국적수여식이 전국에서 열렸는데, 대구출입국·외국인사무소는 2019년 1월 30일에 71명의 국적 취득자를 대상으로 첫 행사를 하였다. 이날 대한민국 국적을 취득한 출신지 국가별로는 베트남이 42명으로 가장 많았고, 중국 14명, 캄보디아 6명, 필리핀 4명, 기타 5명이었다. 언론사에서는 대한민국 국민이 되는 국적증서를 받고 태극기를 흔들며 기뻐하는 모습을 담은 사진을 일제히 보도하였다.

* 매일신문, "당신은 이제 자랑스런 대한민국 국민입니다." 2019.1.31. 정운철 기자

이들은 어려운 한국어 검정시험에 합격하거나 결혼 등의 요건을 갖추고 심사를 거쳐 대한민국 국민이 되었으나 우리들 대부분은 태어날 때부터 부모의 출생신고로 대한민국 국적을 바로 취득했을 것이다. 그 사실 하나만으로도 우리를 낳아 준 부모에게 감사할 이유가 충분하다. 부모가 자녀에게 듣는 가장 가슴 아픈 말은 '왜 나를 이렇게 만들었나요?'일 것이다. 마찬가지로 오늘의 대한민국을 건립한 선조들이 후손들에게 듣는 가장 가슴 아픈 말이 '왜 대한민국을 이렇게 만들었나요?'일 것이다. 여행이나 출장 등으로 해외로 나갔다가 귀국하는 비행기에서 내려다보는 대한민국의 아름다운 자연, 울창한 산림, 깨끗한 강, 잘 정비된 농경지와 도로, 도시의 모습을 보면서 모두 감격한다. 그리고 공항에 안전하게 도착하여 같은 비행기를 타고 온 외국인에 비해 아주 간편한 절차로 입국한 경험이 있다면 참으로 자랑스러운 대한민국 국민임을 조상들에게 저절로 감사하게 된다.

제6장

공직과 인생2막

나의 인생2막은 공적(公的)으로는 국가공무원으로서, 사적(私的)으로는 한 가정의 가장으로서 맡았던 역할들로 대부분 채워져 있다. 어느 역할이든지 모두 국가와 밀접한 관계를 맺고 있다. 이 장에서는 대한민국극장 모형의 관점에서 공직의 무대에서 수십 년 동안 맡았던 여러 배역을 통하여 공무원 인사가 어떻게 운영되는지 개인적 경험을 중심으로 기술한다.

신규임용 · 수습(修習)

　1979년 11월 2일부터 사흘간 예정된 제23회 행정고등고시 2차시험을 1주일 정도 앞둔 10월 26일, 긴급뉴스로 전한 박정희 대통령의 서거 소식은 전 국민을 충격에 빠뜨렸다. 18년간 통치권을 행사해 온 국가원수의 갑작스러운 사망으로 핵심권력에 공백이 생긴 상황에 모두가 당황하고 놀랐다. 나의 경우 임박한 국가공무원 채용시험이 취소 또는 보류되는 것은 아닌지도 걱정이 되었다. 다행히 국가안보상의 위기는 없어 2차시험은 그대로 실시한다는 소식을 듣고 안도하였다. 비록 국가에 비상 상황이 발생했으나 이미 확정된 일정대로 차질 없이 진행되는 것을 보고 우리나라도 이제 사람이 아닌 시스템으로 국정이 운영된다고 생각하였다.
　서울시 종로구에 있었던 구 건국대학교 야간대학에서 사흘간 실시된 2차시험을 무사히 마치고 고향으로 내려와 한 달 정도 쉬고 있었다. 1년 전보다는 훨씬 잘 친 것 같았지만 워낙 경쟁이 치열한 시험이라 혹시라도 떨어지면 대학원에 들어가 수험준비를 더 해보려고 1979년 12월 7일 시행된 서울대학교 행정대학원 입학시험을 치러 갔다. 공교롭게 그날은 행정고시 2차시험 발표 바로 전날이었다. 입학시험을 마치고 관악캠퍼스에서 나오면서 공중전화로 총무처 고시과에 결과를 알아보았다. 다행히 합격이었다. 다음날에는 대학원 면접시험이 예정되어 있어서 고향에 바로 내려가지 못하고 일단 근처 우체국으로 가서 부모님께 2차시험 합격소식을 전보로 전해드렸다. 다음날 면접시험을 마치고 나오면서 구입한 서울신문의 합격자 공고문에서 내 이름이 들어 있는 것을 확인하였다.

공무원시험 등 국정 대부분은 정상적으로 운영되었으나 정치 상황은 급하게 돌아가고 있었다. 10·26 사태 직후 대통령권한대행이던 최규하 국무총리는 제8호 헌법규정에 따라 1979년 12월 6일 개최된 통일주체국민회의에서 제10대 대통령으로 취임하였다. 일주일도 채 되지 않아 12월 12일 일어난 군사반란 사건으로 신군부가 실권을 장악하였다. 그로부터 열흘 후인 12월 22일 중앙청 회의실에서 합격증서 수여식이 열렸다. 원래 합격증명서는 「공무원임용시험령」의 규정에 따라 본인의 신청에 따라 시험실시기관장이 발급하게 되어 있으나 이때는 총무처에서 일괄 발급하여 수여하는 행사로 진행하였다.

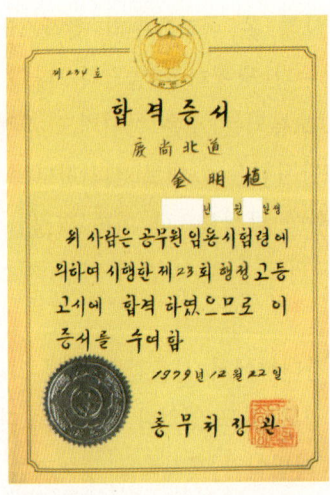

합격증서는 공무원임용시험에 합격했다는 사실을 공적으로 증명하는 문서이다. 증서의 장관 직인은 직위의 마지막 글자가 도장의 중간에 오도록 찍는다. 증서 상단에 총무처의 표장(表章)이 아닌 나라 문장(紋章)이 인쇄되어 있는 이유는 시험실시기관의 장인 총무처장관이 국가의 시험에 합격한 사실을 정부를 대표하여 확인하고 공증한다는 의미이다.

최규하 대통령은 우리나라 현대 정치사의 격랑 시기였던 1980년 8월 16일 대통령직을 사임하였다. 통일주체국민회의는 1980년 9월 1일 국가보위비상대책위원회 전두환 상임위원장을 제11대 대통령으로 선출하였다. 이어서 1981

년 3월 3일 개정된 제9호 헌법에 따라 대통령선거인단에 의하여 전두환 대통령은 제12대 대통령에 당선되어 7년 임기를 새로 시작하였다.

1980년까지 공무원 계급 체계는 1급에서 5급까지 5단계였지만 2급부터 5급까지는 각 계급에 갑류(甲類)와 을류(乙類)로 구분되어 실제로는 1급·2급갑류·2급을류·3급갑류·3급을류·4급갑류·4급을류·5급갑류·5급을류의 9단계였다. 그 중에서 행정고등고시는 「공무원임용시험령」 제12조에 따라 3급을류 공무원을 선발하는 공개경쟁채용시험이었다. 공무원직급에서 갑·을류를 폐지하고 9개 단계를 현실화하여 1급에서 9급으로 개편한 것은 1981년 4월 20일 「국가공무원법」 제4조를 개정하여 같은 해 5월 31일부터였다. 그래서 나는 1980년 5월 11일 3급을류의 행정사무관시보로 임용되었다.

공무원으로서 처음 받은 임용서류는 발령통지서이다. 「국가공무원법」상 대통령이 임명권자이지만 정규임용이 아니라 수습을 받는 시보공무원이기에 중앙인사관장기관의 장인 총무처장관이 대통령의 발령사항을 알려준다는 의미로 발령통지서로 한 것이다.

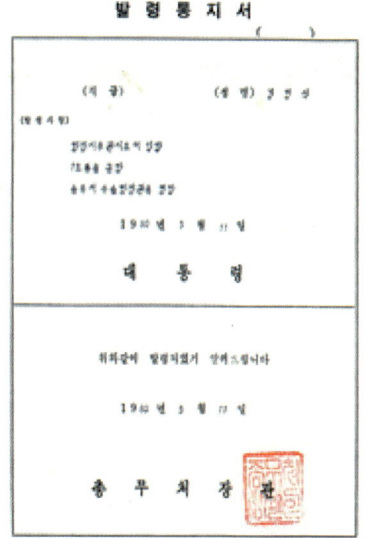

발령통지서의 발령사항에는 세 가지 행위가 들어있다.
'임(任)함'은 행정사무관시보의 직급을 가진 공무원으로 임명한다는 것이고, '급(給)함'은 당시 「공무원 보수규정」에 따라 3급을류의 직무급(본봉+직책급)에 근속급은 1호봉의 초임호봉 급여를 준다는 것이며, '명(命)함'은 실무수습을 받는 행정관의 보직을 부여한다는 뜻이다.

5월 11일부터 대전시 괴정동에 있었던 중앙공무원교육원에 들어가서 2주간의 새마을교육을 포함하여 두 달 동안 합숙하면서 제14기 신임관리자과정 교육을 받았다.

새마을 교육과정의 후반 프로그램의 하나로 실시된 분임별 '애국의 노래' 경창대회에서 내가 속한 분임이 무대에 올라 율동과 노래를 하는 장면이다. 회색빛 유니폼과 당시 젊은이들의 유행이었던 더부룩한 장발 머리 모양이 이색적이다.

신임관리자 과정을 수료한 후 실시된 지방자치단체의 실무수습은 특별시·직할시·도와 시·군·구에서 각각 2개월씩 진행되었다. 나는 고향으로 와서 7·8월에는 경상북도청에서, 9·10월에는 청도군청에서 각각 수습을 받았다. 11월부터 나머지 6개월간은 시보기간이 끝난 후 정식으로 배치될 각 중앙행정기관에서 수습을 받게 되어 있었다. 나는 총무처로 가게 되어 다른 수습사무관들과 정부합동민원실로 배치되었다. 당시 국가보위비상대책위원회 상황실로 접수된 각종 민원서류는 총무처의 소속기관인 정부합동민원실로 이관하여 각 부처에서 파견된 공무원들이 합동 근무하면서 처리하였는데, 수습사무관들도 지원근무를 하게 된 것이다.

해군 경리장교

 5개월 정도 정부합동민원실에서 민원처리 업무수습을 하다가 1981년 4월 초 행정사무관 시보기간 만료 약 5주를 남겨 놓고 「국가공무원법」 제71조의 규정에 따라 병역복무를 위한 휴직을 명(命) 받았다. 작은 삼촌이 해군 수병으로 월남전에 참전한 바 있고 두 살 어린 동생은 나보다 먼저 해병대에 지원하여 연평도에서 복무하고 있었기에 나도 자연스레 해군으로 입대를 하였다. 1년 전 해군사관후보생을 모집할 때 전공별로 병과가 지정되어 있었는데 나는 경영학을 전공했기에 경리병과로 지원하였다. 4월 6일 경상남도 진해시(현 창원시 진해구)에 있던 제2해군사관학교로 가서 제72기 해군사관후보생으로 입교하였다. 장교로 임관하기 전 14주간의 기본 군사훈련을 받기 위함이었다. 군 복무기간에 포함되지 않는 이 훈련은 제66차 해병 간부후보생과 함께 받았기 때문에 해군과 해병의 합동 군사훈련 과정이었다.
 당시는 교육훈련 중 구타가 허용되던 때라 입교식을 마친 첫날 밤 4명의 구대장이 차례대로 내무반 입구에서 한 명이 4대씩 때리면서 군기를 잡고 시작하였다. 동기들 대부분이 전체 훈련 기간 중 평균 150대 이상 야구 배트 또는 곡괭이 자루로 맞은 것 같다. 맞지 않은 채 누우면 불안해서 잠이 잘

오지 않았다. 그런 날 밤에는 내한(耐寒) 훈련이 기다리고 있기 때문이다. 해군 장병에게 필수적인 바다에서 추위에 견디는 생존 훈련은 한밤중 갑자기 비상소집령을 발동하여 모두 팬티만 입고 대야에 찬물을 담아 연병장으로 선착순 집합시켜 서로에게 물을 뿌리는 것이다. 맨몸에 찬물을 뒤집어쓴 4월의 밤은 엄동설한과 다름없었다. 추위에 벌벌 떨다 보면 몸에 김이 무럭무럭 난다. 그때 구대장은 동기생들을 모두 부둥켜안도록 하고 전우애를 발휘하라며 몇 곡의 해군가를 목청껏 부른 후에야 취침을 허용하였다.

25년 넘게 살아온 환경과 판이한 상황에 적응하느라 처음엔 상당히 힘들었다. 입교 2주 만에 처음 부대 내 교회의 예배시간에 찬송가 440장 '멀리멀리 갔더니 처량하고 곤하여'를 부를 때 모두 눈물바다를 이룬 적도 있으나 차츰 새로운 생활에 적응해 갔다. 가끔 야간 훈련 후 배급된 진해 특산물 '청룡빵'과 시원한 사이다 맛은 사기진작에 큰 힘이 되었으나, 훈련 중반 6주차에 실시된 '지옥주간'은 정말 힘들었다. 1주일 동안 식사량을 최소로 하되 훈련의 강도는 최대로 높였다. 구대장의 '식사 개시!' 소리를 듣고 직각 식사로 몇 숟갈 먹지 않았는데 곧 '식사 끝!' 외침과 동시에 바로 훈련이 시작되었다. 그중에서도 하이라이트는 이른바 기수(期數) 구보라 해서 72기 사관후보생과정이라 군장 상태에서 한밤중 사관학교 연병장을 72번 도는 것이었다. 정규 사관학교와 달리 사관후보생 과정은 단기간에 장교를 양성해야 하므로 압축된 훈련 프로그램이 적용되었다. 일주일이 아니라 평생 그런 공포 분위기에서 살아야 한다면 미국의 독립운동가인 패트릭 헨리(Patrick Henry)가 1775년 3월 23일 외친 것처럼 우리도 '자유가 아니면 죽음을 달라.'고 했을지 모를 정도였다.

식사량을 극소화하고 일체의 개인의 자유가 허용되지 않는 강도 높은 훈련을 받는 동안, 후보생들은 구대장의 지시나 명령에 몸이 자동으로 순응하는 것을 느꼈다. 생사를 가르는 긴급한 전시상황에서는 어쩔 수 없는 선택일지 모르겠으나, 먹는 입이 막혀 있으니 말하는 입도 저절로 닫힌 것이다. 훈련을 받은 동기생들이나 혹독하게 훈련을 시킨 구대장 모두 심리학에서 루시퍼 효과(Lucifer effect)로 일컫는 스탠퍼드 감옥실험(Stanford prison experiment)과 같이 각자의 맡은 역할에 최선을 다했다.

4월 말과 5월 초 훈련소 밖은 진해 군항제로 벚꽃 구경하러 온 행락객이 넘쳤다. 똑같은 시내 공간임에도 훈련소 담장 안과 밖은 전혀 상반된 세상이 존재한다는 것이 신기하였다. 훈련의 강도가 조금씩 줄어들기 시작한 10주차가 끝나고 가족 상봉이 처음 허용되었다. 멀리서 면회 온 할머니를 비롯한 부모님과 동생을 만나 너무나 반가 왔고 갖고 온 맛있는 음식으로 그간 많이 굶주렸던 배를 채웠다. 드디어 7월 11일 해군 소위로 임관하였다. 그날은 축제의 날이었다. 훈련 기간 내내 단 한 번도 군모를 벗지 않고 저승사자처럼 처신한 구대장들도 모자를 벗고 본래의 모습을 보여주며 친근한 선배로 돌아왔다.

임관 후 진해에서 경리장교로서의 직무 교육을 한 달 정도 더 받고 배치된 부대는 포항의 5738부대였다. 해군 준장인 부대장의 경리참모를 보좌하는 회계과장으로서 전도자금출납공무원 역할을 행하는 자리였다. 현금거래가 일상이었던 당시 재무관인 경리참모의 지출원인행위에 따라 수표를 발행하고 사무실 내 금고에 일정한 액수의 현금을 항상 넣어 두며 장병들의 출장여비 등을 지급하는 업무를 담당하였다. 장병들의 급여도 모두 현금으로 지급하였다. 매달 봉급날에는 회계담당 부사관과 무장한 헌병 2명을 데리고 군부대 차량을 타고 국고대리점인 조흥은행(현 신한은행) 포항지점으로 가서 국고수표를 주고 전액 현금으로 바꾸어 왔다. 평소에는 7억 원 정도, 상여금이 지급되는 달에는 10억 원이 넘는 현금을 대형 더플백 몇 개에 담아 와 부서별로 나눠 줬다. 항공부대의 특성상 조종수당과 정비수당이 많아 현금 액수가 컸다. 요즘 화폐가치로 거의 50억에서 100억 원 사이 큰돈을 매달 현금으로 운송한 것이다.

1년 후 중위로 진급하면서 본부의 인사명령에 따라 서울시 동작구에 있었던 해군본부 경리감실 운영과로 배속되었다. 얼마후 경리병과장인 경리감은 본부의 편제 개편으로 기획관리참모부의 경리처장으로 바뀌었다. 운영과는 경리병과 장병을 총괄 관리하면서 예산집행과 관련된 회계업무를 지도하는 부서였다. 경기도 과천에서 해군본부 버스를 타고 출퇴근하였다. 해군본부에서 약 2년간 복무한 후 전역하였다.

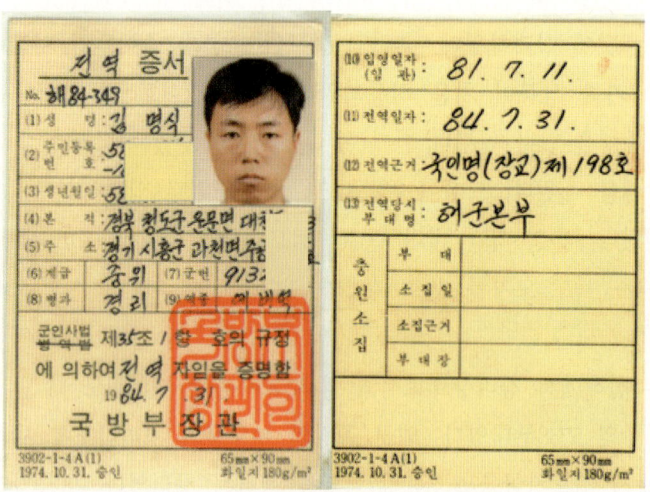

군 복무를 마치고 받은 수기(手記) 전역증서의 앞뒷면 사진이다. 전역근거의 국인명(장교)은 국방부장관이 행하는 전역 장교에 대한 인사명령이라는 뜻이다. 단기 장교의 복무기간은 3년이었으나 임관일자와 전역일자가 20일의 차이가 나는 이유는 「군인사법」상 전역일이 속한 매월 말일에 전역한다는 규정 때문이다.

해군에 입대한 후 훈련을 거쳐 임관하고 전역할 때까지 3년 4개월여 동안 나의 인생2막에서 중요한 일들이 몇 가지 있었다. 아버지가 뇌수술 후유증으로 끝내 돌아가셨고, 나는 결혼하고 장남이 출생하였다. 또 입대하면서 휴학했던 서울대학교 행정대학원에 복학하여 오후 5시 일과시간이 끝난 후에는 해군본부에서 그리 멀지 않은 관악캠퍼스로 가서 야간 수업을 들으며 석사과정을 모두 이수한 덕분에 전역 며칠 후 행정학석사 학위를 받았다.

행정사무관

「국가공무원법」상 병역복무를 마치면 휴직사유가 해소되었으므로 30일 이내에 신고하면 임용권자는 지체없이 복직을 명하게 되어있다. 나는 7월 31일 해군 복무를 마친 후 1984년 8월에 복직하였다. 해군에서 복무하는 중 「국가공무원법」이 개정되어 직급 명칭은 행정사무관으로 달라지지 않았으나 계급은 3급을류에서 5급으로 바뀌었다. 총무처로 복직하여 입대 전에 미처 마무리하지 못한 행정사무관시보 잔여기간을 다 채우고 1984년 9월 18일 행정사무관에 정규 임용되었다. 행정사무관은 행정 직렬의 5급공무원(사무관)이라는 뜻이다. 마찬가지로 토목주사는 토목 직렬의 6급공무원(주사)을 가리킨다. 이처럼 우리나라는 계급제를 기본으로 하되 전문성을 축적하기 위하여 직렬을 구분하여 직위분류제의 특성을 가미한 인사제도를 운영하고 있다. 후술하지만 이 계급제도는 1997년 외환위기를 겪으면서 대폭 수정·보완된다.

행정사무관으로서 근무를 명받은 첫 번째 부서는 총무처 감사관(복무담당)실이었다. 장관의 명령에 따라 전입된 사무관에게 감사관을 보좌하는 복무담당관은 무슨 역할을 맡길지 자신의 권한으로 결정한다. 임용장의 본문을 '감사관(복무담당)실'로 표시한 이유는 감사관은 이사관 또는 부이사관으로 보하는 국장급이었으나, 장관과 차관으로부터 받은 하명을 직접 수행하는 실장·국장·과장 등과 같이 보조하는 계선(line) 조직이 아니라 개별적인 업무를 측면에서 보좌하는 참모(staff) 부서이기 때문이다. 다만 감사관 혼자 모든 일을 다 수행할 수 없으므로 복무담당관과 감사담당관이 감사관을 보좌하였다.

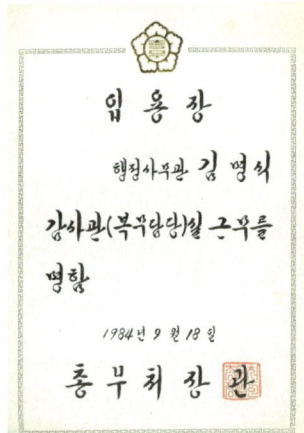

시보 때의 발령통지서와 달리 임용장을 보면, '임함'이라는 발령사항이 없다. 이미 난 시보를 종료하고 대통령은 공문에 의하여 총무처 행정사무관으로 발령을 냈기 때문에 총무처장관은 나를 감사관(복무담당)실에서 근무하도록 '명함'이라고 한 것이다. 임용장 상단의 무궁화 안의 '총무'라는 글은 총무처를 상징하는 표장(表章)이다. 당시 인사를 결재한 장관의 실명을 기재하지 않은 이유는 장관 개인의 발령사항이 아니라 행정법상 총무처 내부에서 의사를 결정하여 대외적으로 표시하는 권능을 가진 행정청의 (인사발령)처분이라는 의미이다.

담당관은 서기관이 보직되므로 보통은 복무과장 또는 감사과장으로 불렀다. 나는 복무담당관실에 임용되었다. 복무담당관의 업무는 정부 소속 공무원의 복무제도인 근무시간, 당직, 공휴일, 휴가, 복제, 징계, 윤리 등이었다. 공무원의 재산등록, 취업제한, 선물신고를 주요 내용으로 하는 「공직자윤리법」안을 복무담당관실에서 성안하여 법률을 제정하였다. 이 법에 따라 퇴직공직자가 취업할 수 없는 영리사기업체를 조사하여 관보에 처음 고시하였고 또 대통령 등이 외국인이나 외국 정부로부터 받아 신고한 선물들을 정리하여 국립민속박물관에서 공개하는 행사도 했다. 과거 복무담당관실에서 했던 업무들은 관계 법령에서 구체적으로 규정함에 따라 업무가 전문화·세분화되어 지금은 인사혁신처 윤리복무국에서 나누어 처리하고 있다. 감사관 밑의 감사담당관실은 총무처 내부에 대한 감사와 국무총리의 명을 받은 행정감사 업무를 맡고 있었다.

복무담당관실에서 3년 7개월 정도 근무하는 동안 가장 오래 한 업무는 공무원 징계였다. 「국가공무원법」 제10장의 징계 규정을 기본으로 「공무원 징계령」 등 법규명령을 제정·시행하고 또 국무총리 소속으로 설치된 중앙징계위원회의 간사 역할을 하는 것이었다. 국장급 이하 공무원의 징계를 담당한 제2중앙징계위원회는 5급 이상 공무원에 대하여 소속장관이 의결 요구한 징계사건을 심의하는 비상설기구로서 위원장은 총무처차관이고 주요 부처 기획관리실장들이 위원이었다. 심의안건을 만들고 회의를 준비하며 안건을 보고한 후 회의가 끝나면 징계의결서를 작성하는 등 제반 실무를 담당하였다. 징계제도를 개선하는 일도 했는데, 기억되는 것으로 공무원이 징계처분을 받은 후 징계종류별로 일정한 기간 추가적인 비위행위가 없으면 인사기록카드의 징계기록을 말소하는 제도와 징계대상 공무원에게 징계의결요구서 부본 송부 제도 등이 있다.

인사행정의 대상은 공무원의 채용 단계부터 퇴직 후까지 생애 전반에 걸쳐 있다. 적극적 모집을 시작으로 시험, 교육훈련, 보직관리, 승진, 급여, 재해보상, 복무, 공직윤리, 상벌, 신분보장, 퇴직, 연금제도 등이 모두 포함된다. 공무원이 신분의 불안감 없이 공직을 맡는 동안 국민전체에 대한 봉사자로서 역할을 잘 수행하도록 하려는 것이다. 이는 중앙부처에서 국가공무원으로 일하던 지방자치단체에서 지방공무원으로 일하든지 공통되는 기준과 원칙이다. 「국가공무원법」과 「지방공무원법」의 내용이 거의 같고 항상 거의 동시에 개정되는 이유이다. 그러기에 중앙정부의 인사담당 공무원이 수시로 관련 제도를 문의하지만, 각 시·도의 인사담당자들도 직접 물어보는 경우가 많았다. 외부기관으로부터 법령과 제도의 취지, 내용 등 해석과 관련하여 질문할 경우 전화나 서면으로 답하면, 상대기관의 공무원은 언제 누구에게 물어보니 이렇게 답하더라는 것을 메모하고 이를 유권해석으로 삼는 일이 빈번하였기에 섣불리 답변할 수 없었다.

이와 같은 상황이 반복되면서 전국 각 기관에서 제기되는 다양한 질문들에 대하여 해석의 일관성과 업무처리의 효율성을 고려하여 공무원법 전체를 일목요연하게 정리한 자료집이 있으면 좋겠다는 생각이 들었다. 마침 그때 주석 성경이 보급되기 시작하여 거기서 아이디어를 얻어 「국가공무원법」도 그런 방식의 주석을 달아보기로 했다. 「국가공무원법」 전체를 복사하여 조문별로 오려서 조달청에서 보급하는 A4 크기의 공책에 풀로 붙였다. 그리고 법률 조항의 개념 중 설명이 필요한 부분에는 작은 아라비아 숫자로 번호를 넣고 노트의 여백에 번호별로 의미와 관련 판례 등을 기록하는 작업을 틈틈이 해나갔다.

질의에 응답한 선례, 일반 상식에 의한 판단, 예상되는 상황에 대한 검토, 직원들과의 토의에서 나온 의견 등을 토대로 조문의 제정 취지, 내용, 조문의 각 단어의 의미, 해당 조문의 개정 연혁, 시행령 규정, 기관에 통보한 지침의 내용, 대법원 판례, 소청심사 결정문, 외국의 유사법령 규정 등 공무원법 관련 조문과 관련된 자료는 최대한 많이 수집하여 체계적으로 정리하였다. 시간이 될 때마다 조금씩 작성하다 보니 어느덧 노트 두 권에 총 158쪽의 분량으로 축적되었다.

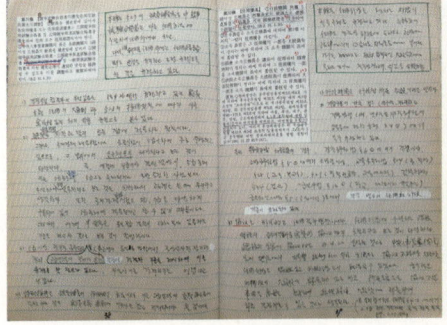
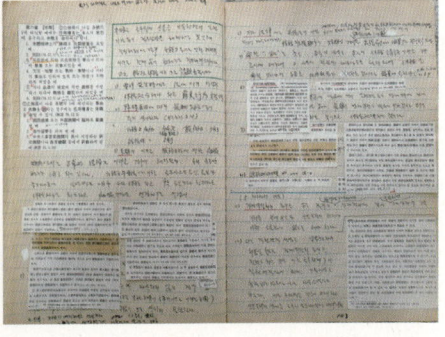

자료집을 만드는 과정에서 공무원 인사제도 전반에 걸쳐 지식이 늘어갈 뿐만 아니라 일 처리도 훨씬 수월하고 시간도 절약되었다. 외부에서 「국가공무원법」에 대한 문의가 오면 바로 그 노트만 펼쳐 찾아보면 대부분 해결할 수 있었다. 상사에게 보고하러 갈 때도 노트만 있으면 별로 걱정될 것이 없었다. 이 작업은 1988년 5월 4일 인사국의 인사과로 전보된 후에도 계속되었다.

지금은 법령을 찾아볼 때 인터넷으로 언제 어디서든지 편리하게 검색할 수 있으나 그때는 사무실마다 종이로 된 50여 권 분량의 대한민국현행법령집 서가(책장)에서 꺼내어 일일이 찾아 읽고 필요한 부분을 복사하였다. 법령집은 가제(加除)할 수 있도록 구멍이 뚫려 있어 해당 법령이 개정되면 법령집을 보급하는 회사의 직원들이 와서 개정 부분의 해당 페이지를 교환해 주고 갔다. 사무실에서 구하기 어려운 자료들은 국회 속기록과 예전의 관보 등을 입수하여 입법 취지를 보다 구체적으로 찾아보았다. 외국의 관련 인사제도에 대하여는 외교부의 협조를 받아 재외공관을 통하여 수집·정리하였다.

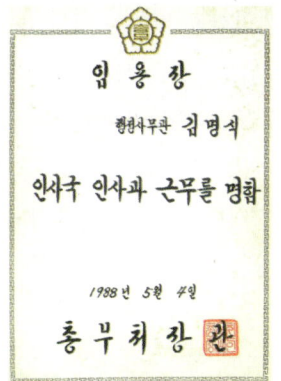 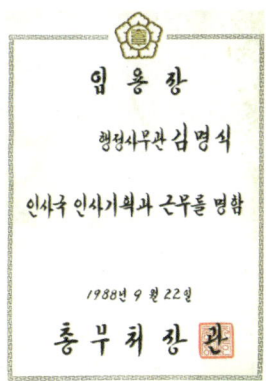

사무관의 임용장은 모두 '근무를 명함으로 한다. 과에 배치된 사무관에게 어떤 업무를 맡길지는 과장 또는 담당관이 임의로 결정한다.

인사과는 대통령이 임용권을 행사하는 5급이상 공무원의 신규채용, 전보, 승진, 면직 등 임용 전반에 관한 실질적인 인사운영을 담당하는 부서이다. 나는 거기서 신규 임용되는 공무원의 부처 배치 등 충원업무를 담당하다가 넉 달 반 후인 9월 22일 인사국의 주무과인 인사기획과로 전보되었다. 인사기획과는 「국가공무원법」에 따라 행정부의 중앙인사관장기관인 총무처에서 공무원 인사정책 및 제도를 총괄하는 부서이다. 인사기획과에 와서 처음 1년 반 정도는 시험제도에 관한 업무를 담당하였다. 이때 했던 일 중 특기할 내용은, 균형인사정책의 시발점이 된 공무원채용시험에서 심신장애자만을 구분해서 모집할 수 있도록 법적 근거를 처음으로 마련하였고 여성에게 불리하였던 남녀구분 모집 근거를 폐지하였으며 5급 일반승진시험 2차시험을 객관식으로 출제할 수 있도록 하는 등의 조치를 했다.

인사국의 실무를 총괄하는 주무사무관이 된 후 첫해에는 해직공무원에 대한 보상 및 특별채용과 관련된 후속 작업에 매달렸다. 한시적 업무를 기한 내 완결하느라 바쁘고 힘들었으나 과거 무리하게 시행하였던 잘못된 정책을 치유하는 업무로서 보람이 있었다. 해직공무원 업무를 마무리한 뒤에는 6급 이하 공무원의 정년연장과 공무원의 신분보장 강화, 기감·기정·기좌·기사 등으로 되어있던 기술직공무원의 직급 명칭을 행정직공무원과 같이 이사관·서기관·사무관·주사 등으로 일원화하였다. 또 인사국 업무를 총괄하다 보니 국회와 대통령에 대한 업무보고 등 국 업무 전체를 수시로 파악하고 있어야 했다.

인사기획과에서 4년 6개월 근무하며 인사국 총괄담당 사무관을 3년 넘게 했으나 서기관으로의 승진은 늦었다. 당시 인사제도상 특수지근무경력의 가점을 부여했던 공무원교육원과 민원실 근무경력이 없었기 때문이다. 해군에서 전역한 후 바로 총무처 본부에 배치되는 바람에 가점을 취득할 기회가 없었다. 군에 입대하기까지 정부합동민원실에서 약 5개월 정도 근무한 것은 시보기간 중이라 인정되지 않았다. 만점이 2.5점이었던 가점이 없어 승진후보자 명부 뒤쪽에 이름이 있다 보니 승진 대상자 심사범위에 잘 들어가지 못하였다. 서기관 승진이 늦어지면서 역설적으로 업무의 전문성 축적에는 도움이 되었다.

해직공무원 관련 업무를 좀 더 자세히 설명한다. 1987년 10월 29일 국민투표를 거쳐 개정·확정된 제10호 대한민국헌법이 1988년 2월 25일부터 시행되면서 산업화 시대를 마감하고 민주화 시대를 여는 제6공화국이 출범하였다.

대통령 직선제를 골자로 한 제10호 헌법에 따라 실시된 첫 대통령선거에서 민주정의당의 노태우 후보가 당선되어 제13대 대통령으로 취임하였다. 노태우 대통령은 선거공약으로 제시한 '5공청산' 사업 중 1980년 7월에 대량 해직된 공무원들의 명예를 회복하고 보상금을 지급하기로 하고 이 업무를 총무처에 맡겼다. 총무처에서는 인사기획과가 담당하게 되었다. 당시 인사국장을 비롯한 관계 공무원들은 선례가 없는 우리 역사상 초유의 과업이지만 최선을 다해 법안을 준비하여 1989년 3월 29일 「1980년 해직공무원의 보상 등에 관한 특별조치법」을 공포하게 되었다. 실무 작업을 하느라 고생한 선배공무원은 법률 제정과 보상금 예산까지 확보하고 과장으로 승진하였다.

보상기준은 특별조치법 제2조에 규정된 것처럼 1980년 7월 1일부터 9월 30일까지 국가보위비상대책위원회의 '정화계획'에 의하여 해직된 공무원 중 신분보장이 되지 않는 정무직공무원 등을 제외한 모든 공무원에게 해직일로부터 1988년 12월 31일까지 봉급총액 상당 금액의 60%를 보상금으로 지급하는 것이었다. 특별채용은 6급 이하 공무원 중 정년이 남은 공무원들을 대상으로 당시의 임용관계법령에 따라 특별채용하도록 조치했다. 다만 정화계획으로 해직된 정부산하기관 직원들에 대하여는 국가가 직접 조치하지 않고 특수법인임을 고려하여 해직공무원과 상응한 조치가 이루어지도록 주무 부처별로 해당 기관에 행정지도를 하도록 했다. 해직 후 상당한 기간이 흘러 사망하거나 해외로 이주 또는 국적상실 등 다양한 사유로 국내에 거주하지 않는 사람도 많아 보상 등을 위한 세부 시행규정은 대통령령에 위임하였다. 이에 따라 시행령에는 보상금 산정, 공고, 보상금 지급신청, 보상대상자의 조사·확인, 보상심의회를 통한 보상대상자의 확정, 보상금 지급과 환수 그리고 특별채용과 관련된 절차적인 사항을 상세히 규정하였다.

나는 승진한 선배의 후임자로서 그 업무를 완수할 책임이 부여되었다. 우선 본예산에 당초 편성된 965억 원의 보상금 예산이 부족하여 추가경정예산으로 103억 원을 더 확보하였다. 그리고 공직에 복귀를 희망하는 해직공무원에 대한 특별채용 절차와 기준을 일부 완화하는 특별조치법 시행령(대통령령)

을 개정하였다. 법적 근거를 완비한 후 수천 명에 달하는 해직공무원들에게 보상금을 지급하고 부처별로 시행된 특별채용절차를 원만하게 진행하면서 담당 직원들과 사무실에서 밤을 샌 적도 더러 있었다. 모두가 열심히 일한 결과 '5공청산' 과제 중 해직공무원 문제를 가장 먼저 마무리할 수 있었다. 해직공무원 단체들도 함께 노력하였다. 처음에는 여러 단체가 해직조치의 완전 무효와 전원 복직을 주장했었다. 이렇게 처리하면 해직조치 자체가 원천 무효가 되어 제5공화국 기간 동안 이 사건과 관련해 나온 대법원 판례 취지와 어긋날 뿐만 아니라 해직기간 동안 받지 못한 보수를 전액 배상해야 하므로 예산도 크게 소요된다. 대법원은 일괄 사직 후 선별 수리라는 절차를 거쳤더라도 사직서가 본인의 의사에 따라 자필로 작성된 이상 무효가 아니라는 판례를 일관되게 유지해 왔다.

특별조치법이 제정된 후 업무처리 과정에서 단체 임원들을 자주 만났다. 요구사항을 충분히 듣고 정부가 해결할 구체적 방안 등을 충분히 협의하였다. 해직공무원의 보상과 채용업무까지 모두 마무리가 된 1989년 말, 전국해직공무원연합회에서 감사패를 주었다.

이러한 사법부의 판단을 존중하여 특별조치법이 만들어졌다. 즉 완전한 손해배상 대신 당시 무리하게 조치한 점을 사과하는 명예회복 차원에서 위로금 성격의 특별 보상금을 지급한다는 것과 소급효가 있는 복직 대신 현행 인사관련 법령의 절차에 따라 정년이 남은 사람을 대상으로 개별적으로 특별채용하는 것이다. 해직공무원 단체의 임원들은 해직공무원들과 국회 및 정부 사이에서 이견을 원만하게 조정하는 역할을 담당하였다. 이런 배경에는 부처별·직종별로 산발적으로 조직되었던 해직공무원 단체가 연합회를 결성하여 체계적으로 활동할 수 있었기 때문이다. 이처럼 첨예한 견해 차이를 보이는 민감한 사안을 해결하려면 우선 진정성을 갖고 소통에 임하는 대표자들의 역할이 중요하다.

이 업무를 수행하면서 1980년 경상북도청에서 수습을 받던 7월과 8월, 무더운 여름날 국가보위비상대책위원회에서 할당한 면직대상 공무원 수를 채우는 과정에서 청사 전체를 무겁게 짓누르던 긴장된 분위기를 걱정스럽게 지켜보았던 수습사무관 시절이 떠올랐다. 그로부터 8년 후 전혀 예상하지도 못한, 그 일을 해결하는 실무를 맡게 되어 만감이 교차하였다.

한시적 국정 과제였던 그 일을 1년여 만에 종료한 후 본연의 인사정책 업무로 돌아왔다. 「국가공무원법」을 개정하고 시행 법규명령 등을 정비하는 등 민주화 시대를 본격적으로 연 제6공화국 정부의 방향에 맞도록 여러 제도를 정비하였다. 그중 대우공무원제도가 있다. 이는 당시 민간기업에 유행하던 것으로서 상위 계급의 대우공무원수당을 신설하여 한 계급에서 장기근무한 공무원에게 지급하는 것이다. 공무원의 승진 정체현상이 심화됨에 따라 계급별 호봉제를 근간으로 한 공무원 급여 체계상 매년 호봉 승급 인상만으로써는 가족 부양비 증가 속도를 도저히 따라갈 수 없었기 때문이다. 산업화를 추진했던 무대1.0 시대에는 정부가 국가발전을 주도하면서 조직도 함께 확대되어 승진 기회가 많았으나, 민간부문이 발전하면서 정부의 역할도 변화하여 공무원 수를 늘리기 어렵게 되었다.

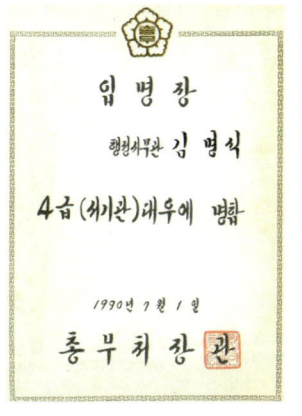

급여상의 대우이므로 임명장에 '임함'으로 쓰지 않고 '명함'으로 했다. 호봉의 변화도 없고 대우공무원수당만 지급되는 것이라 '급함'이라고 할 수 없고, 또 과장 보직이 주어진 것도 아니기에 '보함'이라는 표현도 맞지 않아서이다.

이와 함께 여러 가지 여건상 사무관(5급)으로 승진하지 않고 주사(6급)로 계속 근무하면서 해당 기관의 특정 업무를 퇴직할 때까지 계속 담당하는 필수실무요원제도와 6급이하 공무원의 적체 현상을 완화하기 위하여 상위 계급에 결원이 없어서 승진하지 못한 채 동일 계급에서 장기 근무할 경우 계급별로 지정된 기간에 도달하면 정원이 있는 것으로 보고 자동 승진시키는 근속승진제도 역시 사기진작 차원에서 신설하였다. 나는 1990년 7월 1일 4급(서기관)대우로 임명되었다. 서기관으로 정규 승진임용되어 보직이 바뀐 것은 아니므로 임용장이 아니라 임명장을 받았다.

한편 업무노트는 더욱 충실히 보강해 나갔다. 그런 가운데 내가 만약 승진하여 이 자료를 들고 다른 자리로 가면 후임자는 처음부터 공부해야 하므로 시간과 노력이 많이 소요될 것은 분명했다. 그래서 1992년 8월 나의 개인적 업무 참고용으로 만든 위 노트를 토대로 공무원법을 해설하는 책을 쓰기로 했다. 행정사무관시보 때부터 내가 인사전문가로서 경력을 발전하도록 멘토가 되어준 김중양 과장이 앞부분에 총괄 편을 기술하고 뒷부분은 업무노트를 보강한 조문별 해설자료를 붙여 '주해 국가공무원법'이라는 책을 공저로 발간하였다. 이제 누구든지 책만 읽으면 공무원법에 대한 관련 정보를 쉽게 습득할 수 있게 된 것이다. 공무원이 되어 처음으로 내 이름으로 된 저서를 갖게 되었다. 책을 처음 출판한 후 공무원 관련 법률 개정이 몇 번 있었으나 매번 개정판을 내기 어려웠고 유학과 과장 보직 수행 등으로 바빠서 개정판을 더 내지는 못하였다. 그러다 2000년 중앙인사위원회 인사정책과장 때 국가공무원뿐만 아니라 지방공무원과 특정직공무원까지 활용할 수 있도록 '공무원법'으로 제명을 고쳐 증보하였다. 그 후는 개정판을 내지 못하다가 공무원을 퇴직하고 대구가톨릭대학교에 와서 2014년에 '행정조직법'이라는 책을 출판할 때 공무원법 개정사항을 반영하여 하나의 장으로 수록하였다.

사무관 시절 총무처에는 예비역 장성 출신이 가끔 장관으로 부임하였다. 이들은 군 지휘관 시절 부대 장병들의 체력은 군사력과 직결된다는 신념을 가졌기에 장관으로 부임하여 정부청사에 근무하는 공무원의 건강증진에 특별한 관심을 보였다. 이에 따라 군인들처럼 수요일 오후를 '체육의 날'로 지정하여 가까운 산에 자연보호 겸 등산을 권장한 적도 있었고, 정부청사 지하실에 체력단련실과 필요한 부대시설을 만들고 전문 강사를 초빙하여 요가를 강습하거나 체육학을 전공한 직원을 채용하여 근력 운동방법을 지도했다. 나는 매일 아침 일찍 출근하여 요가와 근력 운동의 기본요령 등을 배우고 운동과 샤워를 하고 사무실로 갔다. 중앙인사위원회와 청와대에서 근무하는 동안에는 여건상 하지 못하다 대구로 온 후부터는 다시 새벽의 기도 시간을 마친 후에는 1시간 정도 요가와 운동을 하고 있다.

서기관

　노태우정부가 거의 끝나갈 무렵인 1993년 2월 17일 행정사무관시보로 처음 임용된 지 약 12년 10개월 만에 서기관으로 승진하였다. 빨리 승진한 동기들도 있었으나 대체로 승진 적체가 심한 부처에서 근무한 동기들은 나와 비슷하거나 더 오래 사무관으로 재직한 경우도 있었다. 동기들 사이에는 아이가 초등학교 입학할 때 사무관이었는데 대학생이 되어서도 여전히 사무관이라는 자조적인 얘기도 있었다.

　임명장은 새로운 신분을 부여하는 임용행위, 즉 신규채용과 승진임용 또는 기관간 전보에 있어서 주로 수여한다. 승진임용은 계급이 상승하는 것뿐만 아니라 같은 계급에서 직위가 상향되는 경우도 포함한다. 동일한 기관 안에서 계급 변경 없이 보직만 변경되는 전보는 임용장을 준다. 임용의 범위에 들어가는 승급, 전직, 강임, 휴직, 직위해제, 복직, 면직, 해임, 파면 등은 임용장을 교부하지 않고 공문으로 처리한다. 서기관으로 승진하면서부터는 대통령의 직인과 대한민국의 국새(國璽)가 찍힌다. 임명장 내용 중 서기관 임명과 동시에 중앙공무원교육원 교수부로 근무를 명(命) 받았다. 중앙공무원교육원에는 공무원에 대한 각종 교육과정을 편성·운영하는 교수부장이 있는데,

그 밑에 과장급 서기관 1명을 두고 수시로 발생하는 교육수요에 대응하여 단기간의 교육과정을 편성·운영하는 과장의 역할을 하였다.

대통령이 수여하는 임명장은 가로 34.5㎝, 세로 37.5㎝로 장관(급) 기관장이 수여하는 임용장(24.5㎝×25.5㎝)보다는 좀 더 크다. 임명 내용은 노태우 대통령이 사무관에서 서기관이라는 상위 계급의 공무원 신분을 부여한다는 의미로서 '임함'으로 표현했다. 대통령 임명장에 찍는 국새는 1963년 1월 1일부터 사용하던 가로×세로 각 7㎝ 크기의 제2대 국새이다. 그리고 당시의 「국새규정」 제6조에는 국새를 찍는 위치를 문서발행 연월일의 '년' 자가 가운데 오도록 찍는다고 되어 날짜 위치에 찍었다. 대통령의 임명장에는 장관 임명장과 달리 실명을 적는 것은 국민의 선거에 의해 취임한 대통령은 국가원수이자 정부의 수반이라는 권위 때문이다.

미국 유학

중앙공무원교육원에서 임시 편성된 교육3과장의 역할을 약 4개월 정도 한 후 1년 전부터 가기로 예정되어 있던 미국 위스콘신 주도(州都) 매디슨(Madison)시에 있는 위스콘신주립대학교 본교의 대학원으로 유학가기 위하여 「국가공무원법」 제32조의4에 따라 연수 파견발령을 받았다. 공무원이 해외에 유학할 경우 같은 법 제71조 제2항에 따라 휴직도 가능하다. 파견 유학은 국가가 소속 공무원의 능력을 개발할 목적으로 선발한 것이라 급여를 전액 지급하지만, 휴직 유학은 본인의 학위취득 목적으로 신청한 것이라 「공무원보수규정」 제28조 제2항에 따라 봉급의 50%를 2년 범위 안에서 지급할 수 있다는 점에서 차이가 있다.

나는 미국 내 다른 대학에서도 입학 허가를 받았는데, 위스콘신주립대학으로 결정한 이유는 석사과정을 운영한 기관(Center for Development)의 편성 프로그램이 좋았기 때문이다. 센터에서 반드시 들어야 하는 과목 몇 개를 제외한 나머지는 대학원생이 일반 학부나 다른 대학원에서 각자 관심 있는 분야를 임의로 선택할 수 있었다. 앞으로 공직생활에 도움이 될 선진 학문을 두루 접할 기회로는 상당히 유용하였다. 처음 미국에 도착해 문화적인 충격과

도전을 많이 받았다. 당시 우리나라 정부는 각 사무실에 도스(DOS) 체계의 문서 작성용 개인용 컴퓨터(PC)를 한두 개씩 보급을 시작하던 때라 일반 직원들은 만져보기 어려웠다. 그런데 미국에는 이미 PC가 많이 보급되어 있고 심지어 집에서도 학교 도서관에 빌리고 싶은 책이 도서관 서가의 어디에 꽂혀 있는지, 만약 대출되었다면 언제 반납되는지를 전화선 모뎀을 통하여 확인할 수 있는 시스템까지 갖춰져 있었다.

유학생활 동안 이 컴퓨터는 꼭 배워야겠다고 다짐하고 당시 최신 모델이었던 패커드벨(Packard Bell)사의 486DX2 PC를 한 대 사서 기초부터 공부하기 시작했다. 위스콘신주립대학교의 한국인 교수와 마침 한국에서 방문교수로 와 있던 동아대학교 경영학과 교수로부터 많은 도움을 받았다. 자판부터 익힐 필요가 있어서 키보드 프로그램에 따라 틈나는 대로 연습하였다. 영문과 한글 자판을 안 보고도 칠 수 있을 정도가 되자 엑셀 프로그램을 활용한 학교 수업도 정상적으로 따라갈 수 있었다. 마이크로소프트 오피스(MS Office) 패키지 프로그램을 구매하여 워드(MS Word)와 파워포인트(Power-point) 프로그램 등을 혼자서 연습해 보았다. 미지의 세계를 탐험하는 것처럼 아주 재미가 있었다. 학교도서관에서 수시로 실시하는 컴퓨터 특강에 참여하여 막 개발·보급하기 시작한 넷스케이프(Netscape) 프로그램을 통해 학교 전산실에서 HTML을 활용하여 홈페이지를 만드는 방법도 배웠다. 경영학과 수업시간에 지식관리시스템(KBS:

위스콘신주립대학교 본교의 대학원 석사학위증이다. 1993년 8월에 입학하여 1995년 5월 졸업하였다. 학위명은 문학석사(The Degree of Master of Arts)로, 세부전공이 발전정책·행정(Development Policy and Administration)으로 표기되어 있어서 보통 발전정책·행정학석사 또는 행정학석사라고 한다.

Knowledge Based System)을 수강할 때는 수십 년간 축적된 강우량 데이터를 기반으로 만든 프로그램을 통하여 향후의 기상 상황을 예측할 수 있는 인공지능(Artificial Intelligence)에 관한 개념을 비롯한 관련 컴퓨터 기초지식을 접할 수 있었다.

   1995년 5월 하순에 파견을 마치고 귀국했으나 총무처 본부에는 빈자리가 없어서 유학 가기 직전 근무했던 중앙공무원교육원의 같은 자리에 6월 1일 다시 발령을 받았다. 임용장의 형식과 내용이 2년 전과 다른 이유는 유학 전에는 서기관으로 처음 승진했기에 대통령이 수여하는 임명장에 보직을 추가한 것이고, 이번에는 이미 서기관 신분에서 보직만 다시 부여되었기에 임용장을 받은 것이다.

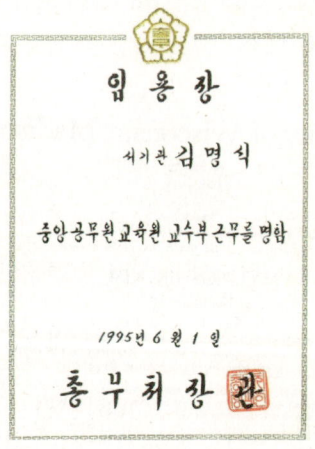

임용장의 내용은 서기관의 신분과 직급을 가진 공무원에게 중앙공무원교육원 교수부에서 근무하도록 명령을 부여한다는 뜻이다. 교수부에서 구체적으로 무슨 역할을 맡을지는 「공무원 임용령」에 따라 총무처장관으로부터 임용권을 위임받은 차관급의 중앙공무원교육원장이 정한다.

과 장

　중앙공무원교육원 교수부 근무 명령을 받은 지 두 달이 지난 1995년 8월 7일 김영삼 대통령이 총무처장관을 교체함에 따라 본부의 과장급 전보인사 요인이 생겼다. 나는 8월 19일, 장관비서관으로 자리를 옮겨 공석이 된 조직국 제도1과장의 역할을 맡게 되었다. 공무원이 된 후 처음으로 정식 직제에 규정된 과장의 보직을 받은 것이다. 정부에서 일하는 과장을 한자로 쓰면 課長이다. 課는 여러 가지 의미가 있지만 대체로 임명권자의 지시(言)에 따라 어떤 역할에서 성과를 만드는(果) 임무가 부여된 중앙행정기관의 단위 부서이다. 정부 초창기에는 과(課) 밑에 계(係)를 둔 적도 있었다. 과장은 임명권자가 지시하는 특정한 업무를 수행하는 일선 부서(課)의 리더(長)이므로 역할이 고정되어 있지 않고 지시받는 업무는 무엇이라도 수행한다는 뜻이다. 그래서 소속직원들을 지휘하며 임무를 책임지고 완수하는 책임이 과장에게 있다는 측면에서 과장을 관리적 리더(managerial leader)라고 한다. 한 공간에서 직원들과 같이 일하면서 권한과 책임을 행사하는 과장은 정부에서 가장 중요한 역할이라 할 수 있다.
　참고로 대학교의 학과장이나 병원의 과장은 科長으로 쓴다. 이는 벼(禾)를 큰 통의 일종인 말(斗)에 담아 구별하는 것처럼 전문분야별로 나누어 수행한다는 뜻이다. 그러니 해당 분야의 전문성이 없는 사람에게 다른 분야의 역할을 맡길 수는 없고 전문성이 없는 사람이 의욕만 갖고서 함부로 자신이 모르는 업무를 해서도 안 된다. 일정한 수준에 이를 때까지 교육과 훈련, 시험 등의 절차를 거친 후 객관적으로 검증된 후에 비로소 역할을 부여할 수 있다.

당시 제도1과장의 가장 중요한 임무는 「행정절차법」안을 마련하는 것이었다. 이 법은 공법학자들의 오랜 숙원사업으로서 김영삼정부의 개혁과제 중 하나였다. 과거에는 국민이 국가 등 행정주체로부터 불이익처분을 받으면 행정심판이나 행정소송 등을 통하여 시정하는 사후구제 방식이 중심이었다. 이는 시간과 비용이 많이 들고 불편하므로 국민의 권익구제 방법으로는 불충분하였다. 「행정절차법」은 이를 개선하여 행정청이 불이익처분 전에 국민에게 처분사유를 제시하고 의견을 들은 후 불가피한 경우에 불이익처분절차를 진행하는 것이다. 사전구제 절차를 도입함으로써 행정기관에는 다소 부담스러운 일이 늘었지만 국민의 권익을 신장하는 데 크게 도움이 되는 입법이라는 점에서 의미가 있다. 무대가 객석보다 높았던 무대1.0시대가 저물고 높이가 비슷해졌다가 객석이 더 높아지는 전환점이 되는 선진국형 입법이라 할 수 있다.

이미 전임 과장 때부터 행정절차법안 제정 작업을 위하여 행정법 전공 교수들을 자문위원으로 위촉하여 준비를 착실히 진행하고 있었다. 먼저 중견교수로 구성된 실무위원회에서 검토하고 원로교수로 구성된 본 위원회에서 재검토한 후 법안에 담을 조문들을 하나씩 다듬어 갔다. 공법학계가 주목하던 새로운 법률을 만든다는 자긍심을 갖고 모두 열심히 일했다. 이 보직은 나의 전체 공직생활 중 인사행정 업무가 아닌 유일한 역할이었다.

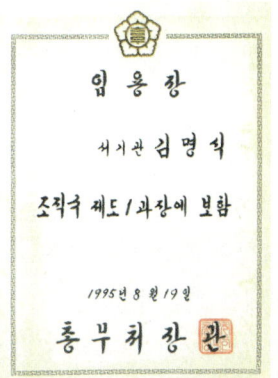

내가 받은 임용장 중 직위에 '보함'이라는 발령사항이 들어간 첫 번째이다. 보(補)함의 의미는 총무처장관이 서기관 김명식에게 조직국 제도1과장이라는 새로운 역할(직무)을 부여한다는 것이다.

　나는 「행정절차법」을 제정하는 일을 마무리하지 못한 채 약 4개월 만에 인사국 고시2과장으로 전보되었다. 1년도 채 근무하지 않고 빨리 자리를 옮기게 된 이유는 그때까지 나의 주된 보직 경로는 인사분야로 특화되어 있었기에 인사행정 전문가로 계속 경력관리를 하는 것이 조직발전에 도움이 된다는 인사국장의 건의를 장관이 받아들였기 때문이다. 후임 과장이 「행정절차법」 안을 잘 완수하여 국회 의결을 거쳐 마침내 1996년 12월 31일 공포하고 1998년 1월부터 시행하게 되었다. 비록 4개월의 짧은 기간이었지만 「행정절차법」 제정 과정에서 일익을 담당했다는 점에서 소중한 경험으로 생각하고 있다.

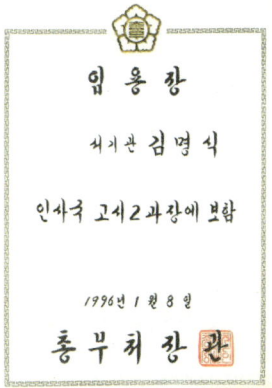

임용장의 내용은 장관이 고시2과장의 새로운 역할을 부여한 것이다. 과장 직위는 소속장관이 서기관의 직급을 가진 공무원에게 무슨 역할을 맡길지 직접 결정한다.

1996년 1월 8일 전보된 인사국 고시2과장은 국가공무원 채용을 위한 각종 시험문제를 만드는 부서이다. 지금의 인사혁신처 인재채용국 시험출제과와 소관 업무가 거의 같다. 당시에는 대통령령인 「사법시험령」 제2조에 따라 사법시험 출제도 총무처장관이 실시하였다. 정부의 시험출제 업무는 공정성과 신뢰성이 가장 중요하므로 보안성 유지가 가장 중요했다. 관여하는 모든 사람은 서약서를 작성하고 출제에 참여하는 과장을 포함한 모든 공무원은 외부와 차단된 특별한 시설에 갇혀서 연금(軟禁)된 상태에서 근무하였다.

　　지금은 경기도 과천시에 현대식으로 지은 독립된 고시센터 건물이 있지만, 그때는 정부 중앙청사에서 청와대로 가는 길 왼편 창성동에 있는 별관 4층 사무실 전체의 절반 정도를 출제실로 사용하였다. 이중 잠금장치로 된 출제실 내부로 들어가면 문제은행보관실, 선정회의실, 참고도서실, 침실, 주방, 인쇄실 등이 완비되어 있었다. 한번 들어가면 시험이 끝날 때까지 나올 수 없으므로 장기간 외부와 격리된 상태에서도 기본적인 생활을 할 수 있도록 식량과 생활필수품이 준비되어 있었다. 사무관과 직원들은 각자 담당하는 시험별로 연금되나 과장은 모든 시험의 출제책임자이므로 출제할 때마다 연금되었다. 고시2과장으로 재임한 약 1년 중 절반 가까이 외부와 차단된 상태에서 근무했던 것 같다.

　　당시의 출제방법은 이렇게 했다. 시험과목별로 출제실에 보관 중인 수백 개의 문제은행 카드는 수시로 전공별 교수에게 의뢰하며 문항을 업데이트하고 있는데, 시험 때마다 위촉된 선정위원들이 모여 종일 토의를 거쳐 출제할 문항과 예비문항 카드를 골라 직원들에게 인계하고 돌아갔다. 나머지 모든 출제 작업은 연금된 고시2과장과 직원들의 몫이다. 선정된 문제를 책형별로 편집·인쇄하기 전에 선정된 문제에 대한 검토 작업을 하는데 이때 선정된 시험문항에 오류가 있어도 선정위원들과의 접촉이 더는 불가능하므로 과장이 안에서 다 해결해야 한다. 특히 개정된 법령이 반영되지 않은 시험은 세심한 주의가 필요하다. 한번은 사법시험 제1차 시험과목 중 한 문항에서 지문에 기술된 내용이 담긴 법령이 이미 개정된 것을 알게 되었다. 예전에는 시험문항을 재활용하기 위하여 시험이 끝난 뒤 문제지를 모두 회수하였으나 대부분 기억으로 복원되므로 그 문항이 실제 출제되면 정답이 없거나 복수정답 시비가 발생할 가능성이 매우 컸다. 어쩔 수 없이 나는 그 문항을 개정법령에 맞추어 지문을 수정하여 출제하였다.

시험 당일 이른 아침 출제실 밖에서 문을 열고 문제지를 받으러 오는 고시1과장에게 인계하면 일단 긴장은 풀 수 있다. 그러나 시험이 며칠 동안 시행되면 마지막 날 마지막 시험시간이 시작되기 전까지는 바깥으로 나올 수 없었다. 공채시험 중 직렬과 선택과목의 수 그리고 응시 인원이 유난히 많은 7급 공채를 편집할 경우 최장 25일 정도 갇혀 있었다. 출제실에 들어갈 때는 가로수에 앙상한 나뭇가지만 보였는데, 나올 때는 녹색 잎이 다 돋아 계절이 바뀐 것을 보기도 했다. 장기간 외부와 일체 연락이 불가능한 격리된 공간에서 오래 있으면 직무상 스트레스가 적지 않으나 동료 직원을 더욱 친밀하게 만드는 계기가 되었다. 오랜 시간 합숙하면서 애정이 싹튼 젊은 남녀직원 2쌍이 결혼한 경사도 있었다.

출제실 안에서 일하더라도 「공무원 복무규정」은 그대로 적용되었다. 근무 시간이 끝나면 나머지 시간은 각자 자유롭게 활용하였다. TV를 시청하거나 운동, 휴식 등 자신의 취향과 습관대로 시간을 보냈다. 나는 특별한 계획이 없는 직원들을 위하여 컴퓨터에 외국어 회화 공부 프로그램과 자판기 프로그램을 설치하여 연습하도록 권유했다. 내가 미국에서 처음 컴퓨터를 배울 때 경험한 바와 같이 PC를 잘 다루려면 먼저 키보드를 안 보고 양손으로 자유자재로 자판을 치는 것이 선행되어야 했기 때문이다.

시험문제 출제를 위한 작업 초기에는 공무원들이 담당하는 과목별로 시험 문제지를 만드는 작업에 집중한다. 수차례의 독회를 마치고 출제 문제지 원안을 완성하면 인쇄소 직원들이 출제실로 들어와 인쇄 작업을 수행한다. 이 경우에도 정규 근무시간에 따라 작업한다. 인쇄할 때는 팀워크가 중요하므로 저녁 식사 후 우리 과 직원들과 인쇄소 직원들이 복식조를 편성하여 탁구 시합을 하면서 친선을 도모하였다. 고시2과 직원들은 상당한 기간 외부와 격리된 채 업무를 해야 하고 또 출제과정에서의 작은 실수조차도 정부의 공신력에 큰 타격을 줄 수 있다. 업무 전반을 총괄 관리하고 책임지는 과장의 부담은 더 크므로 보통 1년 정도 근무하면 다른 부서로 옮기는 게 관례였다. 내가 집에 못 들어오는 날이 많아지자 아내는 이 시간을 활용하여 교역자의 길을 가고자 신학교에 들어갔다.

고시2과장의 역할을 1년 남짓하고 1997년 1월 15일 급여과장으로 전보되었다. 급여과라는 이름만 보면 공무원에게 봉급을 주는 곳처럼 생각하기 쉽지만 그게 아니라 공무원의 보수(報酬) 수준을 결정하는 등 급여정책을 담당하는 부서이다.

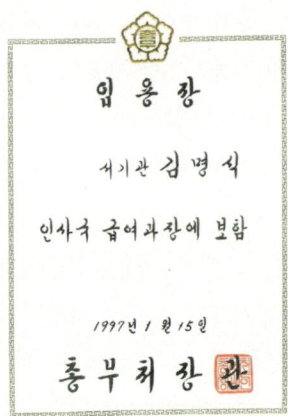

행정부 공무원의 인사정책을 총괄하는 중앙인사관장기관인 총무처의 급여과는 공무원의 봉급, 수당, 여비 등 공무원의 사용자인 국가가 소속 공무원의 근무에 상응한 처우수준을 어떻게 책정할 것인가에 대한 보수정책을 수립·결정·운영하는 부서였다.

공무원에게 실제로 급여를 지급하는 부서는 각 부처에 공통 설치되어 당해 기관의 살림살이를 책임지던 총무과 또는 서무과, 운영지원과 등이다. 오해를 줄이기 위하여 나중에 중앙인사위원회에서는 급여정책과로 고쳤다. 기본급인 봉급과 각종 수당, 출장여비, 특별 상여금 등 계급, 직무, 성과 등에 비례하여 적정한 보수기준을 결정하는 자리였다. 계급별 호봉제 원칙에 따라 계급이 오르는 승진과 호봉이 오르는 승급 원칙은 공무원의 사기진작 요소의 큰 비중을 차지하였다.

당시에는 공무원의 단체활동을 「국가공무원법」에서 사실상 노무에 종사한다고 규정한 정보통신부의 우정(郵政), 철도청의 현업, 국립의료원의 기능직 공무원에게만 허용되었기 때문에 총무처는 이들 공무원노동조합협의회의 건의를 받아 전체 공무원의 급여인상 폭을 마련하였다. 그리고 재정경제부 예산실 예산기준과 사전 협의를 하고 대통령께 보고한 후 국회에서 다음 해 예산을 심의할 때 인건비 예산의 책정 근거 등을 설명하였다.

급여과장으로 전보된 1997년 초부터 국내경제에 적신호가 켜지기 시작하였다. 대기업들의 연쇄 부도 사태가 터졌고 성수대교와 삼풍백화점의 붕괴 등 사회불안을 높이는 대형 사건들이 연이어 터졌다. 이 상황에 1996년에 선진국클럽이라 일컫는 경제협력개발기구(OECD: The Organization for Economic Co-operation and Development)에 가입하면서 세계화와 신자유주의 경제를 추진했으나 오히려 경상수지의 적자 폭이 커지면서 환율은 급등하기 시작했다. 동남아시아 일부 국가에서 촉발된 외환위기로 우리나라 외환보유고가 급격히 줄어 결국 1997년 말 IMF에 긴급 구제금융을 요청하게 되었다. 곧이어 실시한 대통령선거에서 여당이 패함으로써 1998년 예산안에 반영했던 공무원 급여 3% 인상계획안은 백지화되었다.

DJP연합으로 정권을 잡은 김대중 대통령은 취임 전부터 IMF가 요청한 대로 공공부문의 경쟁력을 높이기 위한 개혁 작업에 착수하였다. 우선 외환관리 업무를 제대로 수행하지 못한 책임을 물어 관련 부처 조직을 개편하였다. 국가운영에 필수적 공통자원인 조직(권한), 사람, 돈을 관리하는 부처가 주요 대상이 되었다. 김영삼정부에서 경제기획원과 재무부를 통합한 재정경제원이 국제 경제정세에 대한 대처를 제대로 하지 못했다는 비판으로 재정경제부, 기획예산위원회, 예산청, 금융감독위원회로 다시 분리되었다.

국가와 지방자치단체의 조직과 인사 등 자원을 각각 배분하던 총무처와 내무부는 행정자치부로 통합되었다. 1997년부터 2급 이상 공무원의 급여인상 보류는 연장되었고, 법령에 근거가 없는 자진 반납형식으로 인건비 예산을 줄여 구조조정으로 실직한 사람들의 생계를 지원하는 공공근로 사업 재원으로 전용되었다. 정부의 긴축재정으로 국민도 장롱에 들어있던 반지 등 금 모으기 운동에 동참하는 등 위기 극복을 위해 합심 노력하였다.

정부의 부처를 통합하면 장·차관은 물론 기획관리실, 감사관실, 총무과 등 유사한 이름으로 공통 설치된 지원부서의 기능과 인력이 주로 감축된다. 대신 법령에 근거하여 고유한 업무를 수행하는 부서는 근거 규정이 폐지되지 않는 한 대체로 존속한다.

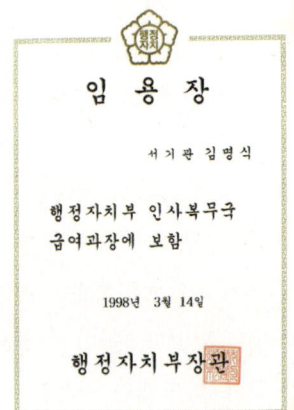

급여과는 총무처 인사국에서 행정자치부 인사복무국으로 소속이 바뀌었다. 역할은 변하지 않았으나 소속 명칭이 바뀜에 따라 임용장을 새로 받았다. 인사복무국이라는 이름에서 짐작할 수 있듯이 총무처에서는 나누어 일했던 인사국과 감사관실이 행정자치부에서 하나의 국으로 통합되어 국장의 정원이 1명 줄었다.

 당시와 같은 어려운 정치·경제 상황에서는 직장이 있다는 것 자체가 감사할 일이므로 공무원의 급여인상은 거론조차 할 수 없는 분위기였다. 더욱이 외환위기를 초래한 원인 중 하나로서 공직사회의 낮은 경쟁력이 지목되어 여러 가지 제도개혁 작업이 시급하였다. 업무능력이나 성과와 무관하게 시간만 지나면 기본급이 자동 인상되는 호봉제부터 손을 보아야 했다. 나는 직원들과 함께 연봉제 등 성과관리 시스템을 도입하기 위한 작업에 착수했다. 선진 외국과 민간기업의 사례를 조사하기 위하여 전문기관의 연구용역을 의뢰하고 수차례 자문회의를 거쳐 최종 개선안을 마련하였다.
 새로운 제도를 설계할 경우 가장 염두에 둘 것은 제도의 연착륙이다. 두 가지 원칙을 정했다. 하나는 동료의 급여 일부를 뺏는 결과가 되는 마이너스 또는 제로섬 방식이 아닌 플러스섬 방식으로 추진한다는 것과 또 하나는 조직과 연금까지 연동된 계급체계를 당장 전면 폐지할 수는 없으므로 계급제도 바탕 위에서 성과급을 설계한다는 것이었다.
 종전에도 공무원의 실적을 평가하는 제도는 있었으나 경험 부족으로 제대로 운영되지 못했다. 따라서 실질적인 평가가 이루어지도록 제도를 대폭 수정·보완하였다. 형식적인 평가가 되기 쉬운 절대평가를 버리고 탁월(S)-우수(A)-보통(B)-미흡(C)의 네 등급으로 강제 배분하는 상대평가로 전환했다. 평가 결과를 토대로 실·국장급 직위의 공무원에게는 연봉제를, 과장급 이하 공무원에게는 성과상여금을 각각 실시하는 방안을 마련하였다. 다만 미흡(C)으로 평가되더라도 종전에 받던 연봉을 삭감하지 않고 동결하는 방식을 택했다. 호봉제에서 자동 승급되던 방식에 견주어 보면 사실상 삭감되는 것과 같다. 이러한 플러스섬 방식은 성과급제도에 대한 거부감을 최소화하고 호봉승급분 예산으로도 충분히 운영할 수 있었기 때문에 추가예산이 별로 들지 않았다. 공무원의 직급(직렬+계급)을 기초로 조직과 인사를 운영하는 상황에서 불가피한 조치였다.

연봉제는 두 가지로 시행하였다. 차관급 이상 정무직공무원들은 상대평가가 어려운 점을 고려하여 '고정급적 연봉제'로서 직위별로 연간 총액연봉을 정하고 12로 나누어 매월 균등하게 지급하는 방식이었다. 실·국장급 공무원들은 상대평가를 할 수 있으므로 장관과 연초에 맺은 성과계약을 평가하여 연봉을 차등 지급하는 '성과급적 연봉제'를 적용하였다. 계급별로 세분된 호봉을 폐지하고 상한과 하한을 정한 연봉 범위(pay band)의 중첩 부분을 넓게 설계하여 낮은 계급에서도 탁월한 평가를 연속해서 받으면 상위 계급보다 연봉을 더 많이 받을 수 있는 기반을 마련하였다.

연봉제와 성과상여금제도는 오랫동안 지속해 온 신분과 계급 중심의 인사제도를 직무와 성과 중심으로 패러다임을 전환하는 대표적 사례였다. 이러한 노력을 인정받아 나는 프랑스 파리에 있는 OECD 산하 공공관리위원회(PUMA) 회의에서 제도 도입의 배경과 내용, 효과 등을 발표하고 질의응답하는 시간을 가졌다. 성과급제도는 외환위기 극복이라는 외부요인에 의해 단행되었으나 신분에서 역할 중심의 선진국형으로 인사제도의 틀을 바꾸는 전환점이었다.

공무원 수당에 대한 정비작업도 병행하였다. 교통·통신의 발달로 거주 여건이 이전보다 월등히 편리해졌음에도 불구하고, 근무조건이 열악한 특수지역으로 분류되어 인사와 보수에서 특혜를 받고 있던 전국의 산간·도서 벽지를 전수 조사하여 현실에 맞도록 개선하였다. 또 공무원의 여비가 국내와 국외로 구분한 것을 통합하여 지급기준을 합리화하는 「공무원 여비규정」을 대통령령으로 새로 전면 개정하였다.

한편 미국으로 유학을 떠난 1993년에는 완전 컴맹 수준이었는데 귀국한 후에는 적어도 중앙행정기관의 과장급 중에는 컴퓨터를 제법 하는 수준이 되었다. 업무에도 활용해 보았다. 예컨대 매년 8월 중순 「비상대비 자원관리법」에 따라 국가비상사태에 대비하여 정부에서 실시하는 을지연습 기간 중 과장은 상황실장이나 통제반장을 맡는다. 야간에 발생한 모든 상황을 정리해 다음 날 아침 장관을 비롯한 전 간부들 앞에서 보고하는 임무가 부여된다. 종래의 보고방식은 10여 쪽이 넘는 종이 보고서를 만들어 참석자 수만큼 복사하여 을지연습 비밀문서로 지정해 배부한 뒤, 보고가 끝나면 전량 회수하여 폐기하였다. 이는 준비 작업이 복잡하고 무엇보다 A4 복사용지 한 박스 분량의 종이를 매일 낭비하는 문제가 있었다. 순서에 따라 내 차례가 되었을 때, 나는 처음으로 파워포인트를 통해 보고해 보았다. 지금은 이런 브리핑 방식이 보편화 되었으나 20여 년 전에는 파격적인 형태였다. 장관에게 보고방식을 갑자기 바꾼 배경을 설명하고 전날 야간에 일어난 상황을 종합 보고하였다. 이후 이런 보고방식이 많이 활용되기 시작하였다.

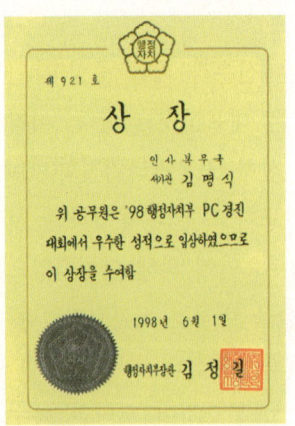

전자정부 업무를 주관하는 행정자치부가 매년 주관하는 중앙행정기관 PC 경진대회의 예선 격인 행정자치부 자체 대회의 사무관급 이상 부문에 참가하여 우수상을 받았다. 아쉽게 본선에는 OECD 출장으로 참가하지 못하였다.

행정자치부의 초대 김정길장관은 부임 후 50여 개의 과(課)를 일일이 방문하여 과장으로부터 직접 업무보고를 받았다. 나는 장관에게 종이 보고서 대신 파워포인트로 보고했다. 급여과 업무 성격상 숫자와 통계가 많아 복잡하므로 시각적으로 보기 좋게 설명하면 정치인 출신 장관이 이해하는 데 도움이 될 것 같아서였다. 장관은 과장 자리에 앉아서 내가 평소 쓰는 모니터를 보고 나는 그 옆에 노트북을 연결하여 내용을 보고하였다.

OECD PUMA회의에서 미국 인사관리처(OPM: Office of Personnel Management) 대표에게서 얻은 미국의 공무원성과급제도 동영상 CD-Rom을 행정자치부의 전 간부들에게 소개하며 우리나라의 정부개혁과 관련된 공감대를 얻는데 활용한 적도 있다. 2년 반 동안 급여과장을 맡았으나 나라경제의 어려움 때문에 나는 공무원 급여를 한 번도 인상해보지 못했다. 다만 보수제도 전반에 대한 정비업무에 주력하였는데, 이를 인정받아 1998년 말 김대중 대통령으로부터 녹조근정훈장을 받았다.

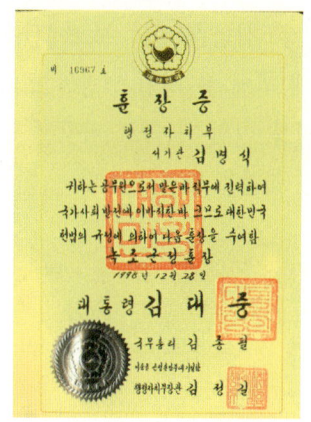

훈장증에는 「상훈법 시행령」 별지 [제2호의7서식]에 따라 훈장을 수여하는 사유와 훈격을 적고, 헌법 제82조와 제89조에 따라 국무회의의 심의를 거친 대통령의 국법상 행위인 영전을 수여하면서 국무총리와 관계 국무위원(행정자치부장관)이 부서(副署)한다는 의미로 직위와 성명을 기입한다. 국무총리의 직인은 훈장증이 너무 복잡해지므로 찍지 않고, 국가의 훈장부를 기록·관리하는 장관의 직인만 밑에 찍는다. 대통령과 장관의 실명을 기재하나 직인은 해당 직위의 도장으로서 이름의 마지막 글자 위에 날인한다.

국새를 찍는 위치는 1999년 2월 1일에 「국새규정」를 전면 개정하면서 제6조 제2항에서 문서 본문 첫째 면의 중앙에 날인하도록 했다. 훈장증을 받은 날은 1998년 12월 28일로 새로운 「국새규정」이 시행되기 전이었으나 연도에 찍던 종래 방식을 사용하지 않고 시행 예정인 규정에 따라 중앙에 찍는 것은 이미 내부적으로는 그렇게 운영하였기 때문으로 보인다. 국새는 제2대 국새를 그대로 사용하였다.

훈장증은 공무원의 임명장과는 서식과 형태에 차이가 있다. 수여방법도 다르다. 임명장 수여식은 임명을 받는 공직자가 임명권자 앞으로 가서 받고, 훈장증 등 영전 수여식에서는 주는 사람이 받는 사람에게 직접 다가가서 준다. 임명장은 국가원수 또는 정부의 수반인 대통령이 헌법 제78조에 따라 공무원에게 특정한 임무(권한)를 부여하면서 앞으로 근무를 잘하라는 명령적 법률행위이고, 훈장증은 대통령이 헌법 제80조에 따라 국가사회 발전에 이바지한 공로가 큰 사람에게 감사의 표시로 수여하는 사실행위이기 때문이다. 임명장 상단에는 봉황과 무궁화로 디자인한 대통령표장(表章)이 있는 반면에 훈장증에는 「나라문장규정」에 따른 나라 문장(紋章)이 상·하단에 두 번 들어있다.

한편 김대중 대통령의 선거공약에 따라 대통령 직속으로 중앙인사위원회가 설치되었다. 1999년 5월 24일 「중앙인사위원회 직제」규정이 공포되어 정식으로 발족하였다. 중앙인사위원회의 직무는 직제규정에서 행정부 소속 공무원의 인사행정에 관한 기본정책의 수립 및 인사행정 분야의 개혁에 관한 사무를 관장한다고 했다. 장관급인 위원장을 포함하여 사무처장, 심의관 밑의 보조기관은 총무과, 인사정책과, 급여정책과, 직무분석과 등 4개 과에 총 정원 65명의 초미니 중앙행정기관이었다. 출범 약 20일 만에 총무과를 기획총괄과로 바꾸는 직제 개정안이 통과된 6월 15일 나는 인사정책과장의 역할을 맡게 되었다.

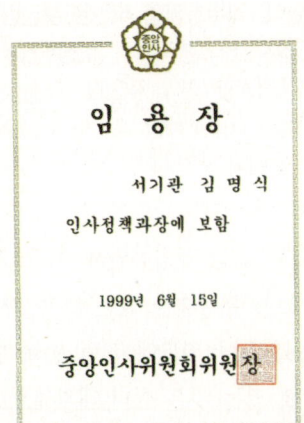

인사정책과장은 공무원 인사제도 개혁에 관한 정책의 수립, 공무원 인사행정운영의 기본방침 수립, 공무원 인사관계 법령의 심의, 공무원 인사감사 및 지도·지원 등의 업무를 담당하였다. 임용장 상단에는 무궁화 안에 중앙인사위원회를 표시하는 '중앙인사'라는 글이 들어가 있다.

비록 기관의 규모는 작았으나 공무원 인사제도 중 그간 효과적으로 추진하지 못했던 여러 가지 개혁 조치들을 집중적으로 추진하기 시작했다. 서울대학교 행정대학원에서 오랫동안 후학들을 가르쳤던 김광웅 교수가 중앙인사위원회 초대 위원장으로 부임하면서 많은 정책과제를 적극적으로 개혁하게 되었다. 몇 가지 주요 사례를 들면, 고시낭인 현상을 방지하는 조치로서 고등고시 1차시험을 공직적격성시험(PSAT: Public Service Aptitude Test) 방식으로 전환하고 암기식 영어시험을 토익·토플 등에서 일정 점수만 획득하면 응시자격을 얻게 하였으며 한국사 출제방법도 개선하였다, 그리고 공무원의 인사기록을 데이터베이스화하여 인사업무를 전자적으로 처리하는 인사정책지원시스템을 구축하였고, 정무직공무원과 국가고시 시험 위원, 각종 정부의 자문위원회 위원 등의 직위를 희망하거나 그 직위에 관한 일정한 자격을 갖춘 후보자를 체계적으로 관리하기 위하여 공직후보자에 관한 정보를 수집·관리하는 국가인재데이터베이스를 마련하였으며, 실·국장급 직위의 보직을 공직 내외의 경쟁을 통해 충원하는 개방형 인사제도를 도입하여 전 정부 차원의 직무분석실시와 성과급 보수제를 발전시켰다. 이와 함께 「외무공무원법」을 전면 개정하여 외무공무원에 대한 계급을 폐지하고 직무등급제로 전환하였고, 「대통령경호실법」을 고쳐 경호실 직원의 신분을 별정직에서 특정직으로 전환하였다. 그리고 매년 중앙행정기관과 지방자치단체 중에서 모범적인 인사운영과 혁신을 선도한 우수 기관을 심사·선정하여 대통령 표창장을 수여하는 등 인사행정의 중요성을 인식하는데 노력하는 한편, 일본정부의 인사원월보와 민간기업의 인사담당자를 위한 월간 인사관리와 같은 전문 잡지를 만들어 자료를 축적함과 동시에 정부 내외로 확산하기 위하여 정기 간행물 계간 인사행정을 발간하였다.

   정부의 인사정책과 제도 업무는 사람을 대상으로 하고 또 공무원은 채용하면 최소 이삼십 년 동안은 인적 자원으로 계속 활용하여야 한다. 임용된 공무원은 현직에서의 신분안정은 물론 퇴직 후와 부양가족의 생계에도 관심을 가질 수밖에 없다. 이를 고려하여 인사제도는 공무원 개개인의 삶은 물론 정부의 생산성까지 전반적으로 미칠 파장을 검토한 후 신중한 제도 설계가 필요하다. 그리하여 중앙인사관장기관은 정부 수립 당시부터 행정각부와 약간 거리를 두고 객관적이고 중립적인 관점에서 제도를 연구하되, 때로는 필요한 제도개혁을 과감하게 추진할 동력을 얻기 위하여 정부의 수반 소속으로 설치해 왔다.

외환위기를 극복하기 위하여 국제통화기금(IMF: International Monetary Fund)으로부터 긴급히 빌린 외환을 다 갚고 나서 후임 급여정책과장은 그간 동결 또는 삭감되었던 공무원 급여를 원상으로 복구하였다.

급여제도와 인사정책에 관한 개혁과제를 추진하는 과정에서 전국공무원노동조합협의회와 긴밀하게 소통·협의한 점을 인정하여 2000년 6월 20일 공무원노동조합협의회에서 감사패를 줬다.

부이사관

인사정책과장으로서 1년 4개월 정도 근무한 2000년 10월 26일, 역할에는 아무런 변동이 없었으나 부이사관으로 승진하였다. 이는 서기관으로 승진하던 때는 없었던 복수직급 제도 덕분이었다. 종래 대부분의 국장급 직위는 직제 규정에서 대체로 이사관(2급) 또는 부이사관(3급)이 보직될 수 있게 되어있어서 부이사관 국장은 최소 승진소요연수인 3년이 지나면 특별한 문제가 없는 한 같은 자리에서 이사관으로 승진하였다. 사무관에서 서기관, 서기관에서 부이사관으로 각각 승진하는데 10년 넘게 걸린 것에 비하면 형평에 어긋나 이러한 정원관리방식을, 과장은 물론 사무관과 서기관으로까지 확대 적용한 것이다. 다만 모든 직위에 복수직급 정원을 부여한 것은 아니며 업무 비중이 높은 주요 직위부터 단계적으로 복수직급 정원을 부여하여 차등을 두었다.

인사정책의 핵심기능을 수행한 초창기의 중앙인사위원회는 임기가 보장된 위원장의 주도로 작은 조직의 특성을 살려 선진국에서 이미 시행하였으나 아직 국내에 도입되지 않았던 다양한 인사제도를 시험적으로 운영할 좋은 여건을 갖고 있었다. 월 1~2회 금요일 점심시간에 각 분야의 전문가를 초빙하여 간단한 도시락(brown bag)으로 식사하고 다양한 주제를 공부한 금요세미나, 세미나실 모퉁이에 미니 테이블을 두고 음료수와 차, 다과 등을 두면 각자

취향대로 직접 만들어 먹도록 한 것 등은 그동안 권위적이고 경직된 공직사회를 부드럽게 만든 신선한 조치들이었다.

인사정책과장의 역할은 그대로이나 서기관에서 부이사관으로 승진함에 따라 김대중 대통령으로부터 임명장을 받았다. 서기관 승진 때와 같은 크기의 임명장에 개정된「국새규정」제6조에 따라 문서의 중앙에 국새가 날인되어 있다.「공무원 보수규정」별표의 봉급표에 따라 적용되는 계급이 달라져 직무는 그대로이지만 급여는 다소 늘었다. 임명장의 국새는 1999년 2월 1일부터 사용하기 시작한 가로 ×세로 10.1cm 크기의 제3대 국새이다.

아울러 종래 정형화된 감독자의 일방평가 대신 동료와 부하 직원 심지어 민원인까지 평가에 참여하는 다면평가제도(360-degree feedback, multi source assessment)를 실시하였다. 매년 전 직원을 대상으로 한 다면평가를 통하여 가장 좋은 점수를 얻은 직원을 선정하여 중앙인사위원장은 '올해의 중앙인사위원회 공무원'(CSC Staff of the Year) 인증서를 주는 행사를 했다.

중앙인사위원회의 업무 특성상 외부의 민원인까지 포함한 다면평가는 실시하기 어려우므로 내부 직원들만 참여한 다면평가결과에 따라 나는 '2001년도 중앙인사위원회 공무원'으로 선정되어 2002년 2월 22일 김광웅 위원장으로부터 인증서를 받았다.

호주 파견

 2002년 2월 말부터 1년 6개월간의 과장급 해외연수 프로그램에 따라 호주 연방정부와 호주국립대학교로 파견되었다. 호주를 선택한 이유는, 공공부문의 경쟁력을 높이기 위한 신공공관리(New Public Management) 이론을 선도적으로 적용한 영연방 국가의 하나였기 때문이다. 국내에 번역 소개된 OECD 자료로는 개혁 내용을 완전히 이해하는 데 한계가 있었다. 특히 연방정부 내부의 저항이 만만치 않았을 텐데 어떻게 그런 과감한 개혁 조치들을 성공적으로 추진할 수 있었는지 몹시 궁금하였다. 교보빌딩에 있는 주한 호주대사관의 서기관과 인터뷰를 하면서 연방정부 파견근무와 관련된 세부사항을 협의하였다. 이 과정에서 위원장, 사무처장의 후원과 박수영 과장의 도움을 많이 받았다.
 1년 6개월 중 첫 6개월은 연방정부의 '인사·실적보호처'(PSMPC: Public Service & Merit Protection Commission)에서 근무하고 나머지 1년은 호주국립대학교 대학원에서 객원연구원(Visiting Fellow) 생활을 하기로 했다. 캔버라 공항에 도착하여 산림청에서 파견 중이던 이창재 과장과 호주한국대사관 직원의 도움으로 무사히 정착하였다. 인사·실적보호처로 처음 출근하는 날 출입증을 받고 6개월간 쓸 책상과 컴퓨터 등을 배정받았는데, 전산 담당 직원이 와서 컴퓨터 모니터와 내 눈의 각도를 물어보면서 눈부심이 최소화되도록 위치를 최적화해 주었다. 그리고 컴퓨터로 1시간 정도 계속 일하다 보면 갑자기 모니터에 스트레칭 동영상이 나타나면서 강제로 작업을 중단시키고 각자 자리에서 일어나 2분 정도 따라 운동하도록 프로그램이 설정되어 있었다. 또 나를 여러모로 도와준 국제협력관은 컴퓨터 작업을 너무 오래 한 탓에 어깨를 다쳐서 음성 입력 프로그램을 설치하여 문서 작업을 하고 있었다. 이처럼 정부에서 소속직원들의 건강을 세심하게 챙겨주는 모습이 퍽 인상 깊게 보였다.

호주의 인사·실적보호처가 우리나라의 중앙인사위원회(Civil Service Commission)와 같은 단어인 Commission을 씀에도 불구하고 호주인사위원회로 번역하지 않고 인사처로 한 이유는 우리나라와 달리 합의제 행정기관이 아니었기 때문이다. 호주 인사·실적보호처의 기관장인 Commissioner는 위원들이 토의해 합의로 결정한 사항을 대외적으로 표시하는 위원장 직위가 아니라 법률로 설치된 중앙행정기관의 독임제 기관장으로서 연방정부의 각부(Department) 차관(Secretary)과 동급이었다.

인사·실적보호처는 얼마 후 호주인사처(APSC: Australian Public Service Commission)로 이름이 바뀌었다.

부(副)처장(Deputy Commissioner)은 호주 고위공무원단(Senior Executive Service) 중 최상위급인 SES Ⅲ이고, 소청심사실장(Merit Protection Commissioner)은 SES Ⅱ, 과장급인 Group Manager는 SES Ⅰ로 보직하였다.

SES는 모두 개방형 즉 공직 내외로부터 경쟁으로 채용하다 보니 시간이 많이 소요된다. 그래서 공석을 충원하기까지 직무대리(acting)제도를 많이 활용하는데 우리나라와 상당한 차이가 있었다. 우리의 직무대리는 상급자의 업무를 '잠시' 대행하는 것에 불과하여 새로운 일을 하지 않고 본래의 자기 자리에서 현상 유지에 치중하는 반면, 호주의 직무대리자는 아예 상급자의 자리로 옮겨서 승진한 것처럼 모든 일을 처리하고 있었다. 나중에 누가 정규 임명되면 다시 원래의 자기 자리로 돌아왔다. 우리와 상당히 다른 문화였다.

호주인사처에 근무하는 동안 호주의 역사, 공공개혁의 경과, 현황과 과제 등을 심도 있게 공부할 수 있었다. 호주가 국가경쟁력을 높일 행정개혁을 OECD 국가 중에서 가장 성공적으로 추진할 수 있었던 배경에는 먼저 모든 공사부문의 노사관계를 제3자의 개입 없이 직장(workplace) 단위로 협약을 체결할 수 있도록 노사개혁을 완결한 후 재정개혁과 인사개혁을 진행하였기 때문이었다. 호주인사처의 공무원들은 멀리 대한민국에서 온 나그네를 친절하게 잘 가르쳐 주는 등 많은 도움을 줬다. 특히 인사처에서 주관하는 공무원 교육훈련 프로그램에 호주공무원들과 함께 직접 참여하여 의사소통 훈련, 감수성훈련(Sensitivity Training) 등 다양한 직무훈련을 체험하도록 주선해 주었다. 특히 사흘간 진행된 고위공무원단(SES)으로 승진하기 전의 우리나라의 서기관급에 해당하는 EL2 공무원들을 대상으로 하는 리더십역량평가(CDAC: Career Development Assessment Centre) 현장을 직접 참관한 것은 나중에 우리나라에서 관리자역량평가제도를 도입할 때 도움이 되었다.

호주인사처에서 파견근무를 마친 후 나는 연방정부의 수도 캔버라 시내에 있는 호주국립대학교(ANU: Australian National University)의 아시아태평양경제행정대학원(APSEM: Asia Pacific School of Economics and Management)으로 옮겼다.

연방정부 예산으로 설립한 유일한 국립대학교인 ANU 내 APSEM 학장실 바로 옆의 연구실에서 호주인사처에서 수집한 자료들을 토대로 1996년 호주연방공무원법(The Australian Public Service Act 1996)을 해설하는 책을 쓰면서 학교에서 요청하는 특강을 했다.

호주에서 쓴 책은 사무관 시절 우리나라 국가공무원법 해설책을 출간한 것과 같은 체제로 조문별로 의의, 연혁, 내용 등을 정리하였다. 공공개혁의 최종 산물은 법률 제·개정으로 귀결되어야 효력이 있다. 관련 법률 규정을 분석해보면 당시 어떻게 개혁을 추진했는지 과정을 알고 체계적으로 정리할 수 있다. 이런 관점에서 호주의 공무원법을 중심으로 들여다보고 수집한 자료를 토대로 약 5개월간의 작업 끝에 원고를 완성하였다. 귀국 후 '호주연방정부의 행정개혁'(부제: 호주연방공무원법 해설)이라는 제목으로 출판하였다.

인사정보심의관

　2002년 말 제16대 대통령선거에서 노무현후보가 승리한 후 대통령당선인은 중앙인사위원회를 방문하였다. 이에 따라 중앙인사위원회의 역할이 크게 부각되어 노무현정부 출범 후 조창현 위원장은 중앙인사위원회 직제를 개정하여 대통령 인사보좌관실(후에 인사수석비서관실로 개칭)을 지원할 인사정보심의관을 신설하였다. 인사정책과장으로 재직하던 때 토대를 마련했던 인사행정의 전자화와 공직후보자 등의 데이터베이스 관리업무를 확대하여 만든 자리다. 「국가공무원법」을 개정하여 제19조의2와 제19조의3을 신설해서 법적 근거를 마련하였다. 인사정보심의관 밑에는 정보관리과와 인재조사과를 두었다.
　난 호주에 있어서 그간의 진행 과정을 모르고 있었는데 이성열 사무처장으로부터 어느 날 아침에 급한 연락이 왔다. 새로 만든 이 자리에 내가 적임자로 검토되고 있으니 조기 귀국할 준비를 하라는 것이었다. 호주에서 남은 6개월간 하고 싶은 일이 있었지만, 연출자가 작품의 배역을 맡을 적임자로 부른다면 개인적 사정은 내려놓아야 한다고 생각했다. 호주국립대학교에 조기 귀국이 불가피한 사정을 설명하고 양해를 구한 뒤, 아내와 중학교에 재학 중인 아들을 캔버라에 당분간 남겨두고 나는 당초 일정보다 6개월을 앞당겨 들어왔다.

호주에서 귀국한 후 4월 14일 인사정보심의관에 보직되는 임명장을 받았다. 인사정책과장 때 부이사관으로 계급은 승진하였지만 바로 해외로 파견발령을 받아 본부의 과장급 관리 대상자로 있다가 국장급으로 직위가 승진하였기에 소속장관인 중앙인사위원회위원장으로부터 임명장을 받았다.

정부에서 국장급 보직을 받게 되면 군에서 장군이 되는 것처럼 달라지는 것이 많다. 가장 큰 변화는 사무실을 혼자 쓰고 비서가 배치된다는 점이다. 독방을 쓰는 것은 사색할 시간이 많다는 뜻이다. 여러 가지 생각이 있겠으나 무대에서 주연급의 중책을 맡았으므로 국가와 국민에게 좋은 정책을 입안하고 집행하는데 골몰하라는 것이다. 아울러 이제 대한민국극장 무대에서 내려올 시간이 몇 년 남지 않았으니 마음의 준비를 하라는 의미도 있다. 그래서 국장급은 관리적 리더인 과장과 달리 전략적 리더(strategic leader)라 한다.

동일한 기관 내에서 계급 승진 없이 국장급 보직을 부여하는 것은 소속장관에게 위임된 권한이다. 소속장관이라 함은, 헌법상 정부의 수반인 대통령의 임면권을 보좌하는 (중앙)행정기관장을 지칭하는 표현이다. 장관이라는 말이 들어가 있다고 해서 국무위원인 장관만 가리키는 것은 아니다. 「국가공무원법」 제16조 제2항에 규정된 소속장관의 범위를 「공무원 임용령」 제2조에서 구체적으로 열거하고 있는데, 장관은 물론 처장, 청장, 실장, 위원장 등 중앙행정기관의 장이 대부분 망라되어 있다.

국가인재데이터베이스는 그동안 비약적으로 발전하였다. 정부에서 처음 만들 때만해도 일찍이 인물 정보 데이터베이스를 구축한 민간에 비해 많이 미흡했으나 지금은 분야별로 국내외 전문가가 30만 명 이상 수록될 정도로 체계화되었다. 더욱이 「국가공무원법」 규정에 따라 정부의 주요 개방형 직위에 임명할 공직자를 추천하거나 다양한 분야의 민간전문가를 정부 업무의 심의 또는 자문위원 등으로 위촉할 때 적임자를 찾는데 요긴하게 활용되고 있다. 객석이 무대보다 높아진 무대3.0시대에 맞도록 공직자 중심의 통치가 시민단체·기업 등 전 국민의 참여와 소통, 협조를 기반으로 정치하는 거버넌스로 정착되었음을 보여준다.

이사관

「중앙인사위원회 직제」에서 인사정보심의관은 이사관 또는 부이사관으로 보하게 되어있었다. 그래서 부이사관이 보직되어도 승진에 필요한 최저 연수만 지나면 특별한 사유가 없는 한 그 자리에서 바로 이사관이 될 수 있었다. 지금은 고위공무원단 제도 도입으로 옛날얘기가 되었으나 당시에는 관리관이나 이사관으로 승진하려면 각 해당 직급에서 최소 3년은 재직해야만 했다.

2000년 10월 인사정책과장 때 부이사관으로 승진한지 3년 4개월 된 2004년 2월 10일 인사정보심의관으로 재직하는 중에 이사관으로 승진하였다.

임명장의 임명권자가 대통령이고 임명장 중간에 국새를 찍는 것은 직급이 승진하는 경우이다. 반면 직급은 변함없이 직위만 승진하는 경우 소속장관이 임용권자이다. 극장모형에서 보면, 계급보다는 역할의 비중이 커지는 직위 승진이 훨씬 중요하다고 할 수 있으므로 3급 이상 직급을 폐지하고 고위공무원단이 신설됨으로써 신분이 아닌 역할 중심으로 인사행정의 패러다임이 바뀌고 있다.

인사정보심의관으로 1년 2개월 정도 근무한 후 2004년 6월 12일 기획관리관으로 전보되었다. 기획관리관은 중앙인사위원회 내부의 인사·조직, 기획예산, 홍보, 협력 등을 담당하면서 위원장과 사무처장을 보좌하는 역할이었다. 이날은 중앙인사위원회에게 특별한 의미가 있었다. 1999년 5월 정원 65명으로 출범한 지 5년 만에 행정자치부에 속해 있던 인사운영, 교육훈련, 성과관리 등 인사업무 전반과 소속기관으로서 중앙공무원교육원과 소청심사위원회까지 이관을 받아 정원이 353명으로 대폭 늘어났기 때문이다. 그동안 임차 사용했던 통의동의 민간빌딩에서 청계천 광장의 빌딩으로 사무실을 이전하였다.

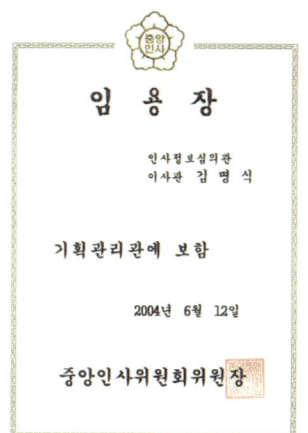

같은 이사관에서 직위만 인사정보심의관에서 기획관리관으로 바뀌었기에 임용장을 받았다. 보통 수평이동하면 임용장의 내용은 종전직위와 직급을 약간 작은 글씨로 쓰고, 새로 임용되는 직위는 큰 글씨로 쓴다. 이 때 직급도 변경되면 함께 기록하고 아래쪽에 임용된 날짜와 임명권자를 표시한다.

기획관리관은 행정각부의 기획관리실장과 유사하나 작은 조직의 특성상 감사관과 공보관을 따로 두지 않기에 이 역할까지 겸하는 책임범위가 큰 자리였다. 기획관리관은 2005년 3월 31일 정책홍보관리관으로 이름만 바뀌었다. 정책의 성공 여부는 홍보 능력과 밀접한 관계가 있다고 판단한 노무현정부에서는 모든 중앙행정기관의 기획관리실장 이름을 정책홍보관리실장으로 바꾸고 이를 보좌할 과장급 홍보전문가를 외부에서 개방형으로 채용하는 등 직제 규정을 일괄 개정하였다. 나의 보직은 변경되지 않았으므로 별도의 임용장 수여 없이 공문으로만 새 이름의 보직 발령을 내었다. 중앙인사위원회에서는 모 신문사에서 10여 년 근무하다 퇴직한 중견 기자를 홍보팀장으로 채용하였다.

2005년 6월 말 파주에 있는 한 출판사로부터 내가 건국대학교 대학원에서 김철용 교수의 지도에 따라 법학박사 학위논문으로 제출한 '행정주체로서의 특수법인에 관한 연구'가 많은 사람으로부터 인용되고 있으니 책으로 출간하자는 연락이 왔다. 흔쾌히 동의하고 학위논문을 수정·보완해서 '특수법인론'이라는 책을 출간하였다.

과장 때부터 퇴근 후 1주일에 한두 번은 매 학기 야간 대학원에서 강사 또는 겸임교수로서, 주경야독하는 학생들에게 강의하였다. 고려대학교 법무대학원, 한국외국어대학교 행정대학원, 한양대학교 행정·자치대학원 등에 출강하면서 공무원법을 비롯한 헌법·행정법·행정학을 10년 넘게 가르쳤다. 이 강의 경험은 공직을 퇴직한 후 대학교에 와서 강의하는 데 큰 도움이 되고 있음은 두말할 나위가 없다.

인사정책국장

　기획관리관과 정책홍보관리관을 포함해 약 1년 8개월을 근무한 후 2006년 2월 1일 인사정책국장의 역할을 맡게 되었다. 국장급 보직인사의 배경은 2006년 2월 6일 중앙인사위원회에 고위공무원지원단장 직위가 신설되었기 때문이다. 「국가공무원법」에 따라 2006년 7월 1일부터 고위공무원단제도가 본격적으로 시행되므로 차질 없이 준비할 수 있도록 전담부서를 만든 것이다.

　인사정책국장은 공무원 인사의 정책과 제도, 운영 전반을 맡는 역할로 정책총괄과, 임용관리과, 균형인사과의 3개 과가 있었다. 정책총괄과는 문자 그대로 「국가공무원법」을 비롯한 공무원 인사정책을 총괄하고, 임용관리과는 법령상 대통령이 발령하는 국가공무원의 신규임명과 승진임용을 운영하며, 균형인사과는 대표관료제(representative bureaucracy) 원리에 따라 공직 내 소수자 집단(minority group)인 여성·장애인·과학기술인력 등에 대한 적극적 인사행정(affirmative action) 정책을 담당하는 부서이다.

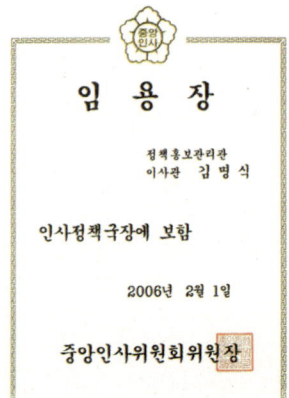

임용장을 보면 종전 직위가 기획관리관이 아니라 정책홍보관리관이 되어있는 것은 역할의 변동 없이 직위의 이름만 바뀌어 임용장 수여 없이 공문으로만 조치했기 때문이다.

　　인사정책국장의 업무 중에는 임용관리과에서 실무적으로 준비하는 정무직공무원에 대한 임명장 수여식 준비에 신경이 많이 쓰였다. 대통령이 임명장이나 훈장증 등을 직접 수여하는 것을 친수(親授)라고 하고, 국무총리나 장관 등을 통하여 전달하여 주는 것을 전수(傳授)라고 한다. 「상훈법」 제29조에 훈장과 포장은 대통령이 직접 수여하는 것을 원칙으로 한다고 규정하고 있다. 역대 정부마다 약간의 차이는 있으나 대체로 정무직공무원에 대한 임명장은 대통령이 친수하는 행사로 진행하였다. 청와대에서 거행하는 임명장 수여식에서는 인사정책국장이 사회자이다. 김대중정부 이전까지는 임명장을 여러 명이 동시에 받는 합동 수여식을 할 경우, 호명되는 정무직공무원이 한 명씩 대통령 앞에 나오면 사회자는 발령사항을 읽고 대통령으로부터 임명장을 받아 제 자리로 들어가고, 다음 사람이 또 나와서 같은 순서대로 읽고 받아가는 형식으로 진행하였다.

　　노무현정부에서는 이 절차를 간소화했다. 정무직공무원들이 정렬한 상태에서 대통령이 들어와 자리에 서면 사회자는 당일 임명장을 받을 사람들의 발령사항을 먼저 다 읽었다. '임명장, ○○○, 국무위원에 임함. □□부 장관에 보함. 2006년 △월 ▲일. 대통령.' 이런 식으로 한꺼번에 읽은 후 '□□부 장관입니다.'라고 하면 가장 오른쪽에 선 사람부터 앞으로 나가서 임명장을 받아 들어오고 다음 사람이 또 나갔다 들어오는 방식으로 운영한 것이다. 이러한 방식은 이명박정부에서도 그대로 적용하였다.

2006년 3월 말, 대통령집무실에서 임명장 수여식을 할 때 모두 정렬한 상태에서 발령사항을 읽는 장면이다. 나의 오른쪽 끝에는 임명장을 대통령에게 직접 전달하는 중앙인사위원회 조창현 위원장이고 그 옆은 이영환 임용관리과장이다.

행사가 있는 날이면 나는 담당과장·사무관과 함께 임명장 등을 가지고 적어도 30분 전까지는 청와대에 들어가 행사가 차질 없이 진행되도록 준비했다. 비서실에서 행사장 바닥에 미리 표시해 둔 마킹 위치에 따라 임명장을 받을 정무직공무원들에게 각자 설 자리를 확인시키고 예행연습을 했다. 임명대상자들에게 특별히 강조한 사항은 임명장을 받으러 앞으로 나갈 때 표시된 위치에 서라는 것이었다. 그렇지만 막상 행사가 시작되면 부담감이 생겨서 그런지 대통령이 임명장을 주고 악수하기 불편할 정도로 멀리 서는 바람에 사회를 보면서 마음을 졸였던 적이 한두 번이 아니다.

행사를 진행할 때마다 임명장을 가장 먼저 받는 사람의 역할이 중요해서

2006년 3월 16일, 공정거래위원회 위원장에 대한 임명장 수여식으로 당일 받을 사람 전체의 임명사항 낭독을 마치고 한 명씩 앞으로 나와서 대통령으로부터 임명장이 들어있는 케이스를 받는 장면이다.

긴장하지 말도록 누누이 부탁했다. 수여식이 있던 어느 날 첫 번째 받을 사람이 실수하는 일이 생겼다. 발령사항을 읽기 시작하는데 본인의 이름이 들리자 그만 대통령 앞으로 바로 걸어 나간 것이다. 나는 놀라서 발령사항을 읽다가 잠시 멈추었다. 평소와 달리 갑자기 대통령 앞에 불쑥 나온 대상자를 보고 대통령도 어색했던 것 같다. 그러다 바로 나를 보면서 '이왕 나왔으니 한 사람씩 하지요.'라고 했다. 나는 즉석에서 시나리오를 바꾸어 한 사람씩 임명장을 읽고 받아 들어가도록 조치하였다. 담당 국장을 나무랄 수도 있는 상황에서 엄격한 형식과 권위를 내세우지 않고 친근하게 상황을 잘 마무리되게 한 노무현 대통령이 고마웠다.

해군에서 전역해 총무처로 복직한 후, 전두환정부의 총무처 복무담당관실에서 본격적으로 인사업무와 인연을 맺은 이래 노태우정부의 총무처 인사기획과에서 사무관을 지낸 후, 김영삼정부의 총무처 고시2과장·급여과장과 김대중정부의 중앙인사위원회 인사정책과장을 거쳐 노무현정부의 중앙인사위원회 인사정책국장까지, 인사정책 및 제도와 관련된 업무를 단역에서 조연을 거쳐 주연급으로 전문적인 경력을 지속적으로 발전시킬 수 있어서 일하는 동안 보람되었고 무대에서 함께 근무한 상사와 동료 공무원 모두에게 늘 감사하였다.

고위공무원

고위공무원(Senior Civil Service)제도는 김대중정부에서 시행했던 실·국장급 공무원에 대한 개방형 인사제도의 연장선에서 도입한 것이다. 영국이나 미국처럼 관리자 그룹을 따로 묶어 별도로 리더십 역량을 발휘할 수 있도록 노무현정부에서 조창현 중앙인사위원장 취임 후 본격적으로 추진하였다. 중앙부처의 장·차관을 보좌 내지 보좌하는 차관보·실장·국장·심의관 등 과거 1급(관리관)부터 3급(부이사관)까지 직급을 가진 고위공무원들이 보직되는 자리에 공무원의 신분 대신 역할을 중심으로 인사관리하는 제도이다. 오랫동안 직업공무원제도의 근간이 되었던 경력 중심(career based)에서 직위 중심(position based)의 인사관리로 패러다임을 전환하였다.

중앙인사위원회 내에 임시작업단(Task Force)을 구성하여 개혁방안을 수립하였다. 검토과정에서 제도의 명칭에 대하여 고민이 많았다. '고위'라는 어감 때문이다. 보통 언론에서 고위급이라는 표현을 쓸 때는 정무직공무원을 가리키는 경우가 많았는데, 실·국장급 공무원들이 자신을 소개하면서 고위공무원이라고 말하는 것이 어색할 수도 있다. 고위공무원이라는 용어는 미국의 SES(Senior Executive Service)를 우리나라의 학자들이 처음 소개할 때 senior를 '고위'로 번역함에 따른 것이다. 그 후 OECD에서 발간한 인사개혁 자료를 국내에 소개할 때 총무처에서도 그대로 썼기에 '정책직공무원' 등과 같은 새로운 용어를 도입하는 것보다는 익숙한 용어를 그냥 쓰는 게 좋겠다고 결정되어 2005년 12월 29일 「국가공무원법」을 개정하면서 그대로 정착되었다.

고위공무원단 제도를 시행하는 나라 중에는 미국·캐나다와 같은 국장급 이상이 있는가 하면 영국·호주·네덜란드와 같이 과장급 이상인 경우도 있다. 이를 보면 고위공무원단이라는 것은 전략적 또는 관리적 리더십이 요구되는 공무원 그룹을 뜻하므로 우리나라에서 보통 '고위'로 인식하는 직위 또는 직급과 반드시 일치하는 것은 아니다. 그 점에서 좀 더 좋은 이름이 없었을까 하는 아쉬움은 남아 있다.

이명박 대통령은 노무현정부에서 추진한 공무원 계급 폐지방안은 잘한 정책이라며 과장 이하에 대하여도 확대 방안을 검토하라고 지시한 적이 있다. 당시 행정안전부 인사실과 구체적인 방안을 논의하고 시범 운영할 부처까지 선정하였으나 계급제도를 선호하는 일부 부처의 반대로 본격적으로 추진하지 못하였다. 대신 지나치게 세분되어 있던 공무원 직종을 단순화하고 부처별로 시행되어 특혜 시비가 있었던 특별채용제도를 개편하여 중앙인사관장기관이 보다 공정하고 투명하게 진행하는 경력채용시험으로 전환하는 등 시급한 제도개혁 작업에 선택과 집중을 하였다. 고위공무원단 제도는 인사정책에서 큰 전환점을 긋는 것이라 시행일을 1년 반 뒤로 해 놓고 중앙인사위원회에서 사전준비 작업을 진행하였다.

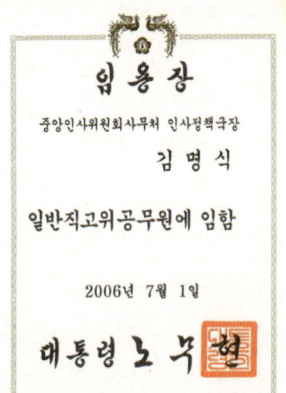

「국가공무원법」에 따라 2006년 7월 1일 현재 정부에서 재직 중인 대상 공무원 1,500여 명에게 일반직고위공무원 또는 별정직고위공무원으로 임한다는 임용장을 주었다. 임용장에는 당시에 재임하고 있던 기관과 직위, 본인의 이름만 적고 그동안 지정된 신분인 이사관·부이사관 등 직급은 넣지 않았다. 고위공무원단 소속으로 관리한다는 의미로 '임함'으로 표시하였다.

수십 년 동안 우리나라 공무원들의 신분값을 표시해 온 관리관 또는 이사관·부이사관의 직급이 사라지고 부처별로 중앙인사위원회의 조언과 지원을 받아 실시한 직무분석과 평가를 거쳐 도출된 직무등급인 자리값(job size)이 인사행정의 기준으로 대체되었다. 임명장이 아니고 임용장으로 한 것은, 실·국장의 역할을 맡을 자격을 갖춘 그룹의 일원으로서 총괄 관리하는 개념으로 보았기 때문이다.

인사정책국장으로 1년 정도 근무하다가 2007년 2월 7일부터 중앙공무원교육원에서 주관하는 제15기 고위정책과정에 들어갔다. 이 과정은 국회, 정부, 광역지방자치단체의 국장급 공무원과 주요 공기업의 처장급 공직자들이 모여 10개월간 액션 러닝(Action Learning) 등 국가정책과제의 해결방법을 모색하는 정책관리자 연수 프로그램이었다. 수십 년간 다양한 국가의 행정기관과 공공기관에서 경력을 쌓고 전문성을 축적한 사람들이라 상호 협력과 이해를 통하여 정책관리자로서의 역량을 증진할 좋은 기회였다. 또 실무에서 비켜나 있었으므로 개인적으로 심신을 재충전할 수 있었고 폭넓은 인적 네트워크를 형성할 수 있는 유익한 시간이었다.

총 10개월간의 모든 연수과정을 마치고 주관기관장인 중앙공무원교육원장으로부터 제15기 고위정책과정의 수료증을 받았다.

고위정책과정을 마치고 중앙인사위원회로 복귀할 즈음은 제17대 대통령선거를 며칠 앞둔 시점이었다. 각 당 후보자들이 제시한 선거 공약사항 중에는 정부조직 개편에 관한 내용은 항상 주된 관심사였다. 중앙인사위원회도 어떤 모양이든지 영향을 받게 되었다. 약 열흘 뒤 선거에서 당선인이 결정되면 대통령직인수위원회를 구성하여 선거 공약사항을 구체화할 밑그림을 그려 차기 정부가 추진할 주요 정책 방향을 정한다. 중앙인사위원회에 복귀했으나 빈자리가 없어 임시로 만든 작업단에서 일하면서 인수위원회에 헌법과 법령상 중앙인사위원회의 중요성과 필요성을 설득력 있게 전달하는 역할을 맡았다.

대기업의 최고경영자(CEO) 출신으로 작고 효율적인 정부를 내세운 한나라당의 이명박후보가 예상대로 대통령에 당선된 직후 구성된 인수위원회는 10년 만의 정권교체임을 감안하여 정부조직의 개편 그림을 크게 그렸다. 나는 동료 국장들과 같이 가서 중앙인사관장기관의 기능과 역할에 관하여 인수위원회에서 설명하고 관련 자료를 수시로 제출하였다. 그러나 며칠 후 실용정부를 지향하는 새 정부의 정책 방침에 따라 중앙인사위원회는 행정자치부, 비상기획위원회, 정보통신부의 일부 기능과 함께 행정안전부로 통합하는 정부조직 개편작업이 확정됨에 따라 발족 후 8년 10개월 만에 사라지게 되었다. 이제는 후속 작업으로서「정부조직법」등 관련 법령을 개정하는 일이 남았다. 이 작업은 현재 그 기능을 수행하던 부처들이 담당할 수밖에 없다. 외부의 힘으로 자기 조직을 스스로 개혁하는 것이다. 조만간 없어질 자리였으나 정부 출범 전후 인사 업무를 합법적으로 지원하기 위하여 인사정책국장의 역할을 다시 맡게 되었다.

2016년에 인사정책국장을 하다가 고위정책과정에 들어가면서 후배에게 인계하였는데, 그 후배가 제16기 고위정책과정에 들어가게 되어 다시 맡았다. 이미 중앙인사위원회는 폐지하기로 확정된 상황이라 인사정책국장으로서 새롭게 추진할 정책은 거의 없었다. 앞으로 새 정부에서 만들 행정안전부의 인사실에서 인사정책과 관련된 모든 업무를 수행할 것이므로 나는 대통령직인수위원회에서 요청한 현안 사항 위주로 업무를 수행하였다. 새 정부가 출범하면서 헌법과 법률에서 정한 인계인수 과정이 차질 없이 진행되려면 유사한 선례와 법령 규정의 해석이 중요한 비중을 차지하였다.

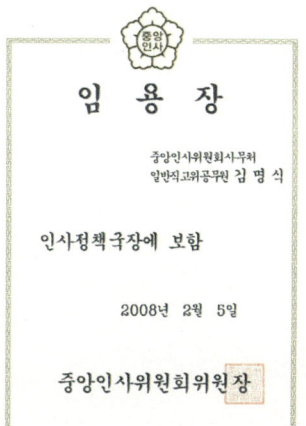

중앙인사위원회에서 받은 마지막 임용장이다.

    대통령은 취임하는 즉시 신뢰하는 사람들을 국무위원과 수석비서관 등으로 임명하여 일을 시작하고 싶으나, 국회의 의사 일정에 차질이 생겨 대통령만 취임하고 그를 도와 일할 정부는 아직 구성되지 못하는 경우가 있다. 이는 헌법 제86조에 규정된 국회의 국무총리 임명 동의와 「인사청문회법」 등에 규정된 국무위원 인사청문회 일정에 차질이 생기는 것이 주된 원인이다. 국무총리는 헌법에서 정한 국무위원과 행정각부의 장에 대한 제청권뿐만 아니라 개별 법률로 설치하는 금융위원회와 국민권익위원회의 위원장 등에 대한 제청권도 갖고 있으므로 국무총리의 임명동의안이 지연되면 새 정부 출범에 큰 지장을 초래할 수 있다. 그래서 전임대통령이 임명한 국무총리가 형식적인 제청권을 행사하여 적법 절차를 지키기도 한다.

    국무위원에도 비슷한 상황이 생긴다. 국무위원 인사청문회는 상임위원회별로 실시되다 보니 국회 내부의 여야관계에 영향을 많이 받는다. 청문회가 일찍 마무리되기도 하지만 후보자에 따라 늦어지거나 중도에 사퇴하는 일도 생긴다. 헌법 제89조에 따라 정부의 권한에 속하는 주요사항은 모두 국무회의의 심의를 거쳐야 하는데, 「국무회의 규정」 제6조에는 국무회의가 성립하려면 의사정족수와 의결정족수를 충족해야 한다. 때로는 전임 정부에서 임명한 국무위원 중 일부의 사표를 수리하지는 않고 정족수 규정을 충족한 후 국무회의에는 새로운 대통령이 임명한 차관이 대리 출석하여 적법 절차를 준수하는 상황이 나타나기도 한다. 대통령당선인이 선임한 국무위원후보자에게 인사청문회를 실시하는 제도는 노무현 대통령 임기 중에 도입되었기 때문에 이명박정부가 출범할 때 처음 적용되었다.

인사비서관

 새 정부 출범을 앞두고 인사정책국장이 준비해야 할 일 중에는 대통령의 자필 서명을 받는 것이 가장 시급했다. 취임 직후 국회의 임명 동의나 인사청문회가 필요 없는 대통령실장을 비롯한 수석비서관 등에게 대통령이 임명장을 수여할 때 사용하기 때문이다. 이 서명은 대통령이 임기 중에 수여할 임명장과 정부포상 증서에 모두 들어간다. 인사정책국장에 재임용된 후 대통령 당선인비서실로 연락하여 방문 일정을 잡았다. 며칠 후 담당 과장, 사무관, 직원과 같이 필묵함 등 도구를 갖추어 종로구 통의동의 당선인비서실을 방문하였다. 면담 예정 시간에 도착하였으나 앞의 일정이 순차 지연되어 30분 정도 기다렸다. 대기실에 앉아 있는데 대통령실장으로 내정 발표된 류우익 서울대학교 교수로부터 잠깐 보자는 연락이 왔다. 나는 데리러 온 인수위원회 직원의 안내로 그의 사무실로 갔다. 인사를 하고 자리에 앉으니 몇 가지 질문을 했다.
 '청와대에서 인사업무를 할 사람을 물색 중인데 여러 사람이 김 국장을 추천하기에 마침 오늘 여기에 들어온다고 해서 잠깐 만나고 싶었다.'고 하면서 '왜 경북고를 졸업하고 영남대로 가게 되었나?'고 물었다. 나는 시간관계상 모든 사정을 설명하지는 않고 '서울대에 지원했는데 떨어지고 영남대 천마장학생으로 뽑혀 가정 형편상 계속 다니게 되었다.'고 하며, '그 결과 공무원이 되어 지금까지 근무하고 있다.'고 말했다. 대답을 듣고 나에게 '만약 청와대에서 일하면 이런저런 것을 조심해야 하고 대통령 외에는 누구 얘기도 들으면 안 된다.'고 말했다. 다만 '지금 여러 사람을 검토 중이라 선발되지 않을 수 있으니 면담 사실은 외부에 말하지 말라.'고 했다. 이에 대하여 나는 '누가 추천했는지는 모르겠으나 검토해 준 것만도 감사하며, 기회가 주어진다면 열심히 일하겠다.'고 답하고 나왔다. 10분도 채 걸리지 않았다.

잠시 후 직원들과 함께 붓글씨 도구를 들고 대통령당선인실에 들어갔다. 몇 차례 연습한 당선인으로부터 최종 선정한, 붓으로 쓴 이명박 대통령의 이름을 받아 중앙인사위원회로 돌아왔다. 난 아무에게도 대통령실장 내정자를 잠시 만났다는 사실을 말하지 않았다. 내정자의 요청도 있었지만 내가 청와대에 들어가서 일할 가능성은 거의 없다고 보았기 때문이다. 다음날 경찰청의 정보 담당자로부터 「공직자윤리법」에 따라 신고한 재산등록자료 등을 팩스로 달라고 해서 보내주면서, 후보 중 한 명으로 검토하는 것은 사실이네라고 짐작했으나 역시 기대는 하지 않았다.

2008년 2월 16일 토요일 아침 집으로 배달된 신문에 새 정부의 청와대 인사비서관으로 당시 대통령직인수위원회에서 인사업무를 총괄하던 팀장이 내정되었다는 기사가 제법 크게 보도되었다. 대통령의 인사업무를 보좌하려면 오랫동안 같이 일하면서 신뢰를 쌓은 사람이 감당할 수 있으므로 대통령의 결정은 지극히 당연한 것이었다. 나처럼 일면식도 없는 사람에게 맡긴다는 것은 상상할 수 없었다. 한두 신문이라면 추측성 오보일 수 있으나 인터넷으로 확인한 대부분의 언론이 같은 내용을 보도했기에 난 100% 사실로 믿었다. 대통령실장 내정자와 면담 사실을 아무에게도 말하지 않은 것을 정말 잘했다고 스스로를 칭찬하였다.

그로부터 1주일이 채 지나지 않은 2월 22일 금요일 오전 11시경 아는 기자에게서 전화가 왔다. 받으니 대뜸 묻는 말이 '어떻게 내가 인사비서관으로 가게 되었느냐?'는 것이다. 깜짝 놀랐다. '아니 그게 무슨 말이냐? 다른 사람이 간다고 이미 발표되지 않았느냐?'고 오히려 반문했다. 이번에는 기자가 놀랐다. '아직도 모르고 있느냐? 빨리 인터넷을 찾아보라.'고 하며 끊었다. 바로 확인해 봤더니 대통령직인수위원회에서 이명박정부의 청와대 비서관으로 처음 내정 발표한 37명의 명단에 내가 인사비서관으로 들어가 있지 않은가! 아니 그럼 불과 며칠 전 인사비서관 내정 기사는 어쩐 일인가? 찾아보니 그는 다른 비서관 자리에 내정되어 있었다. 순간 나는 엄청난 충격을 받았다. 바로 기도가 나왔다.

'하나님 아버지, 부족한 저를 지명하여 부르시어 이명박 대통령을 도우라는 사명을 주셔서 감사합니다. 이제부터 성령님의 인도하심으로 최선을 다해 일할 수 있게 도와주십시오. 건강과 지혜, 절제와 인내, 영분별의 은사를 주시기 원합니다. 대통령을 보좌하는 마지막 순간까지 최선을 다해 일할 수 있도록 인도해 주십시오. 예수 그리스도의 이름으로 기도합니다. 아멘.'

인사비서관 내정 발표 뉴스를 접하고 당사자인 나는 물론, 중앙인사위원회의 권오룡 위원장을 비롯한 모든 직원이 깜짝 놀랐다. 어떻게 이런 일이 생길 수 있는가? 왜 나에게 미리 귀띔도 하지 않았을까 궁금하였다. 나중에 알아보니 인수위원회에서 극소수 인원이 철통 보안 속에서 인선을 진행하느라 내정자들에게 일일이 알려줄 시간이 없었다고 한다. 나처럼 일종의 면접을 통해 선발된 비서관은 극소수였다.

내가 최종 선택된 배경은 인사전문가로서 지방대 출신이라는 점이 결정적이었다고 한다. 다음날 인수위원회로 가서 류우익 대통령실장에게 정식으로 인사하고 앞으로의 할 일과 주의사항 등을 들었다. 인사비서관은 총무비서관, 기획조정비서관, 의전비서관, 연설기록비서관과 함께 대통령실장의 직속 비서관이었다. 인사비서관실의 사무실은 업무 특성을 고려하여 대통령실장의 바로 옆방이었다. 국장으로 승진한 후 계속 독방을 쓰다가 비서관이 되자 행정관들과 다시 한 공간에서 일함으로써 과장 때와 같이 사무실 분위기가 바뀐 것이 참 좋았다.

2월 25일 국회에서 대통령 취임식이 끝난 후 청와대로 들어가서 처음 재가를 받은 문서는 정무직공무원의 임명사항이었다. 전자결재시스템을 정비하기 전이라 손으로 결재를 받았다. 또 행정안전부 직제가 완성되고 인사실장 밑의 인사정책관이 임명될 때까지는 청와대에서 거행된 임명장 수여식에서 인사정책국장 시절에 했던 행사 사회를 임시로 맡기도 했다.

청와대 수석비서관은 인원이 많지 않고 인선도 조기 확정되어 신원조회를 미리 마쳐 대통령 취임 직후 바로 임명하였다. 그러나 비서관들은 인원이 많은 데다 인선 절차가 늦어져 신원조회가 상당히 오래 걸리는 바람에 대부분이 3월 중·하순에 임명되었다. 이명박 대통령은 정규 임명된 비서관 전원에게 일일이 임명장을 수여하고 기념촬영을 했다. 대통령령인 구「대통령실과 그 소속기관 직제」규정에는 비서관의 정원만 있고 각 비서관에게 구체적으로 어떤 역할이나 임무를 부여할 것인지는 대통령 또는 대통령실장의 재량사항이다. 그리하여 임용장에는 '대통령실 비서관에 보함'이라는 사항만 표시한다. '인사'비서관이 된 것은 비서관의 역할을 맡은 여러 사람 중에서 특별히 인사 보좌업무를 담당하도록 명령받았기 때문이다. 임명권자는 언제든지 인사업무를 다른 비서관에게 맡길 수도 있다. 마치 과장(課長)에게 장관이 무슨 임무라도 지시하면 다 수행해야 하는 것과 같은 이치이다.

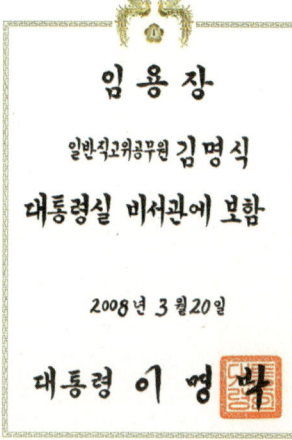
2월 25일 대통령 취임과 함께 지원 근무 형태로 청와대 위민1관 사무실로 출근했으나 정규 임명일은 3월 20일이었다. 계급제도 하에서는 대통령 비서관이 관리관(1급) 또는 이사관(2급)으로 임명되었는데, 고위공무원단으로 전환된 후에는 일반직고위공무원 내에서 보직만 달라졌으므로 비서관에 '보(補)' 하는 '임용장을 받았다. 직급 변화가 없기에 국새도 찍지 않았다. 다만 직위 특성상 보직 임용장 명의가 소속장관(대통령실장)이 아니라 대통령인 점이 중앙부처 공무원과 다른 점이다.

비서관(祕書官)의 문자적 의미는 사용자 옆에서 시중을 들고 도와주는 사람으로서 사용자로부터 언제 어떠한 임무가 부여되던지 비밀을 잘 유지하면서 섬기는 관직을 말한다. 따라서 비서관도 극장모형의 무대 위에서 일하는 공직연기자라는 점에서는 같으나 커튼 뒤에서 일하므로 관객들이 보기 어렵다는 점에서 차이가 있다. 이명박정부의 청와대 인사비서관은, 노무현정부의 인사수석비서관을 비롯하여 인사관리비서관·인사운영비서관·균형인사비서관 등 4명이 맡아 하던 업무를 통합한 직위라 그 역할과 책임의 중압감은 매우 컸다. 더욱이 새 정부 출범 초기에는 인사수요가 많아 새벽 일찍 출근하여 밤늦게 퇴근하는 일상이 반복되었다.

인사기획관

　이명박정부가 출범하면서 비서관으로 첫 발령을 받고 청와대로 들어와 5년 동안 대통령을 계속 보좌한 사람은 3명이 있었는데 직업공무원 출신은 나 혼자였다. 나와 같은 날 또는 나중에 청와대로 들어온 직업공무원 출신 비서관 상당수가 차관이나 청장, 수석비서관 등으로 영진(榮進)해 나갔다. 그러자 지인들이 나에게 왜 힘들게 일만 하고 승진을 안 하냐라는 질문을 많이 했다. 심지어 내가 대통령에게 말을 안 하니 대통령이 모르시는 게 아닌가 라는 말도 했다. 하지만 난 후배 공무원이 먼저 승진해서 기분이 상하거나 서운한 마음은 전혀 들지 않았다. 인사비서관 역할을 천명(天命)으로 알고 있었기 때문에 남들과 비교할 필요가 없었다. 언론에서는 대통령과 이전에 아무런 인연이 없고 인수위원회에서도 근무하지 않았는데도 대통령과 임기를 같이하며 계속 한 자리에서 일하니 순장(殉葬)조라는 표현을 쓰기 시작했다. 대통령의 퇴임을 6개월 정도 앞둔 2012년 8월 10일 대통령실장을 비롯한 수석비서관들의 건의에 따라 나는 수석비서관의 예우를 받는 인사기획관에 임명되었다. 4년 반 만에 받은 새 임명장이다.

대통령실 직제규정상 비서관의 상위 직위로 승진하였기에 인사기획관에 '임(任)'하는 대통령의 임명장을 받았다. 임명장 중간에는 2011년 10월 25일부터 사용하기 시작한 가로×세로 각 10.4㎝ 크기의 제5대 국새가 찍혀있다.

청와대 조직은 대통령을 보좌하는 조직의 특성을 반영하여 행정부의 중앙행정기관보다는 유연하게 운영할 수 있다. 예컨대, 「정부조직법」 제8조에서 모든 행정기관에 배치하는 정무직공무원의 정원은 국회가 법률로 통제하고 있으나 청와대만 예외를 인정하고 있다. 또 모든 부처는 대통령령인 직제규정에 실·국장의 조직과 직급 정원을 구체적으로 규정하고 국무회의의 심의를 거쳐야 하나, 대통령실은 「대통령실과 그 소속기관

이명박 대통령으로부터 인사기획관 임명장을 받는 수여식 장면이다. 가운데 사회자는 당시 행정안전부 김동극 인사정책국장으로 박근혜정부에서 인사비서관을 거쳐 인사혁신처장을 역임하고 퇴직하였다.

직제」[별표 1]에 규정된 정원 범위 안에서 대통령실장이 조직과 분장사무를 자율적으로 정할 수 있다. 이에 따라 대통령실의 조직을 정치상황에 따라 수시로 개편해 오면서 기획관 직위를 만든 것이다. 기획관은 2009년 9월 11일 대통령실 직제규정을 개정하면서 제6조에 보좌관과 함께 추가된 직위이다. 인사기획관도 그때 신설하였으나 적임자가 없어서 공석으로 두다가 폐지하고 다시 만들었다. 대통령실에서 근무하는 모든 공무원이 대통령의 의사결정을 보좌하는 참모이지만 그 중에서도 수석비서관은 대통령실 내부 업무를 정무, 민정, 경제, 사회 등 기능별로 구분한 계선 조직의 성격이 강한 반면, 기획관이나 보좌관은 특정 수석비서관 밑에 두기 어려운 공통 지원기능을 수행하면서 대통령실장 또는 정책실장을 보좌하는 참모 성격이 있어서 수석비서관과 구분한 것이다. 즉 기획관과 보좌관은 수석비서관과 예우는 같으나 정무직공무원은 아닌 특별한 형태의 직위 겸 직급이라 할 수 있다.

 [그림 12]는 이명박정부의 대통령실에서 마지막으로 운영한 조직도이다. 대통령실장은 장관급의 정무직공무원으로, 정책실장과 수석비서관은 차관급의 정무직공무원 정원이 책정되었다. 그런데 정책실장은 대통령실 직제규정 제5조에 따라 경제수석, 고용복지수석, 교육문화수석 및 미래전략기획관 등의 업무를 통합·조정하는 지위를 갖고 있으므로 같은 차관급이라도 「공무원 보수규정」[별표 32]의 규정에 따라 장관과 차관의 중간 연봉을 지급함으로써 수석비서관과는 예우에 있어서 차등을 두었다. [그림 12]에서 보는 바와 같이 기획관은 인사기획관 외에 총무기획관, 녹색성장기획관, 미래전략기획관, 대외전략기획관이 있었다. 이름은 달라도 국가위기관리실장, 기획관리실장과 국제경제보좌관도 기획관과 예우기준이 같았다. 그림에서 수석이나 기획관 밑에 작은 글씨로 표시된 이름은 비서관 명칭인데, 인사기획관, 대외전략기획관 및 국제경제보좌관 밑에는 비서관을 두지 않았다. 나는 기사와 차량이 제공되는 등 종전보다 직위는 차관급으로 승진했으나 역할에서 달라진 것은 없었다.

[그림 12] 이명박정부의 대통령실조직도

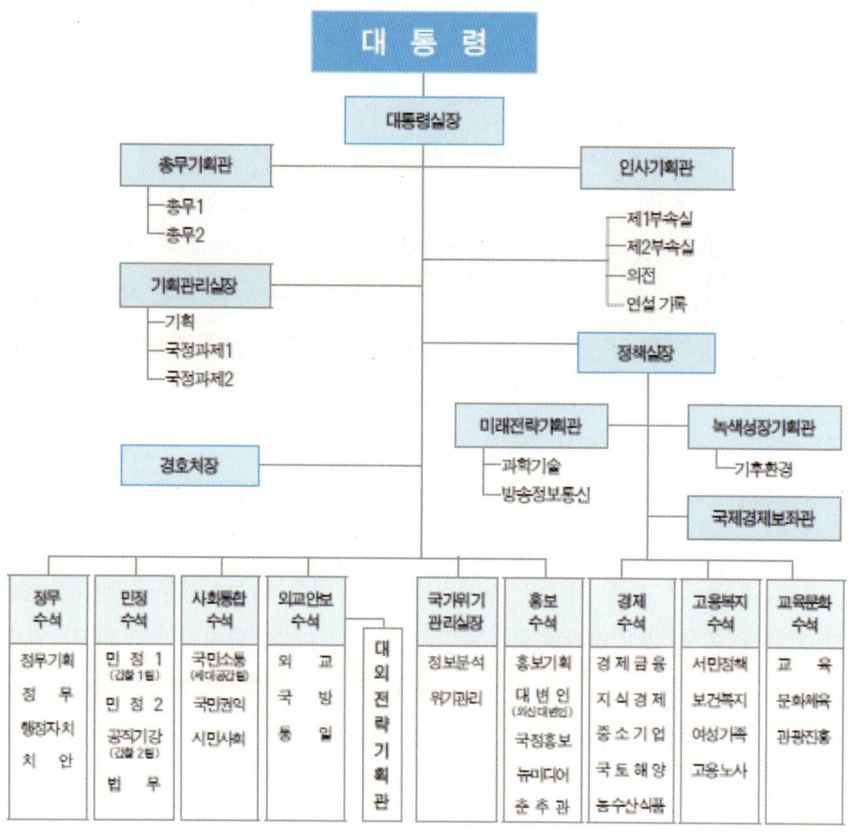

* 출처: 이명박정부 국정백서 제12권 부록6, 585쪽.

대통령 임기를 6개월 정도 남은 상태에서 긴급하게 처리할 인사업무가 그다지 많지는 않았다. 이제는 그간 추진한 일들을 마무리하는 백서 작업과제가 중요하였다. 기획관리실에서 수립한 이명박정부 국정백서 편집계획안에 당초 인사 분야는 들어있지 않았다. 관례대로 외교안보, 경제, 교육, 사회복지, 문화 등 분야별·주제별 정책성과 위주로 구성되어 있었다. 그러나 내 생각은 좀 달랐다. 인사정책 분야는 행정안전부의 (행정)백서에 담더라도 청와대에서 직접 주도한 인사내용은 국정백서에 넣어야 한다고 판단했다. 특히 이명박정부의 인사에 대하여 그간 사실과 다르게 왜곡된 부분은 나중에 정사(正史)인 국정백서를 통해서만 밝힐 수 있으므로 기록을 남길 필요가 있었다. 기획관리실과 최종 협의한 결과 국정백서의 마지막 제12권에 재임일지·어록과 함께 인사를 국정자료로 포함하기로 했다.

나는 행정관들과 상의하여 백서에 담을 내용을 다음과 같이 확정하였다. 제1장에는 이명박정부의 인사를 큰 틀에서 개관하는 것으로서 제1절 인사운영의 기조, 제2절 법령상 대통령의 인사 대상 직위목록과 절차, 제3절 정부의 고위직과 공공기관 임원 등 실질적인 정부인사의 범위, 제4절 청와대에서 인사운영시스템을 직접 개선한 사항을 기술하고, 제2장에는 이명박정부에서 실제로 행한 인사운영으로서 제1절 이명박 대통령이 임명한 고위공직자 인적사항, 제2절 이명박정부 인사에 대한 오해와 진실, 제3절 특기할만한 주요 인사사례를 포함하였다.

특히 제2장 제1절에 이명박 대통령을 도와 일한 정무직공무원과 대통령실의 기획관 이상, 헌법기관의 장 등을 직위별로 이름, 출신지역과 학교, 연령, 재임기간, 임명전 직위 등을 표로 일목요연하게 정리했다. 지금은 그 필요성을 별로 못 느끼겠지만 이명박정부를 제대로 평가하는 날을 대비하기 위함이다. 재임 중 두 차례의 세계적 금융 및 재정위기를 슬기롭게 극복하고 2010년 G20 서울 정상회의와 2012년 제2차 핵안보정상회의 개최 등 대한민국의 품격을 높이고 나라를 발전시키기 위해 정부가 얼마나 헌신적으로 일했는지 알게 되는 날 이명박 대통령을 충성스럽게 도운 공직자들을 찾을 수 있기 때문이다. 또 제2장 제2절은 사실과 달리 잘못된 프레임으로 힘들게 했던 정부인사에 대하여 정확한 통계자료를 근거로 실체적 진실을 알리는 차원에서 기록했다. 제3절에는 비록 언론에서는 크게 부각하지 않았으나 대한민국 정부수립 후 최초로 실시한 의미 있는 사례들을 정리했다. 나는 이 기록들이 훗날 그간 잘못 알려진 야사(野史)들을 바로잡는 데 도움이 될 것으로 생각한다.

청와대에서 5년간 근무하는 동안 나와 같이 일한 행정관들은 모두 39명으로서 나라를 위해 헌신적으로 일한 공무원들이었다. 백서를 쓰면서 마지막까지 같이 일한 행정관들과 하금렬 대통령실장 공관을 방문하여 찍은 사진이다.

한편 이명박정부는 종전의 대통령비서실을 대통령실로 이름을 바꾸면서 대통령경호실도 경호처로 고쳐 「대통령실과 그 소속기관 직제」 제2조에서 대통령실장 소속으로 전환하였다. 조직상으로는 대통령실장 밑에 두었으나 업무 특성을 고려하여 「대통령 등의 경호에 관한 법률」 제7조에 따라 경호처장에게 소속 5급 이상 직원의 인사에 관한 추천권을 부여하는 등 인사와 경호 업무는 자율적으로 행사하도록 했다. 비서실과 경호실이 상호 견제하는 관계가 아니라 대통령의 업무를 보조하느냐 아니면 신변을 보호하느냐로 구분할 뿐 긴밀하게 협조하는 공동체임을 확인했다는 점에서 의미가 있다.

대통령을 오래 보좌하면서 청와대 근무가 얼마나 힘든지 실감하였다. 이전에는 청와대에서 근무해 본 적이 없어서 잘 몰랐는데 상상 그 이상이었다. 대통령실의 일반직공무원은 1~2년 열심히 근무하면 원소속기관으로 복귀하면서 승진하는 경우가 많았으나, 경호처직원은 승진 기회도 적고 계급정년제가 적용되어 스트레스도 많았다. 또 워낙 성실한 이명박 대통령을 24시간 경호하느라 늘 긴장 속에서 일하였다. 나는 대통령실에 소속된 경호처직원의 수고를 보면서 이들이 가진 국가관과 훌륭한 인성·공동체성을 정부에서 계속 활용하는 것이 국익에 도움이 된다고 보았다. 그래서 공공기관에 빈자리가 생기면 퇴직한 경호공무원에게 공모기회를 주기 시작하였다. 임용예정 직위와 퇴직 예정자의 경력 등을 검토하여 적임자로 추천되면 나라를 위해 좀 더 봉사할 수 있도록 최대한 도와줬다.

일반직공무원에 비해 조기 퇴직하는 경호처 직원들에게 일할 기회를 알선한 것이 사기 진작에 도움이 된 점을 인정하여 박근혜정부 출범 후 경호처는 예전의 이름인 대통령경호실로 되돌아갔지만 경호실 직원일동으로 청와대를 떠나는 마지막 날 감사패를 주었다.

이명박 대통령은 5년간의 임기를 마치고 2013년 2월 24일 저녁 6시경 청와대를 떠났다. 연도에 서서 퇴임하는 대통령 내외를 전송하고 위민1관 207호 사무실로 들어와 그동안 이 자리에서 대한민국의 대통령을 잘 보필할 수 있도록 지켜 주신 하나님께 감사기도를 드렸다. 내일부터 이 자리에 앉아 새 대통령을 보좌할 후임 비서관에게 지혜와 명철, 건강을 주시도록 기도하였다. 텅 빈 사무실을 나올 때 그동안 지고 있던 무거운 짐을 내려놓는 느낌이 들었다. 1,827일간 유지해 왔던 극도의 긴장감도 자연스럽게 풀어졌다. 매일 오갔던 길을 따라 천천히 집으로 걸어오며 다시 감사기도를 드렸다.

2월 25일 오전 여의도 국회의사당

에서 열린 박근혜 대통령의 취임식에 참석하였다가 귀가하는 이명박 대통령을 맞이하러 논현동 사저(私邸)로 갔다. 이명박 대통령이 직접 임명한 장관들과 수석비서관 등이 많이 와 있었다. 누구보다 부지런한 대통령을 모시고 정말 열심히 일했던 공직자들이다. 그날 대통령은 모두가 듣는 자리에서 "인사팀장은 남들에게는 좋은 일을 많이 해 놓고 정작 자기 인사만 못 하고 끝까지 나를 도와주었다."면서 공개적으로 나를 칭찬하였다. 나는 대통령이 알아주신 것만으로 충분히 고마웠다.

  그날부터 나의 신분은 행정안전부에서 이름만 바뀐 안전행정부의 본부 대기자가 되었다. 다음 날 대구로 내려와 아버지 묘소에 들렀다가 어머니와 장모님을 비롯한 양가 친척들을 만나 그동안 어려운 사명을 잘 감당할 수 있도록 기도로 후원해 준 데 대하여 감사 인사를 드렸다. 저녁에는 그간 각종 모임에 불참한 나를 이해해준 친구들도 오랜만에 만났다. 외딴 수도원에서 생활한 것과 같았던 지난 5년간의 생활을 대강 설명해 주었더니 다들 공감하였다. 다시 서울로 와 미뤄둔 가사를 정리하고 책을 읽으며 새로운 삶에 서서히 적응해 나갔다.

  며칠 후 안전행정부의 인사기획관을 만나 사직서를 썼다. 약 한 달간의 조사가 끝나고 박근혜 대통령의 결재로 정년을 5년 정도 남긴 채 나의 인생2막은 마무리되었다. 사표가 수리되자 국민건강보험공단에서 지역가입자 보험료 청구서를 우편으로 보내왔다. 민간인으로 전환되었음을 확실히 입증하는 공식문서였다. 이제부터 건강보험료는 내가 기한 내 직접 납부하게 되었다. 그동안 이런 일에 전혀 신경 쓰지 않고 맡은 역할에만 충실하도록 해 준 담당 공무원들에게 새삼 감사한 마음이 들었다.

제 7 장

사명자의 길

많은 사람이 내게 어떻게 이명박 대통령을 임기 시작부터 끝까지 모시게 되었는지 궁금하다고 말한다. 실은 나도 인사비서관에 임명될 때 이렇게 오래 하리라고 전혀 예상하지 못했다. 역대 정부에서 대통령의 비서관들은 청와대에서 몇 년 근무한 후 대부분 행정부의 차관이나 청장 등으로 승진해 나왔기에 나 역시 비슷한 전철을 밟겠거니 예상했다. 다만 내가 그 자리에 간 것은 하나님의 섭리였기에 나오는 시기도 그분의 계획안에 있을 것으로 생각했다. 인사비서관이 되기까지 일어난 몇 가지 상황 때문이다.

교회의 사랑

　포항에 있던 해군 부대에서 해군본부로 전속된 후 과천에서 신혼생활을 하며 그곳의 장로교회에 출석하였다. 20대 후반에 집사로 임명되어 교사로, 성가대원으로 열심히 봉사하고 담임목사님 가족의 사랑을 많이 받았다. 도봉구로 이사할 때에도 동행하는 등 도움을 받았다. 하지만 도봉구에서 과천까지 주일예배에 참석하는 것은 불가능하여 부득이 새로 이사한 집 근처의 교회로 옮기게 되었다. 과천에 다니던 교회에는 과천청사에 근무하는 공무원이 많았는데 옮긴 교회에 공무원은 거의 없었다. 내가 만일 과천에 계속 살면서 청와대에 들어갔다면 같은 교회의 공무원들이 인사와 관련된 부탁을 하면 참 부담이 되었을 것이라는 생각이 들었다.

　새로 등록하여 25년 넘게 다닌 그 교회에서도 우리 가정은 목사님 가족을 비롯한 성도들로부터 많은 사랑을 받았다. 우리 부부가 처음 교회로 갔을 때 반갑게 맞이해준 장로님과 권사님, 친형제자매처럼 사랑해준 좋은 사람들을 만났다. 지금까지 그들은 우리와 함께 기도의 동역자로 지내고 있다. 아내는 교회의 성가대 지휘를 하며 교회의 도움으로 신학교에 들어가 교육전도사가 되었다. 나는 안수집사를 거쳐 장로로서 여러 부서에서 봉사하였다. 우리 가족이 미국과 호주에 가서 살거나 내가 공직에서 중요한 역할을 하는 중 목사님을 비롯한 성도들의 기도 후원은 큰 힘이 되었다. 특히 목사님은 내가 청와대에서 근무하는 동안 일하는데 부담이 안 되도록 교회를 통해 들어올 수 있는 다양한 인사 청탁을 모두 차단하고 내 휴대폰 번호나 집 주소 등을 전혀 알려주지 않았다. 교회 공동체의 다른 성도들도 마찬가지로 도와줬기에 일하는데 아무런 부담이 되지 않았다.

교회에서 새벽마다 드리는 국가와 국민을 위한 기도회는 매일 이어졌다. 중앙공무원교육원에서 고위정책과정을 받던 2007년 4월 어느 날, 나는 아내에게서 교회의 어떤 집사로부터 100일 철야기도 중 본 환상 얘기를 들었다. 하나님께서 이명박 전 서울특별시장을 차기 대통령으로 보여주시는 데 김명식 장로가 항상 그 옆에 있다는 것이다. 그러면서 아내에게 김명식 장로가 어디서 일하기에 이명박 전 서울시장님 옆에 늘 그렇게 보이는지 궁금하다고 해서, 아내는 웃으며 그냥 공무원인데 서울시에서 일하는 것은 아니라고 말했다 한다. 나는 약간 신비롭게 느껴졌지만 현실과는 상당히 먼 얘기로 들렸다.

당시 한나라당은 대통령후보를 결정하지도 않았고 경선해도 이명박 전 시장이 불리하다는 여론이 우세하였다. 설령 야당 후보로서 대통령에 당선되어도 내가 그 옆에 있을 가능성은 거의 없다고 보았다. 하지만 그 후에도 그 집사는 기도할 때마다 같은 환상이 늘 보인다고 하며 자기는 그렇게 될 것을 믿는다고 했다. 우여곡절 끝에 한나라당 전당대회에서 이명박 전 서울시장은 제17대 대통령후보로 선출되었고 당시 정권교체 여론이 우세하여 당선될 가능성이 높았다.

나는 대통령선거운동이 막바지에 이를 즈음인 12월 초 고위정책과정을 수료하고 중앙인사위원회로 복귀하였다. 약 2주일 후 12월 19일 실시된 대통령선거에서 이명박후보는 예상대로 큰 득표 차이로 제17대 대한민국 대통령에 당선되었다. 그 집사가 본 환상 중 하나는 실현된 셈이다. 그러면 나는 대통령직인수위원회에 파견근무를 하게 되는가 라고 기대했다. 왜냐하면, 2003년 2월 「대통령직 인수에 관한 법률」이 제정되면서 노무현 대통령당선인 시절

인수위원회에서 부처별로 국장들을 3배수로 추천받아 전문위원으로 선발한 전례가 있었기 때문이다. 성탄절 무렵 발표된 인수위원회 전문위원 명단에 중앙인사위원회 출신은 한 명도 없었다. 부처 추천절차 없이 직접 인선한 것으로 짐작하고 더는 그 집사의 기도에 신경 쓰지 않았다. 그런데 이명박 대통령의 취임 사흘을 앞두고 발표된 비서관 명단에 내가 인사비서관으로 내정된 보도를 접하고 놀랐다. 기도 중에 본 환상들이 모두 실제가 된 것이다.

아내는 평소 남편의 공직생활에 대하여 별로 내색하지 않았으나 뉴스를 통해 새 정부의 조직 개편 방침에 따라 중앙인사위원회가 폐지되고 행정안전부로 통합되는 내용 정도는 알고 있었다. 그즈음 아내는 매일 새벽마다 나라와 남편을 위하여 기도하고 저녁 잠자리 들기 전에도 무릎 꿇고 기도를 했다. 2008년 2월 어느 날 저녁 아내는 남편이 일하는 중앙인사위원회가 없어진다는데 걱정스럽지만 어떻게 되던 하나님께 맡긴다는 기도를 하고 잠자리에 들었다. 꿈에 이명박 대통령당선인이 나타나 아내와 이런 대화를 나누었다고 한다.

　당선인 : 내가 곧 청와대에 들어가는데 같이 일할 사람을 좀 추천해 주시오.
　아내 : (작은 목소리로 웃으며) 김명식이요.
　당선인 : 그가 누군데요?
　아내 : 제 남편입니다.
　당선인 : 남편 말고 추천할 다른 사람 없어요?
　아내 : 어머, 저는 남편밖에 모르는데요. 죄송해요. 호호.
　당선인 : 알았어요. 암튼 고맙소.

라고 하며 수첩에 내 이름을 적고 떠났다는 것이다. 다음 날 아침 아내는 자기가 나를 대통령당선인에게 추천했으니 대통령을 돕는 일을 할 것 같다고 말했다. 아내는 중앙인사위원회가 사라지는 것은 안 좋지만 꿈 얘기를 하면서 이제는 걱정하지 않는다고 했다. 나는 당선인이 왜 내게 직접 물어보지 않고 인사를 전혀 모르는 당신한테 가서 추천해달라고 했지 라고 말하며 대수롭지 않게 생각하며 웃었다.

아내의 꿈 얘기도 나를 향한 하나님의 예고편 중 하나였다. 하나님의 시간표는 인간이 세우고 실천하는 일정표와 달랐다. 전혀 의도하지 않았고 기대조차 안 했던 대통령의 인사비서관이라는 중책이 주어지면서, 나의 지나온 삶의 여정 가운데 왜 그때 그런 일이 생겼는지 궁금했던 일들의 해답도 찾을 수 있었다. 하나님은 이처럼 교회의 구성원을 통하여 전지전능하신 사랑을 몸소 보여주시면서, 때로는 말씀으로, 기도 중에, 찬양 중에, 책으로, 묵상으로, 자연 현상 등 다양한 방법으로 변함없는 은혜를 확증하신다.

갑작스러운 이사(移徙)

1982년부터 1987년까지 5년간 전세로 살며 매년 이삿짐을 싸야 했던 경기도 과천을 떠나 서울시 도봉구의 한 아파트를 분양받아 이사하였다. 베이비붐 세대가 본격적으로 가정을 이루기 시작하던 당시 전국적으로 많은 대형 아파트가 신축되었다. 어느 날 총무처 총무과에서 직원들에게 공지사항을 올렸다. 오늘 노원구에 신축예정인 주공아파트를 공무원연금공단에서 선착순으로 특별분양하니 빨리 가서 줄을 서라고 했다. 나는 아내와 상의한 후 집으로 가서 이웃들로부터 급히 계약금을 빌려 당시 여의도에 있었던 공단 본부로 가서 줄을 섰다. 그러나 기다린 보람도 없이 바로 내 앞에서 마감되고 말았다. 허탈한 마음으로 집으로 와서는 빌린 계약금을 다 되돌려줬다. 며칠 후 도봉구의 한 민영아파트를 선착순으로 분양한다는 공고를 보게 되었다. 과천의 전셋값보다 약간 비싼 분양가라 계약을 했다. 약 1년 반 뒤 완공되어 입주하게 되었다. 이사하니 총무처의 동료 공무원과 다른 부처의 공무원 동기들도 더러 보였다.

10년 정도 거기에서 살다 보니 지인들 대부분은 다른 곳으로 이사하고 비슷한 시기에 입주한 사람은 극소수만 남았다. 나는 두 번의 해외근무로 이사할 기회는 있었으나 도봉산으로 쉽게 걸어갈 수 있는 위치가 좋아 매번 다시 살던 곳으로 들어왔다. 도봉구에서 하도 오래 살고 있으니 만나는 사람마다 '아직도 여기서 사세요?' 라는 질문을 많이 했다.

2007년이 되자 새로운 상황이 발생하였다. 대학생이 된 아들이 1학기를 마친 후 집에서 학교로 가기 너무 힘드니 이사를 하자는 것이었다. 사정을 들어보니 이해가 되었다. 아침 일찍 동네 마을버스를 타고 지하철역으로 가서 지하철을 타고 30분 정도 가서 다른 노선의 지하철로 갈아타거나 아니면 간선버스를 타는 통학 거리가 문제였다. 매일 그렇게 왕복하니 수업에 지장이 많았다. 아내와 나는 하나님께 기도하기 시작했다. 그동안 나는 정부청사까지 통근버스를 타고 매일 출근했고 두 아들은 집 근처에 있는 초·중·고를 다녔기에 불편함을 별로 느끼지 못했던 것이다.

가까운 부동산중개소에 집을 팔아달라고 내어놓았다. 우리가 이사할 곳은 교회와의 거리, 자금 사정 등 여러 가지를 고려하여 종로구로 정했다. 종로구 일대를 둘러본 뒤 부동산중개소에 가서 적당한 아파트가 나오면 알려달라고 부탁했다. 7월에 팔겠다고 내놓은 집이 9월이 되어서도 팔리지 않았다. 가끔 집을 보러 오는 사람은 있었으나 사겠다는 사람은 없었다. 그러던 10월 어느 날 중앙공무원교육원에서 강의를 듣고 있는데 아내에게서 급한 휴대 전화가 왔다. 좀 전에 어떤 아주머니가 와서 집을 보고 간 뒤 사겠다는 연락이 왔는데 어떻게 할까 묻는 것이었다. 나는 계약하라고 했다. 다만 아직 우리가 입주할 집을 못 구했으니 잔금은 한 달 정도 여유를 두고 받는 게 좋겠다고 했다. 나중에 안 사실이지만 그날 집을 보고 간 사람은 교사인 남편과 독실한 그리스도인으로서 우리 아파트 거실 벽면과 방에 걸린 십자가들을 보고 바로 집을 사야겠다는 감동이 왔다고 한다.

우리 집을 팔기로 계약한 다음 날 아내는 이제 우리 가족이 살 집을 마련해 주시기를 기도하면서 약 두 달 전에 부탁한 종로구의 부동산중개소로 가고 있었다. 도착하기 약 5분 전 중개사로부터 급히 연락이 왔다. 방금 급매물이 하나 나왔으니 빨리 오라는 것이었다. 도착하자마자 바로 중개사와 함께 매물로 나온 그 아파트에 가본 아내는 집이 참 마음에 드는데 어떻게 할지 연락이 왔다. 나는 계약하라고 했다. 그리고 알려준 집주인의 통장으로 계약금을 송금하였다. 아파트를 매매하는데 필요한 차액은 적금을 해지하고 거래 은행으로부터 대출을 받아 충당하기로 했다.

몇 달간 안 팔리던 아파트가 단 하루 사이에 팔리고 사는 과정은 결코 우연이 아닌 기적이었다. 하나님께서는 때가 되자 미리 준비해 둔 사람을 우리 집에 보냈고, 또 우리에게 집을 팔아야 할 사람을 즉시 연결해 준 것이었다. 입주할 아파트를 수리한 후 11월 초 20년 만에 도봉구를 떠나게 되었다. 한 달 정도 남은 고위정책과정에 출석하기 위해 과천의 중앙공무원교육원까지 가는 시간도 30분 이상 단축되었다. 그뿐만 아니라 아이들 학교, 정부청사, 교회 모두 30분 안에 갈 수 있게 되었다. 종로구로 옮긴 후에도 주일 낮 예배는 물론 새벽기도회와 저녁 예배까지 특별한 사정이 있는 경우를 제외하고는 다니던 교회로 계속 출석하였다. 공직에서 물러나고 우리의 거처를 하나님께서 대구로 옮김에 따라 부득이 그 교회를 떠났다.

종로구로 이사한 지 3개월 후 내가 청와대로 발령이 났다. 새 정부가 들어서면 초창기에 인사수요가 가장 많다. 거의 매일 아침 6시쯤 출근하고 밤 12시 무렵 퇴근하는 일상이 반복되었다. 설상가상 광우병 시위로 경찰 차량이 길을 막아서 경복궁 쪽으로는 퇴근하기 어려운 상황이 생겼다. 어쩔 수 없이 국무총리 공관 쪽으로 가서 삼청동을 거쳐 집으로 걸어가게 되었다. 다음 날 아침에 반대로 걸어와 봤다. 45분 정도 걸렸다. 이 정도 거리라면 걸어 다녀도 될 것 같았다. 휴일도 없이 일하는 상황에서는 건강과 체력이 중요한데 일은 많고 운동할 시간을 따로 만들기 어렵다면 이렇게 매일 걷는 것만으로도 충분히 운동이 되겠다 싶어서 아예 걸어서 출퇴근하기로 작정했다.

며칠, 몇 달, 몇 년 빠지지 않고 걷다 보니 습관이 되었다. 날씨는 아무런 제약조건이 되지 않았다. 아침 식사 후 6시 반쯤 현관을 나서면 다음부터는 내 몸이 저절로 늘 가던 길로 갔다. 2010년 1월 4일 내린 폭설에 무릎까지 빠지는 날에도 걸어갔다. 성균관대학교 안의 큰 나뭇가지는 물론 삼청공원

쪽 나무 계단에도 큰 나무가 넘어져 길을 막고 있었다. 같은 해 9월 첫날 이른 아침에는 태풍 곤파스가 서울을 관통하는 악천후에도 걸어갔다. 와룡공원 길로 내려가는데 엄청난 바람이 나뭇가지들을 부러뜨려 우산을 때리며 발밑 쪽으로 떨어졌다. 행여 다칠까 걱정이 있었지만 돌아갈 상황이 안 되어 곧장 앞으로 걸어갔다. 그 와중에 살아 있는 나무는 외풍에 가지가 쉽게 부러지나, 죽은 나무들은 거센 강풍에도 불구하고 고목의 자태를 그대로 간직하며 우뚝 서 있었다. 사람도 살아 있는 동안 온갖 시련으로 때로는 좌절하기도 하나 어떻게 사는가에 따라 죽어서도 영원히 살 수 있음을 깨달았다.

종로구로 이사하게 된 결정적 계기를 마련한 아들은 한 학기 더 공부한 뒤 휴학하고 육군에 입대했다. 결과적으로 이사를 해서 가장 크게 혜택을 본 사람은 나였다. 나는 전혀 모르고 있었으나 이명박 대통령의 보좌 역할을 계획한 하나님의 시간표에는 내가 청와대로 걸어서 출퇴근할 수 있는 지역으로 처소를 미리 옮겨 놓은 것이다. 나는 이렇게 갑작스럽게 이루어진 이사를 하나님의 치밀한 섭리라고 믿는다. '내게 줄로 재어 준 구역은 아름다운 곳에 있음이여 나의 기업이 실로 아름답도다.'(시편 16:6)라는 성경 말씀이 떠올랐다.

인수위에 못 간 것도

　중앙인사위원회에서는 이명박정부의 대통령직인수위원회 요청에 따라 과장급 1명만 파견을 했다. 나중에 청와대에서 근무하면서 깨달은 것은 이런 상황도 하나님의 은혜였다. 내가 만일 인수위원회에 파견되었더라면 휴일도 없이 두 달간 열심히 일함으로써 체력이 많이 떨어져 정부 출범 직후 폭발적으로 증가한 업무량을 효과적으로 수행하기 힘들었을 것이다.
　간과할 수 없는 또 하나의 중요한 사실은 새 정부의 중요 인사들과 특별한 인맥을 형성할 기회가 전혀 없었다는 점이다. 인수위원회에 파견근무를 하면 인수위원이나 전문위원 등과 이런저런 경로로 친분을 쌓는다. 소속된 분과위원회는 말할 것도 없고 다른 부서의 직원들과도 대부분 잘 알게 된다. 그러면 본인의 의지나 태도와 상관없이 인사비서관은 누구의 인맥이라는 낙인이 찍힌다. 같이 근무한 인수위원회 사람들이 전달하거나 직접 요청할지도 모를 각종 인사 추천을 거절하기 어려울 수 있다. 인수위원회에서 근무하지 않음으로써 보이지 않는 인맥의 굴레로부터 자유로워 내 역할에 더욱 충실할 수 있었다.
　대통령의 인사업무를 보좌한다고 해서 대통령과 비서관의 양자 관계로만 보면 안 된다. 중간에 대통령실장이 있다. 내가 인사비서관과 인사기획관으로 일하는 동안 직속상관인 대통령실장은 류우익·정정길·임태희·하금렬 실장이었다. 만약 그중 단 한 사람이라도 대통령에게 인사비서관과 같이 일할 수 없으니 교체해 달라고 건의했다면 5년간 계속 일하기 어려웠을 것이다. 이런 배경 역시 내가 인수위원회에서 근무하지 않음으로써 정권 창출에 공이 큰 사람들과 별다른 인연이나 친분을 맺지 않았던 것이 긍정적 영향을 미치지 않았을까 추측해본다.

컴퓨터의 도움

 이명박정부의 인사비서관실은 노무현정부의 인사수석실에서 만든 인사추천 시스템을 대부분 그대로 적용하였다. 다만 인원은 대폭 줄여서 취임 초기 인사업무를 아날로그 방식으로 할 때는 일손이 많이 부족하였다. 예컨대 대통령께 인사안을 보고하러 갈 때마다 보고서 안에 담긴 후보자들에 대한 부속 참고자료를 모두 종이로 출력해 갔다. 분량도 많을 뿐더러 대통령의 질문에 해당 자료를 바로 찾기도 불편했다. 또 준비한 자료로는 늘 부족하였다. 대통령은 내가 갖고 간 자료 범위 안에서만 질문하지 않기 때문이다. 더욱이 대통령선거 과정에 전혀 관여하지 않은 내가 아는 인적 범위는 언론을 통해 아는 정도에 불과하여 대통령의 정보량에 비하면 턱없이 부족하였다.
 대통령의 질문에 답을 제대로 하지 못할 때마다 나는 자료를 좀 더 보완해서 다시 보고 드리겠다고 대답할 수밖에 없었다. 그럴 때마다 내가 과연 대통령의 인사비서관을 할 자격이 있는가라는 자괴감이 들었다. 완벽한 자료를 준비하여 대통령이 신속·정확하게 판단하고 결정하게 돕는 것이 비서관의 임무인데 이렇게 제대로 보좌하지 못한다면 차라리 그만두는 게 낫지 않나라는 생각이 들 정도였다. 빨리 무슨 대책을 마련해야 했다. 사실 해결책은 이미 나와 있었다. 사무실에서 내가 일할 때 쓰는 국가인재데이터베이스를 대통령께 보고할 때에도 활용하면 되는 것이다. 행정안전부의 담당 부서에서 항상 최신자료로 업데이트하는 등 철저히 관리를 하고 있었기에 최고의 인물정보 검색시스템이었다.

그러기 위해서는 가장 중요한 선결 조건으로서 대통령집무실에 네트워크가 설치되어 있어야 한다. 국가인재데이터베이스는 보안성 때문에 반드시 유선망에서만 접속할 수 있기 때문이다. 경호처에 알아보았다. 대통령집무실이나 관저에 통신망이 설치되어 있으면 IP주소를 달라고 했고, 아직 없으면 빨리 설치해서 주소를 달라고 했다. 며칠 후 연락이 왔다. 설치가 완료되었다고 하며 IP주소를 알려주었다. 나는 랩톱 컴퓨터에 국가인재데이터베이스 접속 프로그램을 설치하였다. 이제는 대통령집무실에서 그 프로그램이 잘 구동되는지 점검만 하면 된다. 부속실의 협조를 받아 대통령이 외부행사로 자리를 비운 시간에 노트북을 들고 가 몇 차례 시험해 보았다. 이상 없이 잘 작동되었다.

그날 이후 대통령에게 보고하러 갈 때 종이보고서는 총괄 보고서만 한 부 출력하고, 그동안 부속자료로 들고 갔던 인물정보는 한 장도 출력하지 않았다. 집무실에 들어가자마자 랩톱 컴퓨터의 전원과 랜 선을 연결하고 국가인재데이터베이스 프로그램을 구동시킨 후 보고를 시작했다. 시간과 비용이 크게 절감되었다. 또 대통령의 질문에 당황하거나 우물쭈물할 필요도 없었다. 인사정보에 관한 한 누구를 물어보시더라도 그 자리에서 즉시 보여드릴 수 있어서 보고의 부담감과 걱정은 완전히 사라졌다.

국정 전반을 살펴야 하는 대통령의 시간은 최대한 효율적으로 사용되어야 한다. 이를 위해서는 대통령이 올바른 판단과 결정을 신속하게 할 수 있도록 항상 최신의 정확한 정보를 보고해야 한다. 이는 디지털 방식으로 해야 가능하다. 이제 명실공히 국가인재데이터베이스 프로그램은 나의 개인 비서가 되었다. 처음에는 보고 중 대통령이 인사정보를 물어보면 해당 자료를 찾아 랩톱 컴퓨터 화면을 대통령 쪽으로 돌렸는데, 이것도 불편하여 나중에는 모니터를 하나 더 준비하여 대통령 앞에도 비치하고 동시에 구동하였다.

중앙인사위원회의 인사정책과장 시절 김광웅 위원장의 지시로 국가인재데이터베이스를 처음 구축할 당시만 해도 나중에 내가 대통령의 인사비서관이 되어 이를 요긴하게 쓸 것으로는 꿈에도 생각지 못했다. 설령 구축은 해 놓았더라도 미국에 유학하면서 컴퓨터에 관한 기본지식을 배우지 않았더라면, 인사비서관의 일상 업무를 하면서 컴퓨터를 따로 공부해서 활용하려 해도 쉽지 않았을 것이다. 미국 유학 시절 누가 권하거나 시키지도 않았는데 컴퓨터 공부를 열심히 한 것이 십여 년 후 이명박 대통령을 보좌할 준비과정의 하나였음을 알고 하나님의 치밀하신 계획에 놀라지 않을 수 없었다.

인사행정 외길

나는 전체 공직생활 중 해외 파견과 군 복무기간을 제외하면 실제로 정부에서 일한 기간은 27년 정도 된다. 이 중에서 총무처 제도1과장으로 일한 넉 달만 빼고는 줄곧 인사업무만을 담당하였다. 처음부터 인사전문가가 되려고 공직에 들어온 것은 아닌데 결과적으로 그렇게 되었다. 이는 공직생활의 첫 출발을 총무처에서 한 것이 계기였다. 앞에서 언급한 것처럼 총무처에서는 복무담당관실, 인사과, 인사기획과의 사무관, 중앙공무원교육원 교수부의 서기관, 제도1과장, 고시2과장, 급여과장, 행정자치부에서는 급여과장, 중앙인사위원회에서는 인사정책과장, 인사정보심의관, 기획관리관(정책홍보관리관), 인사정책국장까지 공직무대에서의 위치와 역할은 다양하게 바뀌었어도 모두 넓은 의미의 공무원 인사행정 업무였다. 호주연방정부의 조직개편 원칙 중에 하나인 '(전문성을 가진) 공무원은 업무를 따라 다닌다(staff follow function.)'는 말처럼 이루어진 것이다. 총무처에서 공직생활을 시작한 이래 내가 속한 기관의 이름은 행정자치부와 중앙인사위원회로 두 번 바뀌었으나, 인사행정의 외길로 갈 수 있었던 것은 선배공무원들의 조언과 그 건의를 기꺼이 수용해 준 기관장들의 배려 덕분이었다.

이 과정에서 나는 인사행정의 전문가가 되기 위하여 인사 관련부서로만 보내달라고 상관이나 인사권자에게 한 번도 부탁하지 않았다. 그저 발령이 나는 대로 새로운 곳에서 열심히 즐겁게 일했을 뿐이다. 공직연기자는 어느 자리에서든지 평가를 통하여 더 책임 있는 역할을 맡을지 결정된다. 모든 조직은 설립목적에 필요한 기관과 직위를 만들어 적합한 사람을 찾아 배치함으로써 존속된다. 그러므로 맡은 보직을 남들이 별로 알아주는 자리가 아니라고 재빨리 다른 부서로 옮기려고 하면 안 된다. 인사담당자를 포함한 주변 사람들은 오히려 빛이 나지 않는 자리에서 최선을 다해 성실하게 근무하는 사람을 주의 깊게 관찰한다. 공개적으로 말하지 않아도 사람들은 항상 상대적으로 평가하기 때문이다.

나의 학문적 성장경로는 경영학사에서 시작하여 행정학석사와 공공정책·행정학석사를 거쳐 법학박사로 이어진다. 처음부터 여러 가지를 공부할 계획이 있었던 것은 아닌데 결과적으로 그렇게 되었다. 대학 입학 때는 민간기업 취업이 용이한 경영학을 전공했으나 공무원시험을 준비하면서 행정대학원에 갔으며 공무원이 된 후로는 인사관계 법령과 정책업무를 오래 담당하면서 법학에 관심을 가져 박사과정까지 이수한 것이다. 전공한 분야 모두 공직을 수행할 때 도움이 되는 학문이었다. 융·복합 사고의 관점에서도 잘한 결정이었다고 생각한다. 경영학의 인사관리와 행정학의 인사행정은 청와대에서의 인사정치 업무에도 많은 참고가 되었다.

영남대학교 입학

　고등학교 3학년 2학기 때 전국의 대형 사립대학은 특차로 장학생을 모집하려고 입학처 담당 교직원들을 주요 고등학교에 보내어 입시설명회를 했다. 당시 대학 입학시험은 전국적으로 같은 날 실시하였는데, 시험을 먼저 치르는 학교를 전기 대학이라 하고 나중에 실시하는 학교를 후기 대학이라 했다. 특차시험은 전기 대학 시험에 앞서 먼저 특별 전형절차로 선발한다는 의미이다. 국립대학과 서울의 유명 대형 사립대학은 대부분 전기 대학이었고 나머지는 대부분 후기에 선발하였다. 특차시험을 통해 사립대학교의 장학생으로 선발되면 대학 4년간 등록금 전액 면제와 매월 일정한 교재구입비가 지급되는 좋은 조건을 제시하였다. 나는 고등학교에 다니면서 줄곧 서울대학교 법대나 상대에 갈 수 있는 사회계열 입시를 목표로 공부해 왔지만 가정형편을 고려할 때 특차 지원도 괜찮겠다는 생각이 들었다. 등록 여부는 나중에 고민하기로 하고 일단 실력 검증을 겸해서 영남대학교 경영학과 특차시험에 응시하였다. 며칠 후 천마장학생에 선발되었다는 연락을 받았다. 다만 전기 대학 입시일에 학교로 소집을 하는데 나타나지 않으면 장학생 선발을 취소한다는 조건이 있었다. 잠시 갈등이 왔지만 영남대학교에 가지 않고 서울대학교 사회계열 입학시험을 치러 친구와 함께 서울로 갔다.

그런데 예상과 달리 서울대학교 입시에 떨어지고 말았다. 당연히 영남대학교 천마장학생 자격도 사라졌다. 낙심하고 고향에 내려와 있으니 서울과 대구의 유명 학원에서 등록하라는 안내편지를 경쟁적으로 보내왔다. 재수를 택할 것인가 아니면 후기 대학에 원서를 낼 것인가를 결단할 때가 되었다. 집안 사정 등 여러 가지를 검토한 끝에 서울의 후기 대학이나 학원에 등록하지 않고 영남대학교 경영학과에 다시 응시원서를 냈다. 후기 대학 입시일에 무거운 마음으로 대명동 캠퍼스로 가서 필기와 면접시험을 마쳤다.

합격자 발표일 하루 전날 저녁 부모님이 계시는 고향의 집에 있는데 기자로부터 전화가 왔다. 영남대 합격자 4,500여 명 중 내가 전체 수석을 했다는 것이다. 저녁 방송 뉴스와 다음 날 아침 주요 일간지에 내 사진과 출신고교, 시험성적, 단과대학별 수석합격자 명단이 보도되었다. 인터넷이 없던 당시에는 합격자 명단을 대학에서 캠퍼스 건물 외벽에 붙인 공고문을 통해서 발표하였다. 예정된 발표 시간에 학교에 가서 확인해보니, 내 이름 밑에는 '전체 수석'이라고 적고 6등까지 합격생 명단 아래에 '입학천마'라는 문구가 적혀 있었다. 나는 1976년 3월 초 경상북도 경산시의 새 캠퍼스에서 열린 영남대학교 입학식에서 전체 학생을 대표하여 학군단 복장을 하고 선서를 했다. 부모님은 내가 서울대학교에 입학하면 쓰려고 준비한 등록금으로 텔레비전 수상기를 한 대 구입하였다.

영남대학교는 전통의 사학 명문 대구대학과 청구대학이 1967년에 통합한 학교이다. 당시 경북고등학교 졸업생이 가장 많이 입학한 대학이기도 했다. 졸업하고 바로 들어온 동기는 물론 재수 또는 삼수한 선배들도 많았다. 전기 대학입시에 고배를 마신 아픈 경험을 극복한 결과 지방대학 중에서는 특히 행정고등고시에 가장 많은 합격자를 배출한 학교로 정평이 나 있었다. 법정대학이나 상경대학 입학 후 바로 고시반 등에 들어가서 진작부터 시험을 준비하는 학생도 있었으나, 난 대학생활을 알차게 보내려고 선배의 권유로 대구 시내 다섯 개 대학의 연합동아리에 들어가 활동했다. 천마장학생 자격은 평균 학점을 3.5점 이상이면 유지되었기에 학교공부에만 전적으로 매달리지 않았다.

　2학년이 되니 입학 동기 중 응시연령이 되는 학생들은 벌써 행정고시 1차 합격자가 나오기 시작하였다. 그런 소식은 어느 정도 내게 도전의식을 불러 일으켰다. 나는 3학년이 되어야 응시자격이 생기므로 2학년 2학기를 마친 후 본격적으로 공부할 생각이었다. 겨울방학이 되자 동아리 선배로부터 몇 권의 책을 추천받아 새 책을 구입한 뒤 고향 인근의 운문사 내원암으로 들어갔다. 그 암자에는 5개의 작은 방이 있었다. 의과대학생, 대학원생, 야구선수, 직장인 등 다양한 사연을 가진 사람들과 같이 지내면서 공부를 했다. 깊은 산골의 사찰 암자에서 맞는 겨울은 유난히 추웠으나 장작불 때문에 방이 참 따뜻하였다. 겨울방학 두 달 동안 행정고시 2차시험의 필수과목 4개를 두세 번 정도 읽었다.

　3학년이 되어 학교 근처 마을에 살던 이모 집에서 통학하며 교내 중앙도서관에서 주로 공부하였다. 학점관리도 소홀히 할 수 없으므로 전공인 경영학 수업을 빠짐없이 잘 듣고 학점을 좋게 받는 한편, 법정대학에 개설된 행정학과 행정법 등을 수강하였다. 학교공부를 열심히 하는 게 공무원시험 공부라 생각하고 강의시간에도 집중해서 들었다. 도서관에서 공부를 시작한 지 며칠 되지 않은 어느 날, 나는 문득 그간 성경책을 한 번도 통독한 적이 없다는 사실을 깨달았다. 공무원이 되어보겠다고 수백 쪽의 두꺼운 수험서는 밑줄을 그어가며 몇 번 정독했는데, 모태신앙으로 20년 넘게 살면서 성경은 한 번도 전체를 읽어본 적이 없어서 하나님께 죄송한 마음이 생겼다. 바로 다음 날 성경책을 도서관에 갖고 와서 공부하기 전에 먼저 성경책부터 읽기로 작정했다. 1년에 한 번은 신·구약 전체를 읽기로 결심하고 기도 후 매일 20분 정도 읽었다. 성경을 먼저 읽고 공부하니 마음이 편해지고 집중력이 훨씬 좋아졌다. 그렇게 시작된 연 1회 성경통독 원칙을 지금까지 지키고 있다.

　3학년 1학기에는 제22회 행정고시 1차시험 공부에 치중하였다. 1차시험에 합격하면 그해와 다음 해 두 번의 2차시험 응시기회를 가질 수 있었다. 학교

수업과 병행하며 석 달 정도 1차시험 준비에 집중하였다. 시험은 각 도청 소재지에서 실시되었으므로 대구 시내에서 시험을 쳤다. 한국사·민법총칙·재정학·영어 4과목을 객관식으로 쳤는데 합격되었다. 2차시험은 준비 기간이 짧아 합격은 기대하지 않고 시험장 분위기와 실력 수준을 점검해 볼 생각으로 서울에 시험치러 갔다. 사흘간 열심히 답안을 채웠으나 예상대로 불합격이었다. 합격자 발표 후 성적을 알아보니 필수과목인 헌법·행정법·행정학·경제학은 합격선을 넘을 정도로 점수가 나쁘지 않았으나 준비가 절대 부족했던 선택과목(상법·회계학)에서 과락 점수가 나왔다. 떨어졌지만 다음 해 시험에 대한 자신감을 얻은 것은 큰 수확이었다.

4학년 1학기까지 학교 도서관과 강의실을 오가며 공부하는 일상은 지속 되었다. 여름방학이 시작되자 대구시 동구 도학동에 있는 고시원에 들어갔다. 그곳에는 수험생이 수십 명 기숙하며 공부하는 집이 몇 군데 있었다. 6월 중순 기말시험이 끝나는 대로 들어가 2차시험을 칠 때까지 약 5개월 반 동안 내 인생에서 후회 없이 공부해보자고 다짐했다. 최선을 다해 공부해도 떨어질 수는 있으나 공부를 안 하고 합격할 수는 없다고 생각했다. 고시원에 가서도 매일 성경 읽기는 쉬지 않았고 주일 예배시간에는 가장 가까운 교회가 있는 불로동까지 버스를 타고 갔다. 하루에 거의 15~16시간 정도 공부를 한 것 같았다. 졸음이 오면 책상 앞에 붙여 둔 '좀더 자자, 좀더 졸자, 손을 모으고 좀더 누워 있자 하면 네 빈궁이 강도같이 오며 네 곤핍이 군사같이 이르리라(잠언 6:10·11, 24:33·34)'는 말씀을 보면서 정신을 집중했다. 마침내 합격선보다 5점정도 높은 성적으로 최종 합격하였다. 헌법과 회계학의 성적이 특히 좋았다. 그해 시행된 제23회 행정고시에서 영남대학교 출신은 모두 24명이 최종 합격하여 전국 대학교 중 다섯 번째로 많은 합격생을 배출했다.

내가 이명박 대통령의 인사비서관에 임명된 결정적 이유 중 하나가 지방대 출신이었기 때문이다. 영남대학교로 간 것은 하나님의 계획이었다. 이미 특차로 선발된 천마장학생을 포기하고 인간적인 판단과 욕심에 따라 서울대학교에 응시하였으나, 하나님은 서울로 가는 길을 강권(强勸)적으로 막고 원래 있어야 할 자리로 되돌려 보냈다. 당시에는 전혀 알지 못했으나 하나님은 이미 30년 후의 일까지 알고 준비하신 것이다. 영남대학교에 입학하여 실패를 통한 겸손함을 깨닫게 했고 등록금 전액이 면제되며 도서구입비까지 지원받음으로써 부모님의 경제적 부담까지 덜어 드린 것은 하나님의 선물이었다. 오늘의 나를 있게 해 준 영남대학교에 감사하고 있다.

인생은 실선(實線)

대학 입학부터 시작하여 공직생활을 하고 청와대에 들어갈 때까지 몇 가지 사례를 통해 인사비서관 역할을 맡게 된 것은 전적으로 하나님의 섭리임을 깨달았다. 이러한 일들은 개별적으로 우연히 발생한 단편적 사건처럼 보이나 자세히 살펴보면 인과관계로 모두 연결되어 있었다. 앞의 역할에서 이룬 결과는 다음 역할을 맡는 원인이 되어 끊임없이 이어져 갔다. 영남대학교에 들어갔기에 행정고시에 일찍 합격할 수 있었고, 당시 필기시험 성적보다 병역필 또는 병역의무 면제자에게 우선권을 부여하는 부처 배정 방침에 따라 총무처로 갔으며, 총무처에서 공직생활을 시작하면서 좋은 멘토를 만나 인사업무를 맡게 되었고, 인사업무를 오래 하다 보니 청와대까지 근무하게 되었다. 이 모든 과정에서 결과가 된 나중의 사실을 처음부터 내가 목표로 삼거나 의도적으로 준비한 것은 하나도 없었다. 단지 주어진 자리에서 동료들과 함께 열심히 일하다보니 여기까지 오게 되었다.

이명박 대통령과 나는 서로 다른 분야와 공간에서 각자의 삶을 오래 살았다. 이전부터 알고 지내거나 누구를 통해서도 연결되지 않았다. 그렇지만 하나님께서는 2008년부터 5년간 한 장소에서 만나 일할 것을 계획하고 준비하셨다. 그때까지 각자의 자리에서 맡았던 수많은 직무 경험을 통하여 대통령과 인사비서관의 역할을 각각 잘할 수 있도록 연단하셨다. 하나님은, 내가 대통령을 만나는 시간과 장소에 이를 때까지의 모든 과정에서 필요한 사람들을 선한 도구로 쓰셨다. 나도 하나님의 시간표에 따라 직·간접적으로 누군가를 돕는 축복의 통로로 쓰임 받았을 것이다.

인사비서관의 한 자리에 몇 년째 계속 있으니 지인들이 왜 차관으로 승진하지 않는지 의문을 가지기 시작했다. 일반적으로 사람들은 공직자가 맡은 자리에서 얼마나 자기 역할을 충실히 수행하여 어떤 성과를 남겼는지 평가하기보다는 어떤 계급까지 하고 퇴직했는가에 관심이 더 많다. 그러나 하나님의 평가 기준은 사람의 생각과는 다르다. 나는 하나님이 장관이나 차관으로 쓸 그릇은 아닌 것 같았지만, 만약 하나님이 사람의 포상 심사기준처럼 세상에서 장관을 역임하고 천국에 오면 금빛 면류관을, 차관을 하고 오면 은빛 면류관을, 그 이하 공직을 하고 오면 동(銅)빛 면류관을 주는 분이라면 나도 당연히 장관이나 차관을 하려고 노력했을 것이다. 공의의 하나님은 사람들이 각기 다르게 받은 달란트를 통하여 자기 직분을 정직하고 성실하게 감당했는가에 따라 심판하신다. 명목상의 계급이 아니라 각자의 사명을 얼마나 착하고 충성되게(마태복음 25:23) 완수하는지 정도에 따라 공평하게 상급을 주시는 분이다. 그러니 내가 맡은 역할에 본질상 차이가 없다면 사람들이 그걸 무어라고 부르던지 별로 중요하지 않았다.

나의 지나온 인생 여정을 돌이켜볼 때 어떤 일은 지워버리고 싶은 것이 있다. 나와 관련된 수많은 사건 중 마음에 드는 것만 골라서 연결하여 이것이 내 인생이라고 재정리할 수 있다면 얼마나 좋을까? 하지만 출생하여 사망할 때까지 모두 실선으로 연결되어 있기에 절대로 그렇게 할 수 없다. 그래서 우리는 철없던 지난 시절 행한 잘못을 용서받고 더는 반복하지 않도록 노력해야 한다. 마치 이스라엘 백성이 주기적으로 속건제(贖愆祭)와 속죄제(贖罪祭)를 드림으로써 끊임없이 자신들의 허물과 죄를 씻은 것처럼. 국가도 사람과 같은 인격체이기에 실선으로 이어져 있다. 지난 사건 중 지우고 싶은 것이 있어도 돌이킬 수 없는 시간은 이를 허용하지 않는다. 좋은 일들만 이어서 우리 역사로 삼을 수 있다면 얼마나 좋을까? 그러나 실선이기에 불가능하다. 지우려면 공동운명체의 존재 자체가 부정될 수 있다. 그러므로 이미 지나온 역사는 사실 자체로서, 미래를 위하여 객관적으로 평가하여 타산지석으로 삼는 것이 옳다.

모든 일이 하나님의 주권으로 이루어지므로 주어질 역할의 시작과 끝도 하나님의 시간표에 따를 것으로 믿었다. 내가 할 수 있는 것은 단지 맡은 사명에 최선을 다할 뿐이었다. 위로부터 받은 사명이기에 어느 것 하나 소홀히 할 수 없었다. 모든 역할에서 나름대로 최선을 다했다. 그러기에 누구에게 자리를 부탁할 필요가 없었다. 인사비서관도 남들보다 빨리 승진하려고 청탁해서 맡지 않았으므로 이를 발판으로 다음에 무슨 자리를 기대하거나 예정하고 일할 필요가 없었다. 승진하려는 욕심 자체가 하나님께 허물과 죄가 된다고 보았다. 오히려 하나님의 뜻과 달리 인간적인 욕심으로 장·차관으로 승진하여 행정부로 나갔다가 사후(死後)에 하나님의 심판대 앞에서 '너는 내 계획과 달리 왜 도중에 청와대를 나갔느냐? 세상의 명예와 직급이 뭐 그리 좋다고 그랬느냐?'라는 책망을 들을까 두려웠다. 만약 내가 청와대를 나가서 행정부에서 일하는 것이 대통령에게 더욱 도움이 된다면, 하나님께서는 적당한 시기에 대통령의 입을 통하여 그렇게 명하실 것으로 믿었다. 그런데 이명박 대통령은 내가 청와대 안에서 계속 도와주기를 바랐고, 나는 이를 하나님의 뜻으로 받아들였다. 그것이 5년간 한 자리에서 대통령을 보좌한 원인과 결과의 실선이 되었다.

제8장

대통령과 인사정치

아버지의 일기장을 통하여 앞선 세대들의 고단한 삶의 여정을 더욱 생생하게 알게 되었다. 우리 선조들은 어려운 여건 가운데서도 두 가지 선물을 후손들에게 남겨 주셨다. 첫째는 신앙의 유산이다. 우리 집안이 예수님을 영접한 것은 조부모 때부터 였다. 아버지는 그 내용을 상세히 기록해 두었다. 자연스럽게 나의 유년 시절부터 성경은 생활의 표준이 되었다. 둘째는 선한 양심이다. 정직과 성실을 기본으로 하되 양보와 인내를 통하여 남에게 피해를 주지 않는 삶의 자세를 배웠다. 가족과 친인 척 모두 내가 맡은 역할을 행함에 있어서 부담되지 않도록 최선을 다해 도와주었다.

청와대와 대통령실

　중앙부처에 근무하는 공무원이 대통령실로 파견근무를 명령받거나 소속 자체를 옮기면, 보통 청와대로 발령 났다거나 청와대에서 근무하게 되었다고 말한다. 청와대(靑瓦臺)는 문자적으로 대통령과 그 가족이 거주하는 관저, 집무실 및 주변 건물의 지붕 색깔이 모두 푸른 특정한 건축물을 아우르는 지역 또는 공간을 지칭한다. 이승만 대통령 때는 조선총독부와 미군정 당시 이름을 그대로 이어서 경무대(景武臺)라고 불렀지만 제2공화국의 윤보선 대통령은 이미지 쇄신 차원에서 청와대로 이름을 고쳤다. 경무대나 청와대 모두 법령상 정부의 행정기관 이름은 아니다. 대통령과 그를 보좌하는 공직자들이 소속된 공식 중앙행정기관은 대통령비서실이라는 이름을 갖고 있었다. 이를 이명박정부에서는 대통령실로 고쳐 불렀다. 별개의 중앙행정기관으로 존재하던 대통령경호실을 대통령실장의 통할을 받는 경호처로 두어 외형상 하나의 조직으로 만들었다.
　대통령은 「대한민국헌법」 제66조에 따라 외국에 대하여 우리나라를 대표하는 국가원수인 동시에 행정권이 속한 정부의 수반이므로 정부에서는 최종적인 의사결정권자이다. 다양하고 복잡한 행정권에 관한 정책은 정부의 정점에 있는 대통령의 결심으로 최종 확정된다. 따라서 대통령이 잘못된 판단이나 결정을 하지 않도록 분야별로 보좌할 전문 인력이 필요하다. 행정부 내에 각급 행정기관이 기능별로 역할을 분담하고 있으나 모든 사안을 일일이 대통령과 상의해서 결정·집행하기는 어렵기 때문이다. 곁에서 수시로 도와줄 사람이 필요하므로 대통령과 가까운 곳에서 일하는 것이다. 대통령이 국가의 주요 정책 대안을 최종 결심하기까지는 본인의 경륜, 국가관, 공직관, 역사관 등이 종합적으로 작용한다. 나라를 통치하는 대통령이라고 해서 전지전능한 하나님은 아니므로 전문분야별로 선발된 유능한 참모들의 조언과 건의를 듣고 신중하게 판단한다.

대통령의 통치권을 보좌하는 비서업무는 성격에 따라 두 가지 형태로 구분할 수 있다. 하나는 비서실이 주도적으로 직접 처리하는 업무이다. 청와대 내부 살림을 총괄하는 총무, 대통령의 통치권을 실효적으로 행사하는 인사, 대통령 내외의 각종 연설문을 쓰고 행사를 하는 연설·기록과 의전, 국회와 정당 등 정치적인 현안을 조정하는 정무, 국민의 여론과 공직사회의 동향을 관리하는 민정과 시민사회, 대통령실의 업무를 국민에게 알리는 홍보 등이 여기에 해당한다. 이런 업무는 보안성 문제 등으로 대통령실 직원들이 관련 자료를 수집하고 분석·정리하여 대통령께 수시로 보고하고 방침을 받아 처리한다. 대통령은 국정 전반에 깊은 통찰력을 가지고 정책을 결정해야 한다. 그래서 대통령실에서 각 부처로부터 기초 자료를 받아 보고서를 직접 만드는 등 소관 업무를 처리해야 하며 중앙부처에 맡기는 것은 적절하지 않다.

다른 하나는 행정각부가 법령에 따라 처리할 업무들을 장관 책임 하에 추진하고 대통령실은 그중 중요 현안을 챙기거나 기관 간 이견을 조정한다. 외교·안보, 경제·산업, 사회·복지, 교육·문화, 고용·노동, 건설·환경 정책 등이 이에 해당한다. 이런 업무는 법령 규정에 따라 각 부처에서 계획을 세우나 헌법 제89조에 따라 국무회의의 심의를 거친 후 집행을 한다. 대통령은 국무회의 의장으로서 심의 후 최종 결심하고 국법상 행위를 하는 과정에서 비서진의 보좌를 받는다. 국무위원들은 행정각부의 장을 겸하고 있어서 당연히 국익을 우선시하겠지만 소속 공무원의 건의도 무시하기 어려운 입장이다. 비서실에서 객관적이고 중립적으로 검토해서 대통령의 합리적 결심을 도와야 할 이유가 바로 여기에 있다.

다수로 구성되는 국회와 법원과 달리 정부는 국무회의의 심의를 거쳐 대통령이 최종 결정한다. 제헌헌법 제68조는 대통령과 국무총리, 국무위원으로 조직되는 합의체인 국무원에서 대통령의 권한에 속한 중요 국책을 의결한 후 집행하도록 했다. 지금은 국무원이 없으므로 대통령의 결정은 정부의 단일 의사이므로 최고의 역량과 전문성을 갖춘 비서진으로부터 조언을 받는 게 중요하다. 정책은 한번 잘못 결정하면 이를 번복하거나 고치기가 정말 어렵다. 제도 설계가 중요한 이유가 여기에 있다. 눈에 잘 보이는 집을 지으려면 설계와 건축 모두 다 잘해야 한다. 눈에 보이지 않는 제도는 국민 전체의 생각과 문화까지 바꾸는 큰 힘을 갖고 있으므로 더 잘 만들어야 한다. 그래서 각종 정책 현안에 대한 거시적 안목을 갖춘 인사를 정책실장으로 임명해 의사를 조율해 나간다.

밖에서는 대통령 곁에서 대통령에게 어떤 정보를 제공하고 조언하는지가 대통령의 결심에 많은 영향을 미친다고 본다. 어떻게 하든지 대통령 주변인들에게 접촉하여 자신 또는 소속된 조직에 유리한 정보를 제공하려고 애쓴다. 대부분 그렇게 선입견을 갖다 보니 청와대에 권력이 집중된다. 청와대에서 근무하는 사람들의 말이나 행동 또 어떤 자료를 요구하는지에 대하여 항상 긴장하고 극도로 신경을 곤두세우게 된다. 나는 이명박정부 출범 후 청와대에서 처음 근무해 보니 참 다양한 사람들이 모인 탓인지 분위기가 행정부와 사뭇 다른 것을 느끼게 되었다. 청와대에서 근무하는 사람들은, 직업공무원 여부에 상관없이 원소속기관이나 해당 분야에서 최고의 인재로 발탁되어 왔다는 자부심이 많다. 대부분 실력과 인품이 있는 좋은 사람들로 구성되어 있다. 행정부에 일정한 영향력을 행사할 수 있다는 점에서 업무의 자신감도 넘쳤다.

단임(單任) 대통령

　현행 헌법 제70조에 따라 1988년 제13대 노태우 대통령 이후 대통령의 임기는 5년의 단임으로 지켜지고 있다. 대통령의 임기를 연장하거나 중임제한을 폐지하는 방향으로 헌법을 개정할 수 있으나 헌법 제128조에 의하여 헌법개정 제안 당시의 대통령에게는 효력이 없으므로 굳이 고칠 이유가 없다. 중임의 개념에는 연임도 포함되므로 헌법을 개정하지 않는 한 대통령을 한 번이라도 역임한 사람은 두 번 이상은 할 수 없다. 5년마다 청와대라는 성(城)을 관리할 대통령이 바뀌다 보니 대통령선거는 총칼 없는 전쟁 양상을 띠게 되었다. 그러니 선거가 끝난 후 공적에 따라 일정한 상급을 주는 일은 피할 수 없다. 군사정부 시절에는 국회의원후보로 공천하거나 통치자금 일부를 지급하는 것까지 다양한 논공행상(論功行賞) 수단이 있었으나, 지금은 대통령의 인사권 외에는 쓸 카드가 거의 없다.

　선거기여자의 유형은 크게 둘로 나눌 수 있다. 처음부터 선거캠프에 적극 참여하여 전국적 지원 유세 때마다 동행하는 선봉형 및 그냥 후보자가 좋아서 아무런 반대급부를 바라지 않고 지지하는 후원형이 있다. 전자의 경우 대통령에 당선되기까지 본인이 얼마나 열심히 노력했는지 후보자와 찍은 사진

등 자세한 기록을 담은 앨범을 만든 사람도 있었다. 본인의 공적에 상응하는 좋은 자리를 달라는 의미로 갖고 와서 보여줬다. 하지만 원하는 사람에 비해 배려할 수 있는 자리는 턱없이 부족하므로 우선순위와 개인의 형편 등을 고려하여 적절한 방안을 검토해야 한다.

본인의 경력과 전공 등을 볼 때 적합한 자리가 있으면 좋은데 책임성과 경영마인드를 두루 갖춘 사람은 충분하지 않다. 부정합(mismatch)이 발생한다. 더욱이 법령에 따라 공개모집 절차로 선임하므로 추천한다고 다 선임되지도 않는다. 청와대에서 추천한 사람보다 훨씬 더 경쟁력이 많은 사람이 지원하면 탈락할 수 있다. 경쟁력을 가진 사람이 먼저 임명되면 아직 자리를 찾지 못한 사람들이 조바심으로 여러 경로를 통해 독촉한다. 당장은 적절한 자리가 없으나 호흡을 길게 갖고 기다려 달라고 말할 수밖에 없다. 한 자리에 다수 사람이 경합할 수 있는데 이 경우 청와대 인사추천회의에서 우선순위를 정하거나 자유롭게 응모토록 하고 추후 검증결과에 따라 판단한다. 공공기관 감사의 경우에는 기관장의 의견을 들어서 어떤 경력자를 원하는지 미리 파악해두면 좋다. 기관 성격에 따라 개혁성과 전문성의 비중을 고려한다.

대통령이 취임하기 전부터 챙겨야 할 가장 중요한 업무는 함께 일할 좋은 사람을 선정하는 것이다. 당연히 대통령선거 과정에서 고생한 사람들부터 검토하게 된다. 선거공약을 개발하고 선거운동을 같이 하였기 때문에 대통령의 통치철학을 잘 이해한다. 정권 초기의 청와대는 매우 다양한 인적 구성으로 출발한다. 선거캠프 출신 국회의원과 당료가 있고 중앙부처와 지방자치단체에서 근무하던 직업공무원이 있는가 하면, 민간기업과 공공기관, 시민단체, 언론인, 정치인, 교수, 학자 등 동일 가치를 지향하는 여러 배경의 사람들이 단시일에 모여 강한 결속력을 가지고 있다.

정부의 정책을 실제로 집행하는 것은 행정각부를 비롯한 각급 행정기관과 공공기관 등이다. 청와대와 행정부의 모든 기관은 유기적으로 협조가 잘 돼야 한다. 청와대에서 일정 기간 근무한 후 행정부의 각 기관과 순환 근무를 하는 배경이다. 직업공무원들은 원소속기관으로 돌아가면 되고, 선거캠프에서 일하다가 들어온 사람들은 행정부 내의 차관급 이상이나 개방형 직위 등을 통하여 들어가기도 한다. 때로는 국회의원선거나 지방선거에 출마하기도 하고 공공기관의 임원에 응모하여 국정 철학을 공유할 수도 있다. 이러한 장치들은 국민으로부터 선출된 직선 대통령이 짧은 기간 안에 국민에게 약속한 것을 이루어 내기 위한 통치수단으로 이해할 수 있다. 폐쇄형 인사제도를 기반으로 하는 직업공무원들만으로 청와대와 행정부를 구성할 경우 효율적으로 업무를 추진하기 어렵다. 다만 이런 현상은 정부의 고위공무원에 대한 인적 순환주기를 크게 앞당기는 부작용을 초래하기도 한다.

인사정치의 특징

　대통령의 인사를 보좌하는 업무는 인사행정과 사뭇 다른 인사정치 영역이다. 행정학이나 정치학에서 인사정치론이란 학문 분야는 아직 없다. 그래도 인사정치라고 하는 것은 대학에서 경영학을 전공하면서 배웠던 인사관리는 물론, 대학원에서 공부하고 정부에서 20년 넘게 근무하면서 접한 인사행정과도 다른 정무적인 원리가 작동되고 있기 때문이다. 인사행정학(론)은 실적주의를 토대로 한 직업공무원제도 안에서 중앙인사관장기관과 각급 기관의 인사담당자 역할을 중심으로 정리한다. 즉 기존 공무원의 임용과 교육훈련, 보수와 복지, 성과관리, 복무와 상벌 등이 주된 연구대상이다. 인사정치라 해서 정치학 이론이 적용되는 것은 아니며, 대통령도 정부에 소속되어 있으므로 법치행정의 원리는 기본적으로 적용된다.

　대통령이 국가원수 또는 정부의 수반으로서 행사하는 인사는, 직업공무원은 물론 인사행정학에서 잘 다루지 않는 정무직공무원과 공공기관장의 핵심 임원까지 포함한다. 대통령의 인사는 통치권 차원에서 검토하므로 전 국민을 대상으로 한다. 이는 정치적 상황에 따라 판단기준이 달라질 수 있어서 보편적으로 적용 가능한 이론을 정립하기가 쉽지 않다. 인선할 때 대상자의 실력과 성과만 갖고 검토하지 않고 다른 요인까지 고려한다. 다년간 경험한 바에 따라 직관으로 결정하는 경우도 있다. 이것이 인사행정과 구분되는 인사정치의 영역이다.

인사정치를 국무총리 임명사례를 통해 보면 개념을 쉽게 이해할 수 있다. 헌법 제86조에 국무총리는 국회의 동의를 받아 대통령이 임명하는데, 군인은 현역을 면해야 하고 「국회법」에 따라 인사청문회를 거쳐 국회의 동의를 받아야 한다는 규정이 임명과 관련한 법적 기준과 절차의 전부이다. 각종 법령에서 임용 기준과 절차를 상세하게 규정하는 직업공무원과는 성격이 완전히 다르다. 그렇지만 대통령은 총리를 인선할 때 검토해야 할 사항이 적지 않다. 임명 시기, 성별, 나이, 출신 지역과 학교, 직업, 전문분야, 리더십, 인품, 도덕성, 재산, 종교 등 법규에 없는 여러 가지 변수를 고려해야 한다. 대상자를 고르는 것부터 후보자 확정까지 정부 내에서 하는 인사검증은 물론 국회의 동의를 받는 절차에 있어서 정형화된 이론으로 설명하기 어려운 정무적 판단 요소가 많다. 대통령은 국민의 직접선거로 취임했기에 대통령이 행하는 인사정치는 언론과 국민으로부터 주목받는 것은 당연하다고 할 수 있다.

2013년 당시 법령에 따라 대통령이 임명하는 공직의 수는 [표 13]에서 보는 바와 같이 8,593개였다. 이 직위 모두를 대통령이 직접 인선하고 임명하는 것이 아니라 대부분 국무총리와 장관에게 위임하였다. 대통령이 직접 인선안에 결재하는 직위는 그중 약 23%인 1,947개이다. 표에는 정원 자체가 대외비인 국가정보원 직원과 군 장성의 수가 빠진 대신 북한의 미수복지 명예시장과 군수 97명은 포함되어 있다. 헌법기관은 국가원수의 지위에서 임명장을 주는 것이며 정부위원회는 대통령 직속 자문기구의 비상임위원 숫자이다. 대통령이 대한민국극장의 대표자로서 주요 공직자의 인사권을 실제로 행사하는, 다시 말하면 결재하는 직위는 정무직과 일반직 고위공무원 가급, 특정직, 공공기관 임원 등을 다 포함하면 1천 개 이내일 것 같다.

[표 13] 대통령의 인사권 행사범위

구분	계	행정부			헌법기관	공공기관	정부위원회
		정무직	일반직	특정직			
법령상(A)	8,593	128	1,098	5,468	26	169	1,704
운영상(B)	1,947	128	214	262	26	169	1,148
비율(B/A)	22.7%	100%	19.5%	4.8%	100%	100%	67.3%

* 이명박정부 국정백서(2013) 제12권 426쪽

정부인사는 정치적 요인이 많아 대통령이나 정부가 생각하는 대로 매사 순조롭게 진행되는 것은 아니다. 겉으로 보기에는 아무런 문제가 없는 것 같지만 당시의 정치 환경 때문에 잘 안 되기도 한다. 이때 조만간 임명을 기대하다가 탈락되어 충격을 받거나 그를 추천한 사람에게는 상황을 잘 설명하는 것이 중요하다. 검증결과를 다 알려줄 수는 없지만, 법령상 결격사유 때문이라면 그것이 해소될 때까지는 공직에 미련을 두지 않도록 한다. 가끔 본인이 과거 저지른 범법 사실조차 기억하지 못 하는 경우가 있으므로 알려 줄 필요가 있다.

대통령이 여당 총재인 시절에는 청와대가 결정하면 여당은 별 이의를 달지 않았으나 지금은 그렇지 않다. 정부조직의 구성에 있어서 국회 추천 몫을 대통령과 여당이 협의해서 추천하면 좋은데 이마저 순조롭지 않다. 그래도 여당의 협조는 필요하기에 정무수석실을 통해 좋은 관계를 유지해야 한다. 정부의 중요한 인사내용은 언론에 발표되기 전 여당의 주요 당직자에게 먼저 알려주는 것이 좋다.

어떤 공공기관에 기관장이나 감사의 후보를 추천하는 과정에 유력한 인사들이 각기 다른 사람들을 추천할 수 있다. 이럴 때는 추천받은 사람을 모두 후보 풀에 포함해 검증한다. 어느 한쪽이 검증결과 문제 있으면 쉽게 결론 낼 수 있지만 그렇지 않으면 전문성과 추진력, 개혁성 등을 종합하여 결정하거나 추천한 인사들끼리 서로 협의·조정하도록 유도한다. 대통령선거 기간 중 활동했던 다양한 포럼조직은 대표자가 개인별 공헌 정도를 잘 알고 있으므로 어렵지 않게 해결할 수 있다.

행정기관이나 공공기관에 결원이 발생한다고 해서 곧바로 충원할 필요는 없다. 적임자가 있을 때까지 공석으로 두고 직무대리(acting)제도를 활용하는 편이 나을 수 있다. 이러한 방식은 인사시스템이 잘 구축된 선진국에서 주로 활용한다. 이명박정부에서는 금융통화위원, 감사원장, 국민권익위원장, 국세청장 등 여러 자리에 대하여 직무대리로 운영하다가 적당한 시기를 보고 나중에 충원한 사례가 있다.

인사의 관제탑

　이명박 대통령은 나를 부를 때 인사팀장이라고 했다. 오랫동안 큰 기업을 경영하고 시장을 역임했기에 인사비서관 또는 인사기획관이란 직명보다는 그런 호칭이 훨씬 친숙하고 편했던 것 같다. 청와대 내부의 선임행정관 이하 직원에 대한 인사업무는 총무비서관(후에 총무기획관)이 담당했고 대통령이 직접 인선하는 비서관 이상은 인사비서관실에서 담당했다. 그리고 인사비서관실은 법령에 따라 대통령이 임명하는 모든 직위에 적임자를 추천하는 업무를 수행하면서 행정각부의 인사가 올바르게 운영되고 있는지 담당 기관이나 부서를 통해 수집되는 정보를 토대로 파악하였다. 인선 작업에는 국가인재데이터베이스에 수록된 인재풀을 기본으로 하되, 언론이나 학교, 각종 단체, 각 부처 자체의 전문가 데이터베이스, 개별 추천 등 여러 경로로 들어오는 자료를 보충하여 활용하였다.

　대통령께 보고하는 인사는 정무직공무원, 청와대 내부 비서관 이상, 공공기관의 임원 그리고 비상임의 각종 자문위원 등으로 구분된다. 공공기관 임원을 추천할 때는 인사추천회의를 거쳐 결정한다. 인사비서관은 회의 자료를 만들고 결과를 보고하는 간사 역할을 맡는다. 회의는 주 1회 개최를 원칙으로 하나 인사수요에 따라 탄력적으로 운영한다. 회의를 주재하는 대통령실장을 비롯하여 위원으로 참여하는 관계 수석비서관들의 일정을 고려하여 정족수를 채우기 좋은 주말 시간을 활용하여 개최한다.

정무직공무원의 인선 등 나머지 작업은 인사보안의 문제로 계선 조직을 통해서 대부분 진행한다. 정무직공무원을 인사추천회의에서 토의할 경우 얻는 것보다 잃는 게 훨씬 많다. 담당 부서가 아니면 누구라도 어떤 인사정보를 알게 되는 순간 그 내용이 외부에 알려지는 것은 시간문제이다. 설령 후보자 이름은 말하지 않더라도 정무직공무원의 인사를 검토한다는 것 자체만으로도 보도할 가치가 있다. 정부인사와 관련된 내용이 언론에 알려지면 당해 부처 소속 공무원들의 동요는 말할 것 없고 현직에서 일을 잘 하고 있는 당사자와 그 가족 등에게 상처를 줄 수 있다. 일단 보도가 나간 후 비밀 누설자를 찾아내는 것은 거의 불가능하다. 색출한다는 사실조차 가십 기사가 된다. 다만 인사추천회의는 국회의 인사청문회 대상 직위의 경우 후보자가 압축된 후 최종 결정을 앞두고 특별히 필요한 경우 모의청문회를 개최하는 방식 등으로 운영하였다.

청장을 포함하여 차관급 공무원을 인선할 경우 해당 부처 장관의 의견을 적극적으로 수용한다. 전 정부적으로 인력을 활용하지 않는 한 대체로 내부 공무원 중에서 승진임용하기 때문에 부처 사정에 정통한 장관의 추천이 가장 중요하다. 장관으로부터 복수로 후보자를 추천 받거나 대통령 비서관을 승진시켜 차관으로 보낼 때에도 미리 장관과 협의한다. 차관보나 실장급 공무원으로의 승진도 이에 준하여 판단한다. 장관이 원하는 사람 중 검증결과 부담스러운 내용이 드러나면 장관에게 상황을 잘 설명한다. 그렇지 않으면 청와대가 장관의 리더십에 손상을 줄 정도로 부처 인사에 개입한다고 오해받을 수 있다. 실무적으로 처리할 사항이 아닌 한 중요사항은 보안을 철저히 유지하며 장관에게 직접 연락한다.

대통령 자문위원 등 비상임 직위에 대하여는 위원회의 성격에 따라 해당 수석비서관실에 1차 인선토록 하거나 인사비서관실에서 직접 적임자를 찾는다. 각 수석비서관실은 업무 소관분야의 전문가 정보 풀을 잘 알고 있으므로 이를 활용하는 것이 좋다. 자문위원회를 처음 구성하거나 임기 만료로 일부 위원을 교체하게 되면 2~3 배수의 후보자 명단을 받아 민정수석실을 통하여 약식검증을 한 후 특별한 문제가 없는 한 소관 수석실에서 작성한 추천 배경과 위촉 순서에 따라 대통령에게 보고 후 인선을 확정한다.

공공기관의 임원을 인선할 때는 청와대가 추천한 인사라도 공개모집 절차에 따라 지원자 간에 경쟁해야 한다. 만약 직위의 성격상 적임자를 찾지 못해 추천할 사람이 없으면 소관 부처에 일임한다. 장관의 리더십을 높이는 긍정적 효과가 있는 반면, 청와대가 관여하지 않는다는 소문이 나면 청탁이 오히려 과열되는 부작용을 미리 차단한다. 이때는 해당 부처에게 청와대에서 낙점을 받았다는 등의 어떤 소문에도 흔들리지 말고 공정하게 절차를 진행하라고 일러준다. 또 주무장관이 위촉하는 서류전형위원이나 면접위원들이 객관적으로 공정하게 심사함은 물론 역량평가 등 모든 과정에서 가장 성적이 좋은 후보자를 선발토록 요청한다. 그렇게 해야만 뒷말이 생기지 않고 '무늬만 공모'라는 비판을 받지 않는다.

인사비서관실은 대통령의 인사를 직접 보좌하면서 정부 전체의 인사 진행 상황을 수시로 관찰하면서 방향을 바로잡는 관제탑 역할을 담당했다. 이는 대통령이 해외순방 중에서도 다를 바 없었다. 급한 인사재가 사항은 전자결재시스템을 통하여 처리하였고 긴급히 방침을 받을 사항이 있으면 수행비서관에게 연락하여 대통령에게 보고 후 방침을 받았다. 특히 법령에 따라 인사일정을 반드시 지켜야 하는 경우 시차의 문제만 없다면 업무를 최우선시하는 대통령에게 즉시 보고하여 처리했다.

지뢰밭의 안전지대

　청와대에 근무하면 정부의 수반을 가까이에서 모신다는 긍지를 가질 수 있으나 실은 엄청난 폭발력을 지닌 고성능 지뢰밭에 들어온 것과 같다. 직원들의 국가관이나 공직윤리관이 바르지 못하면 본인과 동료는 물론 대통령을 비롯한 정부 전체에 큰 타격을 줄 수 있다. 류우익 초대 대통령실장은 취임 후 첫째로 행한 전체 직원조회에서 청와대 직원들이 가져야 할 가장 중요한 덕목으로 절제를 강조하였다. 특히 권한·감정·욕망을 절제하라고 했다. 전적으로 공감되는 말이었다. 나는 거기에 덧 붙여 업무처리 과정에서 소통의 도구인 언행을 절제하리라 다짐하였다.
　청와대 근무의 위험성은 외부로부터 뻗쳐오는 끊임없는 유혹 때문이다. 어떤 사람이 청와대 직원과 친하다는 소문이 나면 주변 사람들은 마치 그가 대단한 능력자처럼 인식하고 여러 경로를 동원하여 접근을 시도한다. 내부감찰 활동을 엄정하게 강화하는 이유이다. 언제 어디서 무슨 사고가 터질지 모르니 항상 긴장하고 조심스럽게 절제하여야 한다. 특히 인사업무를 담당하는 사람에게 절제는 더욱 요구되었다. 인사는 사람에 관한 일이다. 사람은 감정이 있다. 감정은 기복이 심하다. 현대사회는 감각적인 것에 영향을 받기 쉬우므로 감정을 조절하고 잘 다스리는 것이 중요하다. 사람의 의지는 자기에게 도움 되는 일을 중심으로 실행한다. 좋은 감정을 유지하고 공감대를 형성하지만 필요한 경우 압박도 병행한다. 너무 부드럽거나 강압적으로 하지 말고 상황에 따라 적절하게 대처한다. 쉽게 사진이 찍히고 대화가 녹음되는 현실에서 과연 어떻게 행동하는 것이 위험을 최소화할 수 있는가? 아무리 위험한 지뢰밭이라고 해도 분명히 안전한 길은 있다. 욕망과 권력을 절제하면서 유혹의 손길이 바라는 은밀하고 어두운 곳을 피한다. 업무상 꼭 만나야만 할 사람인가 아니면 절대로 만나서는 안 될 사람인가? 부득이 만난다면 어떻게 말할 것인가? 상대방의 영(靈)을 분별할 수 있으면 좋은데, 능력 한계로 완벽하게 알 수 없다. 그래도 최대한 노력한다. 실제로 그랬는지는 알 수 없으나 나는 항상 누군가가 나를 미행·감찰한다고 여겼다.

  4년 6개월간 인사비서관으로 일하면서 집에서 청와대까지 매일 걸어서 출·퇴근을 했다. 인사기획관으로 승진해 차량과 기사가 제공된 마지막 6개월 동안도 주말 이틀은 걸어 다녔다. 누가 내 뒤를 따르더라도 그는 나와 같은 거리를 매일 걸으므로 나로 인해 좋은 운동을 하는 행운을 누린다고 생각했다. 길을 걸으면 모든 사람이 볼 수 있으므로 자신을 완전히 노출하는 행위이다. 걷기를 통해 다음의 세 가지 효과를 얻었다.

  첫째는 육신의 건강함이다. 남달리 체력이 좋은 대통령을 보좌하려면 비서관도 건강해야 한다. 비서관의 시간은 대통령의 일정에 종속되어 있기에 운동 시간을 따로 확보하기는 어렵다. 그래서 집에서 청와대까지 편도 약 3km를 매일 45분 정도 걸어서 출퇴근했는데 그 효과는 상당했다. 평일에는 성균관대학교와 삼청공원을 거쳐 사무실로 갔고 주말에는 와룡공원에서 성곽 바깥쪽 오솔길을 따라 북악팔각정으로 올라가 평창동 서울예고로 내려와서 출근하였다. 청와대에서 5년간 근무하면서 약 1만km는 족히 걸었던 것 같다. 주일에는 아침 7시 첫 예배에 참석하고 끝난 후 집으로 왔다가 9시쯤 나가서 먼 거리를 돌아가느라 11시가 훨씬 넘어 사무실에 도착했다. 주말에도 출근한 이유는 평일에는 수시로 현안이 있어서 압축보고를 하거나 보고시간을 충분히 잡기 어려웠기 때문이다. 또 찾아오는 사람도 없어 보고서를 집중해서 만들 수 있고 주중에 다 마무리하지 못한 일은 여유롭게 검토·분석할 수 있다.

둘째는 마음의 평안함이다. 천천히 걸으면서 눈으로 들어오는 하늘과 땅, 나무와 풀, 꽃들을 통하여 하나님의 임재를 느낀다. 사물들을 통해 들려주는 말씀을 떠올린다. 이 광활한 우주 속에 티끌만도 못한 나를 택하여 부르셔서 오늘도 사명의 장소로 발걸음을 옮기게 해 주시는 하나님의 무한하신 자비를 감사한다. 하나님은 사람에게 역할을 맡길 때 그냥 네가 알아서 하라고 내버려 두지 않고 잘 감당할 수 있도록 건강과 지혜 등 여건을 동시에 마련해 주신다. 매일 아침 걸어가면서 그날 할 일을 하나씩 구상하였다. 퇴근길에는 행한 일들을 되짚어 보았다. 잘못 판단한 것은 없는지 또는 좀 더 치밀하게 검토했다면 더 잘할 수는 없었는지 등을 스스로 물어보았다. 내일은 오늘보다는 더 잘하리라 다짐했다. 대통령으로부터 좀 더 신중하게 처리하라는 꾸지람을 듣거나 다른 사람들에게서 받은 스트레스는 퇴근하는 길바닥에 모두 내려놓았다. 문제를 해결하는 하나님께서 합력하여 선을 이루어주시리라 믿었다. 밤늦게 와룡공원길을 통해 성균관대학교 후문 쪽으로 걸어가다 오른쪽 아래로 멀리 보이는 서울 도심의 야경은 많은 것을 성찰하게 했다. 찬란한 조명 아래 잘 닦여진 도로 위를 분주히 오가는 차량의 불빛들, 각종 건물 안에 각자의 삶을 즐기고 있을 사람들, 그들이 누리는 자유와 평화는 그것을 유지하기 위하여 보이지 않는 곳에서 열심히 일하는 공직자들이 있기에 가능하다. 수혜자들은 이들에게 별 관심 없고 알아주지도 않지만 불철주야 제복을 입고 근무하는 군인, 경찰관, 교도관, 소방관 등이 있고, 전기와 수도 공급이 중단되지 않으며 온갖 폐수를 매일 정화하는, 있어야 할 장소마다 묵묵히 일하는 공직자들 덕분에 잘 지내고 있다. 대한민국헌법인은 자유를 지키는 모든 사람의 헌신으로 생명력을 꾸준히 이어간다.

셋째는 신변의 안전함이다. 집과 사무실 사이에 설치된 영상정보처리기기(CCTV)는 눈에 보이는 것만도 열 개가 넘었다. 왕복으로 치면 하루 20번 이상 나의 행로가 녹화되고 있었다. 적어도 여기서는 「개인정보 보호법」 제25조에 따라 규제되는 CCTV가 사생활 침해 도구가 아니라 공생활 보호 수단으로 기능하였다. 그래서인지 몰라도, 인사비서관이 매일 도보로 출퇴근한다는 사실이 언론에 보도되었지만 아무도 길에서 나를 만나려고 시도하지 않았다. 완전히 공개된 장소야말로 가장 안전한 곳임을 새삼 확인할 수 있었다. 공직자도 무대에서 특정한 역할을 부여받아 일하는 사람이라는 관점에서 일반 연기자와 본질은 같다. 관객으로부터 주목받는 것은 당연하다. 그러니 공사(公私)생활 모두 흠이 없도록 노력해야 한다. 이런 점에서, 자신도 모르게 공생활이 녹화되어 있다면 행여 나중에 억울한 상황이 생기더라도 그것이 자신을 변호해 줄 결정적 증가가 될 수 있다. 하루하루 살얼음판을 걷는 긴장이 연속된 탓인지 몰라도 청와대의 하루는 참으로 더디게 흘렀다. 한 주는 그보다는 약간 빨리 가고 한 달은 더 빠르며 1년이 가장 빠르게 흘러가는 것 같았다.

위험한 식사초대

우리나라 사람은 식사시간을 개인적인 인맥 관리에 활용하는 경향이 많다. 혼자 식사하는 사람을 사회성이 부족하거나 이상하게 여기기도 한다. 그러나 식사 자리에 지뢰가 묻혀 있을 소지가 많다. 평소 잘 아는 사람과 둘이서만 약속했는데 막상 근처에 가서 전혀 모르거나 별로 친하지 않은 사람이 와 있는 상황은 매우 위험하다. 십중팔구 무슨 청탁을 하거나 나중을 대비하여 보험을 드는 것과 같으므로 피해야 한다. 그러니 식사 제의를 받으면 우선 참석자부터 확인해야 한다. 제3의 인물이 동석하는 자리는 사양하는 게 낫다. 인사비서관 또는 직원과 같이 식사했는데 무슨 확약을 받았다고 자랑할 수 있다. 식사한 것은 사실이므로 나중에 해명해도 잘 통하지 않는다.

나와 식사를 하려는 사람들의 유형은 다음과 같다. 첫째 인사정보를 얻고자 할 경우, 둘째 앞으로 있을 정부인사에서 추천을 기대하는 경우, 셋째 나와 가깝다는 것을 과시하고자 할 경우, 넷째 해당 부처 안에서 승진이나 보직 등에서 유리한 고지를 점하고자 직접 청탁할 경우, 다섯째 고마운 뜻을 전하고자 하는 경우, 여섯째 그냥 친밀감을 유지하고자 하는 경우 등이다.

감사하려는 사람들에게는 내가 주머니에 들어있는 자리 하나를 꺼내 선심을 베푼 것이 아니니 내게는 할 필요 없고 대통령께 마음으로 표시하라고 했다. 그런 마음으로 새로 맡은 자리에 부임하여 주변을 살펴보면 도와줄 사람이 많이 보일 거라고 했다. 가문의 영광이 될 정부의 고위직을 하나 얻었다고 자만하지 말고 그 자리를 통해 무엇을 할 것인지 누구를 도울 것인지를 찾아보라고 했다. 그것이 감사의 빚을 갚는 좋은 방법이다. 나는 이명박 대통령을 도와서 일할 신실한 사람을 찾는 하나님의 도구일 뿐이다. 인사는 거래가 아니다. 나는 맡은 역할을 행할 뿐이라 인사가 끝나면 다음 인사준비에 또 골몰하느라 끝난 인사내용은 기억하지 않았다. 나는 잊더라도 누군가에게는 그 인사발령이 평생을 좌우할 축복의 통로가 될 수 있으면 감사하는 마음으로 다른 사람을 위해 또 선한 도구로 사용될 것이다.

예전부터 친하게 지냈고 식사도 하며 이런저런 얘기를 나누었던 동문이나 동기, 동료들을 인사비서관이 되어서는 만나기 부담스러웠던 것은, 그가 나와 잘 안다는 이유로 다른 사람들로부터 귀찮은 부탁을 많이 받을 수 있어서이다. 물론 친구들은 나의 입장을 잘 알고 전달하지 않으나 도저히 무시할 수 없는 사람들에게서 요청받으면 어쩔 수 없이 얘기할 수 있다.

식사를 통해 일어날 수 있는 가장 나쁜 시나리오는 이렇다. 가령 내가 잘 아는 친구 A와 식사를 했다고 가정하자. 그 A가 동창회나 향우회 등 모임에 가서 나와 식사를 했다거나 만난 사실을 우연히 또는 자랑삼아 말할 수 있다. 이를 옆에서 들은 B가 이렇게 짐작한다. '아 A가 인사비서관과 식사할 정도로 친하구나.' B가 듣고 잊어버리면 문제가 없으나 자기의 지인 C가 인사 문제로 걱정하는 것을 보고 이렇게 말할 수 있다. '청와대 인사비서관과 잘 통하는 A를 내가 잘 아는데 너(C)를 잘 봐달라고 부탁해 주겠다.' 이 말을 들은 C는 지푸라기를 잡는 심정으로 어떤 대가라도 치를 마음이 있다. 만약 B가 돈을 받고 A에게 부탁도 전달하지 않은 채 C에게 잘 부탁했다고 하면 그만이다. C가 B에게 확인할 방법이 없기 때문이다. 만약 일이 잘 되면 부탁이 성공적으로 전달되어 그런 줄 알 것이고 안 되더라도 얼마든지 변명을 댈 수 있다. 이 경우 A는 B의 사기행위를 전혀 모르고 C도 피해자가 된다. 이런 극단 상황까지 고려한다면 청와대 내부 직원과의 간담회 형식의 식사나 인선 협의를 위한 보안 목적의 만남이 아니라면 하지 않는 것이 좋다.

한 자리에서 함께 식사하지 않아도 특정 시간대의 친구 전화도 비슷하게 처리한다. 인사비서관으로 재직하는 동안 향우회나 동창회 등 공식 모임에 거의 참석하지 않았다. 내 생활이 궁금한 친구들이 많았다. 저녁 식사에 걸려오는 친구들의 전화는 받지 않았다. 다음 날 어제 왜 전화했는지 물어보면 대부분 안부 전화였다고 한다. 그러면서 어제 누구와 저녁 식사를 하는 중 내 얘기가 나와서 통화를 하려고 했다는 것이다. 만약 나와 통화가 되었다면 옆 사람이 들릴 정도의 큰 목소리로 대화했을 것이다. 나와 쉽게 전화할 수 있다는 사실과 대화 내용을 옆에서 보고 들은 사람은 앞으로 인사문제로 부탁할 일이 있으면 이 사람을 통하면 될 것으로 속단할 수 있다. 그런 소문일수록 빠르게 퍼져 나간다.

사람을 조심하라

인사비서관이 된 지 며칠 되지 않은 날 대통령은 나에게 '사람을 함부로 만나지 말라.'고 했다. 내가 누굴 만났기 때문이 아니라 충고의 말씀이었다. 인사비서관이 어떻게 사람을 안 만나고 인사업무를 할 수 있는지 처음에는 다소 의아했으나 진의를 깨닫는 데는 그리 오랜 시간이 필요하지 않았다. 인사비서관을 만나거나 통화를 한 사실이 남에게 자랑거리가 되는 것을 알고, 또 그런 사실을 다른 사람들에게서 전해 듣고 놀랐다. 또 청와대 내부 직원이 잘못된 만남으로 인해 발생한 불미스러운 일이 내부감찰에 적발되어 문책 당하는 일이 있었다. 정말 위험한 지역에 들어왔다는 생각이 들었다. '사람들을 삼가라. 그들이 너희를 공회에 넘겨주겠고 그들의 회당에서 채찍질하리라.(마태복음 10:17)'는 성경 말씀이 떠올랐다. 그래서 일단 청와대에 들어오면 이전에 친하게 지내던 사람이라도 당분간 직접 만나는 것은 삼가야 한다. 꼭 전할 말은 전화나 메일로 한다. 또 어떤 요청을 들을 때 내용을 충분히 검토하여 문제가 될 소지가 있으면 분명하게 거절하고 그런 일은 위험하니 더는 부탁하지 말라고 단호하게 충고한다. 연줄을 이용하여 인사에 관여하려는 사람은 앞으로 무슨 더 크고 위험한 일을 할 수 있으므로 가능한 한 멀리

해야 한다.

　청와대의 힘을 빌려 어느 부처 누구에게 연락해서 자기를 좀 만나게 하거나 소개해달라는 부탁도 주의해야 한다. 그런 말은 좋지 않은 사건의 원인이 되기 쉽다. 뭔가 떳떳하지 못한 일을 추진하면서 청와대가 지원하고 있음을 은근히 과시할 가능성이 있다. 불가피한 사정으로 소개하더라도 법령의 내용을 알려주고 듣는 사람이 부담을 느끼지 않도록 신신당부한다. 아니면 민원 관련 법령에 따라 처리하도록 안내만 한다. 부정한 일을 도모하려는 것으로 판단되면 무조건 거절한다.

　인사비서관실을 방문하는 사람은 대체로 사전 약속을 한 후 업무 협의를 위해 들어온다. 그렇지만 겉으로 잘 드러나지 않은 무슨 의도를 갖고 오는 경우가 있다. 이들은 말하는 태도가 좀 다르다. 소속된 기관과 관련된 무슨 정보를 얻고자 할 수 있고 자신에 대한 정보를 알고 있는지 떠보기 위한 것일 수도 있으며 인사비서관실을 다녀감으로써 무슨 인선에 확약을 받았다는 주장을 펼치려는 것일 수 있다. 속내를 다 파악할 수는 없으나 면담은 신중히 한다. 무슨 이유로 사무실을 방문하는지 정확히 알고 대응한다. 대통령의 당선에 지분이 있다고 인정하는 사람 중 나를 만난 후에는 무슨 자리를 약속받은 것처럼 말하는 경우가 있어서 더욱 조심스러웠다. 그래도 일단 방문한 사람은 최대한 성의를 다해 친절히 대한다.

　공공기관의 임원인사 대상자가 우연히 나와 동향이거나 동문이면 마치 내가 영향력을 행사하는 것으로 음해성 소문이 돌았다. 기관장과 감사 등 법령상 대통령 임명직위가 아닌 경우 인사비서관실에서 관여할 이유는 없으나 극히 일부 기관장들은 임원의 승진 또는 전보인사안을 갖고 와서 설명하려고 한다. 인사비서관실을 다녀감으로써 외부로부터 들어올 온갖 청탁을 거절하는 명분을 얻게 될 뿐만 아니라 조직 내부의 불만을 잠재우려는 수단으로 활용할 수 있다. 이럴 때는 기관장이 재량껏 처리하라고 하되 인사검증이 필요하면 민정수석실의 협조를 받아 도와주겠다고 한다.

　인사비서관으로 있던 2010년에 장남이 결혼했다. 대통령과 대통령실장에게

만 말씀드린 후 같이 일하는 행정관들에게조차 알리지 않고 가족과 친지 중심으로 조용하게 진행했다. 우리가 출석하던 교회의 목사님이 주례했으나, 주보에 광고하지 말도록 미리 부탁해 두었기에 성도들도 전혀 몰랐다. 다만 아들을 어릴 때부터 알던 내 친구 몇 명만 증인으로 초청했다. 물론 이들에게도 결혼식 얘기는 말하지 않고 점심이나 먹자고 불렀다. 편한 복장으로 식사하러 왔다가 결혼식이 진행되는 것을 보고 깜짝 놀랐다. 만약 인사비서관 자녀 결혼식 소문이 났다면 예식장 진입로가 막혀 다음 날 언론에서는 비판기사로 넘쳤을 것이다. 화환과 청첩장, 축의금 없는 작은 결혼식이었으나 소박하고 아름답게 잘 진행되었다. 다음 주 월요일 모 석간신문에 이 사실이 단신으로 보도되면서 여러 사람에게 알려졌다.

내 명함을 소지한 사람은 나와 잘 아는 사이라는 증명서가 될 수 있다. 그러기에 나는 명함을 잘 주지 않았다. 달라고 요청하는 사람에게는 더더욱 주지 않았다. 내 손을 떠난 명함이 언제 어디서 어떻게 사용될지 전혀 알 수 없어서이다. 물론 긴밀하게 업무를 협의하는 장·차관 등 공직자들과는 주고받지 않을 이유가 없다. 사진도 조심해야 한다. 친분이 있음을 입증하는 도구로서는 동영상을 제외하고는 가장 신빙성이 높다. 많은 사람이 참석하는 공식 행사장에서 우연히 한자리에 앉게 되거나 서로 인사할 경우 사진을 같이 찍자는 사람은 주의할 필요가 있다. 물론 청와대 내부 직원들과 단체 사진을 찍는 것은 그럴 염려는 안 해도 된다.

청와대 내 다른 비서관실을 방문했다가 불쑥 들어오는 사람도 경계 대상이다. 본인 또는 소속 부처의 인사와 관련하여 탐색하러 올 소지가 많다. 무엇보다 가장 조심해야 할 사람은 사전 약속 없이 청와대 면회 장소 또는 출입구인 연풍문까지 와서 면회를 신청하는 경우이다. 이런 경우는 나와 만났다는 사실을 누군가에게 입증시키려는 의도일 수 있어서 절대로 들여보내지 않도록 조치했다. 항상 최악의 상황을 예상하고 대비하는 것이 좋다. 정치인이 될 의도가 없다면, 청와대에 들어가더니 사람이 달라졌다거나 건방지다 또는 매정하다는 말을 듣는 것을 두려워해서는 안 된다. 그런 말을 듣는 게 지뢰를 밟는 것보다는 낫다.

 정부인사가 언론에 발표되면 내정(후보)자에게 연락하여 축하 인사를 하면서 그 자리에 간 것은 자기가 추천한 덕분이라고 말하는 사람이 있다. 추측해보면, 공직기강비서관실에서 인사검증을 하면서 후보자에 대한 세평 자료를 정보기관에 요청할 경우 정보수집 담당 공무원이 주변사람들을 대상으로 평판조사를 할 때 우연히 긍정적으로 말한 것을 가지고 그렇게 말할 수는 있다. 실제로 어떤 장관후보자가 내정 발표 후 바로 내게 전화를 했다. 방금 어떤 사람이 자기가 추천했다고 말하는데 사실 여부를 묻는 것이었다. 나는 전혀 그렇지 않다고 했다. 그러면서 나중에 장관께 무슨 부탁을 할 수 있으니 조심하라고 했다. 자기 덕분에 장관이 되었으니 마음의 빚을 잘 간직하고 있다가 나중에 필요할 때 부탁하면 들어 달라 할 수 있다. 따라서 축하할 때 자기의 공을 내 세우는 말을 들으면 사실여부를 반드시 확인하는 게 좋다.

기도의 능력

정부인사가 잘못되어 대통령께 누가 된다면 모든 게 내 책임이다. 실제로 추천한 사람이 누구이던지 그에 관한 사전 조사나 검증결과의 수용 여부에 대한 실무책임은 내 몫이다. 최선을 다해 사람을 찾는다고 해도 가끔 실수가 생길 수 있다. 나는 인사비서관의 자격이 없다는 자책도 여러 번 했다. 그때마다 이 자리는 하나님이 지명하여 불러 맡기신 것이니 오직 말씀에 전적으로 의지할 뿐이었다. 날마다 두렵고 떨리는 마음으로 기도할 수밖에 없었다. 매일 아침 4시에서 5시 사이에 일어나 30분 이상 기도에 매달렸다. 먼저 나라와 대통령 내외를 위한 중보기도에 이어 나의 사명을 잘 감당할 수 있도록 간절히 기도했다. 이명박 대통령이 청와대를 떠날 때 국민으로부터 감사와 아쉬움의 박수를 받고, 대통령의 기도 속에 착하고 충성된 인사비서관을 보내 주셔서 감사하는 그런 비서관이 되게 해달라고 기도했다. 내가 맡은 역할을 통하여 하나님께 영광을 돌리며 대통령에게 도움이 되도록 지혜와 명철을 간구했다.

기도 후에는 성경을 읽었다. 매년 성경을 통독하는 것은 청와대에 왔다고 중단될 수 없었다. 일 때문에 긴장이 심한 날은 새벽 2~3시에 일어나기도 있었다. 그런 날은 다시 잠을 청하지 않고 오늘은 하나님께서 일찍 깨웠다고 생각하고 더 많은 분량을 읽었다. 매년 반복해 읽는 성경인데도 어떤 날은 특별히 와 닿는 말씀이 있다. 스마트폰이 본격적으로 유통되기 전이라 구형 휴대폰에 그 구절을 입력하고 힘들고 지칠 때 읽어보면 큰 위로가 되었다. 퇴근하면서도 다시 읽어보았다.

나는 이명박 대통령을 당선인 때 처음 만났기 때문에 국회의원이나 시장시절부터 잘 알고 지낸 다른 비서관들과 대통령에 대한 거리감에서 차이가 있었다. 대통령께 업무를 보고하러 집무실에 들어갈 초기에는 긴장감이 컸다. 보고과정에서 실수가 없도록 사무실에서 출발하기 전 잠시라도 성령님의 도우심을 구하고 집무실로 올라갔다. "아무것도 염려하지 말고 다만 모든 일에 기도와 간구로, 너희 구할 것을 감사함으로 하나님께 아뢰라. 그리하면 모든 지각에 뛰어난 하나님의 평강이 그리스도 예수 안에서 너희 마음과 생각을 지키시리라(빌립보서 4:6,7)."는 말씀을 묵상하면 마음이 평안해졌다.

대통령께 보고하는 준비과정은 힘들었으나 즐겁고 보람되었다. 여러모로 부족한 사람이 하나님의 은혜로 부르심을 받았기 때문이다. 대통령을 돕는 것은 곧 하나님의 명령에 순종하는 것이었다. 나의 사명은 대통령을 성실하게 도울 충성스러운 사람들을 찾아 추천하는 일이다. 악인의 꾀를 좇지 아니하고 죄인의 길에 서지 아니하며 오만한 자의 자리에 앉지 않는(시편 1:1) 의로운 사람을 어떻게 찾을 수 있을까? 의인은 자신에게 부여된 역할에 항상 감사하는 사람이다. 감사하면 사랑하고 최선을 다하기 마련이므로 사람을 평가할 때 국가와 공직에 대하여 어떤 가치관을 가진 사람인지 파악하는 데 주력하였다. 장·차관을 뽑는 일뿐만 아니라 공공기관의 임원을 고르는 일에서도 마찬가지였다.

추천하는 사람도 개인적인 욕망 없이 순전한 마음의 소유자여야 한다. 당사자 간에 어떤 거래 관계가 있었는지 알 수 없기 때문이다. 여러 경로로 들어오는 각종 청탁으로부터 구속받지 말아야 한다. 미혹케 하는 거짓 영을 분별할 능력으로 실족하지 않게 늘 깨어 기도한다. 일을 처리할 때마다 기도하고 자신을 돌아보며 교만하게 만드는 요소를 제거한다. 권력에 취하여 마치 대단한 사람이라도 된 것처럼 착각하면 안 된다. 지금 내가 하는 일은 잠시 맡은 배역에 불과하다는 사실을 한시라도 잊지 말아야 한다. 얼마나 자제하며 이 사명을 잘 감당하고 있는지 항상 자신에게 물어보아야 한다. 나도 모르게 깜짝 놀랄 정도의 중요한 의사결정을 할 때가 많아 더욱 정신을 바짝 차려야겠다고 몇 번씩이나 다짐했다.

사람의 네트워크는 오랜 시간과 공간의 축적물로서 종적 · 횡적으로 복잡하게 얽혀있다. 사람이나 상황을 판단할 때 겉으로 드러난 한두 가지 사실만 보고 속단하면 안 된다. 직감적으로 이상을 느끼면 하나님의 방법을 찾고자 기도한다. 그런 후 필요하면 정보기관을 통해 관련 자료를 수집해서 검토한다. 이해관계가 첨예한 사안일수록 영(靈) 분별의 은사를 간구한다. 자신의 인사 목적을 달성하기 위하여 경쟁자를 비방하는 등 수단과 방법을 가리지 않는 사람이 있기 때문이다. 단편적 사실을 토대로 상상력을 발휘해 나머지 내용을 짜깁기해서 부풀리는 경우 방심하면 자칫 속을 수 있다. 본인과 주변을 통해 사실관계를 확인해보면 맞지 않는 부분이 많다. 이런 경험을 몇 번 하게 되면 인사비서관실로 들어오는 각종 정보는 참고는 하되 의심스러운 것은 매우 신중하게 살펴보았다.

대통령의 최종 판단에 도움이 될 객관적 자료인가 아니면 그르칠 수 있는 주관적 자료인가를 정확히 가려내는 일도 인사비서관이 할 일이다. 옥석을 가리는 것은 참 어렵다. 하나님께서 직관과 통찰력을 주지 않으면 감당하기 어렵다. 이는 대통령을 오래 보좌할수록 인간의 나약함과 부족함을 절실하게 깨닫게 하는 겸손의 도구였다. 교만은 패망의 선봉이고 거만한 마음은 넘어짐의 앞잡이(잠언 16:18)라는 사실을 여실히 보여주었다. 인간의 제한된 지식으로는 어려운 문제들을 해결할 방법이 없고 오직 하나님께서 주시는 지혜를 통해서만 중책을 감당할 수 있다.

정직과 성실

　인사비서관은 역할의 특성상 공사(公私) 구분이 더욱 엄격해야 한다. 나와 아무런 친분이 없어도 동향이나 동문이라는 점 때문에 불이익을 받거나 이득을 볼 수 있다. 나와 연고가 있는 사람을 추천할 때는 더욱 신중하고 엄정하게 검토한다. 내가 인사비서관 직위를 이용하여 사적인 이득을 취할 생각이 애당초 없었으니 일부러 거짓말을 할 필요가 없었다. 비서관이 갖추어야 할 자질 중에서 가장 중요한 덕목을 하나 꼽으라면 정직함이다. 이는 주인과 대리인의 관계를 돈독하게 만드는 신뢰의 주춧돌이기 때문이다.

　대통령으로부터 받는 질문에 내가 가끔 대답하지 못하는 것은 기억이 잘 나지 않거나 준비가 미흡한 탓이다. 이때 모르면 모른다고 하고 또 충분히 준비하지 못했다면 보완해서 다시 보고 드리겠다고 한다. 모르는 것은 잘못이 아니다. 모르는데 아는 것처럼 또는 짐작해서 보고하는 것이 문제이다. 순간적인 위기를 모면하려고 확실하지도 않은 사항을 대충 보고하면 나중에 바로잡기가 훨씬 어렵다. 대통령께는 절대로 거짓 보고를 하면 안 된다. 나도 행정관으로부터 보고를 받으면 사실인지 아닌지 느낌이 오는데, 대통령이 모를 리 없다. 한두 군데만 짚어보면 금방 들통 난다.

다른 부서에서 생산한 부정확한 정보를 가지고 대통령께 보고했는데, 나중에 알고 보니 정보가 잘못되었음을 아는 경우가 있다. 만약 대통령이 그릇된 정보를 기초로 잘못된 의사결정을 했다면 즉시 보고해서 잘못을 인정하고 바로잡아야 한다. 틀린 정보를 생산한 기관과 부서, 담당자를 찾아서 원인을 분석하고 같은 실수가 재발하지 않도록 한다. 정책업무를 관장하는 비서관이나 관계부처에서 작성한 자료 중 인사에 관한 사항이 있으면 관련 법령에 저촉되는 내용은 없는지 다시 점검한다.

비서관은 언제 어디에 있던지 대통령이 찾으면 바로 달려갈 수 있도록 항상 가까운 곳에서 대기하고 있어야 한다. 비서관의 시간은 대통령의 일정표에 항상 맞추어져 있어 매우 높은 집중도가 필요하다. 거의 매일 아침 7시쯤 집무실로 출근하는 대통령을 모시고 있으므로 언제 어디에서든지 대통령의 전화를 받을 준비가 되어있어야 한다. 진동 모드로 해서 한두 번 전화를 못 받은 적이 있어 나중에는 휴대폰 수신음 소리를 다르게 설정하였다. 퇴근 후 집에 와서도 비서관 임무는 계속된다. 대통령이 전화로 확인할 것으로 예상되는 사항은 즉시 대답할 수 있도록 잘 준비해 둔다. 급하지 않아도 어차피 해야 할 일이라면 시간 있을 때 미리 만들어 놓고 다른 일을 한다. 시간이 지나면 잊을 수 있고 또 새로운 지시사항이 생길 수 있기 때문이다. 또 보고 과정에서 특별히 지시받은 사항은 당일에 최우선적으로 처리하여 별도로 보고한다. 지시받은 내용이 각 부처에서 조치할 사항인가 아니면 우리 사무실에서 직접 처리할 사항인가를 구분하여 적절히 대처한다.

인사와 관련하여 문제가 될 소지가 있는 정보를 외부인사로부터 들으면 대통령과 대통령실장에게 바로 보고한다. 유의할 점은 내가 그런 말을 듣는다면 이미 대통령도 내용의 상당 부분 알고 있다고 보아야 한다. 그러니 현재 상황만 파악하지 말고 대안까지 마련하여 같이 보고하는 것이 중요하다. 더 나아가 문제의 소재와 원인을 분석하여 해결방안과 그 논거도 함께 보고하면 더욱 좋다.

강한 책임감과 열정을 가진 대통령을 보좌하려면 건강관리에도 신경을 써야 한다. 나는 매일 만 보 이상 걷는 것 외에 가끔 연무관의 체력단련시설을 활용하여 운동했다. 아무리 좋은 머리와 충성심을 갖고 있어도 건강이 뒷받침되지 않으면 소용없다. 몸살감기를 특히 조심해야 한다. 기침을 콜록콜록 하면서 대통령께 대면 보고할 수 없다. 일상의 리듬을 항시 유지하며 과식하지 않는 등 절제를 한다.

절차와 보안

　공직후보자들은 여러 경로를 통하여 인사비서관실로 이력서나 자기소개서 등을 보낸다. 특정한 자리를 명시하지 않고 일임하거나 자리를 지정하여 공석이 나오면 검토해달라는 것도 있다. 추천된 자 대부분을 국가인재데이터베이스에 검색해보면 이미 등록되어 있다. 물론 미등록자도 있으므로 일단 서류를 받으면 행정안전부로 보낸다. 미등록자는 등록하도록 하고, 등록자는 업데이트할 때 참고하도록 한다. 이때 담당 행정관에게 누가 언제 추천한 사람인지 메모하고 며칠 후 국가인재데이터베이스에 해당자의 자료가 반영되었는지를 확인한다.

　인사 수요는 항상 공급량을 넘친다. 경쟁이 심해지는 원인이자 추천자 사이의 갈등 요인이 된다. 대개 추천자들은 추천대상자와 어떤 형태로던지 관계가 있다. 추천자의 희망과 달리 우선순위에서 자꾸 밀리면 감정이 상할 수 있다. 추천사항이 무시되지 않고 노력하고 있음을 가끔 알려 주는 게 좋다. 추천순위에서 조정이 어려우면 인사추천회의에서 검토한다. 위원 중에는 추천된 자와 잘 아는 사람이 있을 개연성이 높아서 상황을 잘 설명해 줄 수도 있다. 누군가를 추천한 사람은 정부정책에 호응하는 사람들이므로 협조관계를 지속하는 것은 중요하다.

　정부인사의 잡음은 내용과 절차에서 모두 발생할 수 있다. 내용에 대하여는 선택과 판단의 문제이므로 주로 경쟁에서 탈락한 사람들로부터 제기된다. 절차는 당사자뿐만 아니라 관여하는 모든 사람으로부터 비판을 받고 심지어 외부감사와 평가과정에서도 지적되어 문제가 확대될 수 있다. 내용과 절차를 완전히 분리하기는 어렵다. 자격이 불충분한 사람을 무리하게 임명할 경우 절차마저 훼손될 우려가 있다. 원칙은 실력과 자격을 갖춘 사람을 법적 절차에 따라 선발·임명하는 것이다. 누굴 시켜도 별 차이가 없거나 검증결과 새로운 변수가 나타나면 절차보다는 내용을 더 우선시 한다.

　대통령이 통치행위의 일환으로 행하는 주요 인선과정은 보안을 철저히 유지한다. 최종 인선 결과와 그를 발탁한 사유만을 대외적으로 발표한다. 정무적인 검토·판단과정을 전부 공개하면 정치적 공세의 대상이 됨은 물론, 탈락자들에게 큰 상처를 주거나 사생활에 대한 중대한 침해가 될 수 있다. 인선 과정에 참여하는 사람을 최소화하는 이유가 여기에 있다. 나를 비롯하여 같이 일한 모든 행정관은 보안의 중요성을 누구보다 잘 알고 있기에 인사내용과 절차에 있어서 외부에는 작은 단서조차 주지 않았다. 우리 사무실 내부의 과실로 인사보안에 차질이 생긴 적은 없었던 것 같다.

　정무직공무원을 인선할 경우 어느 정도 후보자의 범위가 압축되면 대통령실장은 임명제청권자인 국무총리와 전화로 또는 만나서 이견을 조율한다. 그리고 법령상 공식절차로서 국무총리의 제청을 받기 위하여 나는 인사서류를 들고 정부중앙청사의 국무총리 집무실에 가서 결재를 받았다. 이때는 해당 인사안만 보고하는 것이 아니라 현재 진행 중이거나 조만간 검토할 인사안을 설명하였다. 특히 국무위원을 교체할 때에는 대통령의 명을 받아 행정각부를 통할하는 국무총리로부터 개각 시기와 대상, 추천 인사 등에 관한 의견을 듣고 대통령께 보고하였다.

　가끔 내가 인사업무로 누군가와 상의한 사실을 제3자가 알고 말하는 경우가 있다. 이는 나와 상의한 사람의 입이 가볍다는 것이므로 다시는 그와 접촉하지 않았다. 인사를 직접 담당하지 않는 제3자 특히 인사검증 과정의 하나로 탐문조사를 할 때 주변 사람들을 통해 검토 중인 후보자의 정보를 수집하는 과정에서 보안 취약성이 가끔 생긴다. 인사검증 요소 중 병역, 납세, 출입국, 논문, 기고문, 대담자료, 출판물, 거주이전, 재산 관계 등은 각 기관에서 보유하고 있는 자료를 받아 분석하면 되지만 탐문조사는 주변 사람에게 물어볼 수밖에 없다. 이러한 사정을 고려하여 탐문조사는 본격적으로 인사안을 준비할 때 하지 않고 평소에 미리 해 두는 게 보안 유지에는 좋다. 서류를 통한 분석은 정부인사를 앞두고 본격적으로 검토하면 된다.

  대통령으로부터 검토지시가 내려온 사안 중 특별히 보안이 요구되는 것은 행정관에게 지시하지 않고 필요한 자료를 받아 내가 직접 보고서를 만들었다. 대통령께 보고 후의 처리도 직접 진행했다. 간단한 메모지라도 인사비서관실에서 생산된 문서는 최종 보고가 끝나면 국가기록원에 넘길 자료를 제외하고는 모두 파기했다. 휴지통도 매일 점검하고 팩스로 들어오는 자료가 방치되어 외부인이 들어와 우연찮게라도 보지 않도록 바로바로 수거하였다. 자료를 많이 보관할 경우 의사결정에 혼란을 줄 수 있으므로 꼭 필요한 자료가 아닌 한 일단 마무리된 자료는 즉시 폐기하였다. 이명박 대통령도 인사보안에 대한 중요성을 그 누구보다 잘 알기에 인사보고를 받는 자리에는 대통령실장을 제외하고는 배석자를 최소화하였다. 제3자가 인사정보를 알면 자꾸 외부에 자랑하고 싶은 것이 인간의 본성이다.

후보자 선정

국민으로부터의 직접선거로 취임한 대통령이 임기동안 정부에서 같이 일할 사람을 고를 때 가장 중요한 기준은 헌법과 법률에서 정한 결격사유에 해당하지 않는 한 대통령이 믿고 일을 맡길 수 있는가이다. 대통령의 신임 척도는 그 사람의 인물 됨됨이나 해당 분야의 전문성 등 실력과 함께 조직을 이끌어 갈 리더십이다. 공사조직을 막론하고 기관장은 어떤 리더십의 소유자인지가 중요하다. 인품과 자질, 기본 역량은 물론 전문성까지 갖추고 있다면 더할 나위 없이 좋지만 그런 사람이 많은 게 아니다. 기관의 업무 내용이나 당면 정책과제, 자리의 성격을 보아 전문가나 신임도가 높은 사람을 보낸다.

특정 부처 또는 개인의 흠만 보고 인선하기보다는 정국 상황을 보고 전체적인 구도 하에서 인사 여부, 시기, 대상 범위 등을 고려하여 검토할 후보자의 출신 지역과 학교, 성별 비율, 공무원과 학자, 전문가와 정치인 구성 등을 종합해 분석한다. 때로는 주관적인 척도 외에 재산이나 출신지 등 국민 정서까지 고려할 필요가 있다. 법령에서 인선 기준이 정해져 있으면 그에 따르고 그렇지 않으면 다른 요건을 보아 찾으면 된다. 재산규모와 관련하여 본인의 노력으로 정당하게 모은 것은 비난할 일은 아니나 지나치게 많을 경우는 참고한다.

공공기관의 감사는 역대 정부에서 정무적인 인사를 많이 했던 자리다. 그래도 기관 성격이나 규모에 따라 전문성과 경력을 참고해서 결정한다. 기관장과 건전한 긴장 관계가 유지되도록 지역이나 출신학교 등이 상호 중첩되지 않게 한다. 어떤 기관의 감사는 자기도 대통령에 의해 임명되었다고 기관장에게 함부로 대하는 경우가 있는데 이런 사례는 엄중 경고하여 본분을 벗어나지 않도록 한다. 기관장의 리더십을 보호하기 위해 소속 임원에 대한 평가는 존중하되, 평가결과가 객관적이고 공정하게 이루진 것인지 아니면 외부청탁이나 압력을 받아 왜곡된 것인지를 파악한다.

기관장이나 감사의 연임 여부는 여러 이유로 민감하게 받아들일 수 있으므로 연임기준을 미리 만들어 둔다. 주무부처의 장관과 수석비서관의 의견을 들어 인사추천회의에서 심의하고 결정한다. 이 과정에서 민정수석실의 복무점검 사항을 참조한다. 대통령의 결재를 받아 주무부처에서 공식 발표할 때 연임사유도 같이 발표한다. 임기 중 성과가 탁월하면 계속 소신껏 일할 수 있도록 한다. 사실 일을 잘하는 사람은 어디 가든지 환영을 받기 때문에 적극적으로 연임을 원하지는 않는다. 이와 달리 연임에 과도한 욕심을 내며 청탁하는 사람들은 인사검증과 역량평가를 더욱 엄격히 할 필요가 있다.

정부 초기에는 새로운 리더십으로 조직의 분위기를 일신하기 위하여 외부 인사를 주로 배치한다. 이명박 대통령은 공기업의 경영을 쇄신하기 위하여 한국전력공사, 한국가스공사, 한국도로공사, 한국석유공사, 인천국제공항공사, 한국토지주택공사 등 대형 공기업 사장에 민간대기업에서 경영능력이 입증된 최고경영자 출신을 상당수 기용하였다. 다만 집권 후반에는 조직의 안정성을 고려하여 일부 공기업에는 지주회사 기능을 하는 관련 주무부처의 직업공무원 출신을 임명하였다. 업무 성격상 소속 공공기관의 수가 중앙부처마다 다양하므로 낙하산 인사의 폐해가 없도록 해당 부처 출신만 고려하지 않고 정부 전체 차원에서 적임자를 찾아 임명하였다.

사람은 모두 장·단점이 있다. 어떤 사람은 업무 추진력이 뛰어난데 출신 지역의 편중이 걸림돌이 될 수 있다. 대통령이 판단하기 좋도록 후보자의 특성뿐만 아니라 의사결정에 필요한 사항을 함께 준비한다. 외부의 비판을 감수하고 업무와 성과 중심으로 갈 것인가 아니면 화합형 인사로 갈 것인가를 전략적으로 결정한다. 또 현재 조직이 처한 내부역량의 강·약점과 외부환경의 기회·위협요인을 분석·보고한다. 인적 사항만이 아니라 관련되는 법령 규정도 당연히 포함한다. 헌법이나 법률에 규정된 임기 등 기본적 사항은 대통령의 질문에 바로 답할 수 있게 숙지하고 있는 것이 좋다.

언행의 무게

 청와대 직원들은 평소처럼 말해도 듣는 사람은 내용에 따라 압력으로 받아들일 수 있다. 예컨대 지인으로부터 어떤 부처에 넣은 민원의 진행 상황을 좀 알아봐달라는 부탁을 받고 연락하면 듣는 부처의 공무원은 신청내용대로 해 주라는 의미로 받아들일 수 있다. 그러므로 이런 종류의 부탁은 정중히 거절하는 것이 좋다. 일단 들어본 후 주관 기관이나 담당 공직자가 부당하게 처리를 지연하고 있거나 재량을 남용하는 것이 확실하다면 공직기강 확립 차원에서 법령에 따라 조치하도록 관계 규정을 알려주면 된다. 본연의 업무와 무관한 일에 자꾸 개입하면 큰 부작용을 가져올 수 있으므로 조심해야 한다
 바울 사도는 성령의 아홉 가지 열매로서 사랑, 희락, 화평, 오래 참음, 자비, 양선, 충성, 온유, 절제를 제시하고 있다(갈라디아서 5:22·23). '사랑'과 '오래 참음'을 제외한 7개는 모두 한자어이다. 오래 참음을 '인내'로 번역해도 될 것 같은데 왜 오래 참음으로 번역하였을까를 생각해 봤다. 이유는 '오래'에 있었다. 단순히 치밀어 오르는 분노를 일시적으로 참는 것에 그치지 않고, 오랫동안 최대한 참아보라는 의미이다. 대통령 당선에 공을 세운 사람들은 크든지 작든지 지분을 갖고 있다고 인정한다. 이 지분권을 행사하는 과

정에서 공신이 아닌 사람들은 입지가 축소될 수밖에 없다. 때로는 모욕을 당할 수도 있으나 감정적으로 대응하면 좋지 않다. 불편한 말을 들어도 오래 참아야 한다.

인사비서관은 청와대 외부의 비판에 슬기롭게 대쳐해야 할 뿐만 아니라 내부 구성원에게도 각별하게 신경을 써야 한다. 나는 정권 창출에 아무런 지분이 없는데 중책을 맡고 있어서 더욱 주목받기 쉬웠다. 어떠한 말을 들어도 내게 괜히 지나가는 말로 하지는 않았을 테니까 그 의미를 곰곰이 생각해보았다. 들을 가치가 있는 말이라면 관련 자료를 찾거나 다른 사람들과 상의한 뒤 약간의 시간이 지난 후라도 차근차근 설명하고 가능하면 수용하는 입장을 취하였다.

인사비서관실에 근무한다고 해서 모든 사람의 속성을 알 수 없다. 실무선에서 가진 인력 풀의 제약도 있으나 검토 중인 주요 인사라도 데이터베이스가 업데이트되지 않으면 근황을 잘 모를 수도 있다. 아직 인사보안을 그다지 염려할 단계가 아니라면 특정인에 대한 관련 비서실의 평가의견을 요청해도 된다. 나름대로 해당 분야의 인적 네트워크가 있으므로 의외로 좋은 의견을 들을 수 있다. 주요 인선과정은 대통령실장에게 수시로 보고하되 필요하면 관계 수석비서관에게도 보안유지를 전제로 알려준다. 청와대는 수석비서관실별로 행정부에 주된 관련 부처가 있다. 인선 과정에서는 수석비서관의 관여를 최소화하지만 대통령이 최종적으로 결정한 후에는 외부에 발표하기 전에 관계 수석비서관에게 미리 귀띔해줘서 서운하지 않게 조치한다.

청와대 내부의 비서관실 사이에 업무 소관으로 다툼이 생겨서는 곤란하다. 어떤 부서에서 의욕이 넘쳐 일하다 보면 다른 비서실 업무와 중첩되는 경우가 있다. 이때도 감정적으로 대응하면 안 된다. 업무가 중복될 경우 다투지 말고 이미 업무를 시작한 부서에서 끝까지 처리하도록 한다. 도중에 정지시키면 잡음이 일어나고 정부 부처에서는 청와대의 일 처리 방식을 부정적으로 볼 수 있다. 진행 중인 업무가 일단 마무리된 후 수석비서관끼리 협의하거나 아니면 대통령실장이 조정한다. 다른 부서에서 처리함으로써 더 나은 결과가 생겼다면 아예 사무분장 규정을 고쳐 기능을 조정하는 것까지 검토한다. 비서관이 맡은 일은 그의 소유물이 아니다. 대통령이나 대통령실장으로부터 부여받아 잠시 맡은 역할일 뿐이므로 더 잘하는 부서나 사람이 담당하는 것이 옳다.

청와대는 다양한 출신의 사람이 모여 집중근무하는 곳인 만큼 어느 정도 시간이 지나면 내부의 역학관계가 드러난다. 각 부서의 역할과 사람의 성격도 파악하게 된다. 중요한 것은 인간관계이다. 업무처리의 중심 가치를 정직과 성실에 두는 한 지분의 유무는 별로 중요하지 않다. 사심 없이 일하는 한 누구에게나 신뢰 받을 수 있다. 대통령의 지시사항은 정확하게 해석되어야 한다. 듣는 사람이 자기 편의대로 유리하게 판단하면 안 된다. 여러 사람이 동시에 들은 말이 부처별로 달리 전달되면 정부의 신뢰가 떨어지므로 대통령에게 다시 여쭈어 확인 받은 후 실행한다. 진행된 후 뒤늦게 바로잡는 건 좋지 않다.

언론과의 관계

　기자는 매일 일정한 시간이나 지면에 콘텐츠를 채워야 하므로 업무의 중압감이 유난히 많은 직업이다. 취재 과정에서 가끔 무리한 일이 생기는 이유가 여기에 있다. 인사 관련 기사는 독자들의 흥미가 많은 편이라 특종에 대한 유혹이 크다. 가끔 승진이나 보직 경쟁에서 탈락한 사람이 상대를 모함하거나 청와대가 그런 결과를 유도했다고 비판할 때가 있다. 매우 그럴듯한 스토리를 만들어 익명으로 각 언론사에 자료를 보낸다. 대부분 터무니없는 내용임을 알고 폐기하나 사실관계 확인을 목적으로 취재를 시작하기도 한다. 다른 사람을 동원한 인터뷰 기사도 낸다. 답답한 일이지만 얼마든지 일어날 수 있다. 이때 당한 사람이 다시 반박 인터뷰를 하면 싸움은 점점 확산된다.
　청와대를 포함한 정부 내 인사의 권력투쟁이라는 제목은 언제나 독자들의 관심을 유발할 소재이므로 항상 조심해야 한다. 먼저 싸움을 걸어 온 상대방에게 즉각 대응하지 말고 감정을 가라앉혀 배경과 사실관계를 차분히 정리하여 언론사로 해명자료를 보낸다. 진실은 밝혀지게 마련이다. 소관 부처와 해당 공무원이 잘 대처하여 대부분 해프닝으로 마무리되지만 때로는 나의 입장과 의견을 들어보려고 연락을 취하기도 한다. 나는 기자와는 거의 접촉하지 않았다. 인사비서관은 들을 귀와 먹는 입은 있어도 말하는 입은 없다고 일관되게 말했다. 휴대폰에 이름이 입력되지 않은 전화가 오면 누구든지 받지 않았다. 드물지만 여당의원이 내가 자기 전화를 안 받아 괘씸하다고 말한다는 것을 정무비서관에게서 전해 듣기도 했다. 안 받으면 문자로 누구라고 신분을 밝혔다면 내가 다시 걸었을 텐데 본인은 내 휴대 전화에 자기 이름이 당연히 입력되어 있다고 생각한 것 같았다. 나중에는 오해가 풀렸으나 전화는 인간관계를 규정할 예민한 물건임에는 틀림이 없다.

이름이 보여도 왜 전화했는지 짐작이 되는 받기 곤란한 전화도 받지 않았다. 청와대에 들어오기 전에 사용하던 개인 전화는 아예 배터리를 빼 버렸다. 기자로부터 가끔 통화를 원하는 문자 메시지가 오면 대변인이나 춘추관장에게 전달하여 배경을 알아봐 달라고 부탁했다. 답변도 대변인 등을 통해서 했다. 그리고 필요한 경우 답변 내용과 공개 범위도 미리 협의했다. 만약 특정 언론사에 제공하여 곤란한 상황이 생기는 내용이라면 아예 모든 언론사에 일괄 배포할 것인지도 검토했다. 이 기준은 모든 언론사에 똑같이 적용하였다.

기자가 내게 접촉을 시도할 때는 이미 여러 취재원을 접촉하여 기사의 초안을 작성하여 내용을 확인하거나 나의 멘트를 인용하기 위함이라 보았다. 행여 녹음될 나의 말로써 기사가 잘못 작성되면 정부의 공신력 저하는 물론 누군가에게는 상처가 될 수 있다. 더욱이 내가 말실수라도 해서 갈등의 빌미를 제공하는 일은 결코 없어야 한다. 인사의 보안성을 의심받을 통화기록을 휴대폰에 남기는 것보다는 차라리 불통 소리를 듣는 게 낫다고 생각했다. 이는 태도의 문제이지 내용의 오류는 아니므로 시간이 지나면 해결되는 것이다. 다만 취재가 아닌 기자 개인의 민원에 대하여는 최대한 도와주려고 애썼다.

대통령의 고유한 권한인 정부인사는 언제든지 단행할 수 있다. 그런데 인사를 전혀 검토하고 있지 않는데도 가끔 개각 검토라는 제목의 기사가 나오는 경우가 있다. 어떤 정치적 상황을 계기로 누가 어떤 자리에 거론되며 언제 어느 정도의 폭으로 인사가 이루어질 것이라는 추측성 보도이다. 심지어 이미 시내 모 호텔에서 인선 작업을 시작했다는 등의 어처구니없는 기사도 있었다. 인사에 관심이 많은 사람이 주고받은 가상의 말 조각들이 입소문을 통해 확대 재생산되다가 기사로 나간 것 같았다. 한번 보도되고 말면 무시하면 되지만 다른 언론사에서 받으면 대변인을 통해 사실관계를 확실히 알려줘야 공직사회의 동요를 막을 수 있다.

인사내용은 조금이라도 단서를 주면 안 되지만 인사업무를 처리하는 과정에서 일상적으로 진행하는 재미있는 사례나 최초로 시행한 인사 등 긍정적인 통계자료 등은 제공한다. 인사업무의 어려움을 알려주고 역사적으로 의미 있는 것을 기록으로 남기는 순기능도 있다. 물론 이 경우에도 시기와 내용, 방법은 대변인실과 상의한다. 기자의 시각에서는 같은 내용이라도 달리 판단할 수 있기 때문이다. 오케스트라의 연주 전체를 보지 않고 일부만 보았거나 남이 쓴 감상문을 읽고 잘못 판단하는 것처럼 정부인사도 마찬가지다. 인사의 맥락 전체를 보지 않고 흠집만 찾거나 잘한 내용은 당연하니 크게 싣지 않는다거나 불만을 가진 사람의 말을 중심으로 쓴다면 좋은 기사가 나오기는 어렵다.

나는 청와대에 있는 동안 2010년 9월 한 언론사와 처음이자 마지막으로 인터뷰를 한 번 했다. 청와대의 인사 추천 및 검증 시스템을 개선하고 이를 언론에 설명해 주라는 대통령실장의 지시가 있었기 때문이다. 양적·질적 검증을 강화하되 앞으로 고위공직후보자들이 정식으로 추천절차를 진행하기 전에 먼저 자가 진단을 할 수 있도록 고위공직 예비후보자 사전질문서 200개를 공직기강비서관실과 같이 만들어 청와대 홈페이지에 공개하였다. 가족관계, 재산형성, 학력과 경력, 병역, 전과와 징계, 조세, 연구윤리, 직무윤리, 사생활 등 9개 분야별로 세부 질문 200개를 만들어 항목별로 '예·아니오'를 답해 보도록 했다. 이를 근거로 저촉사항이 많은 사람은 자연스럽게 추천과정에서 제외될 수 있도록 한 것이다. 해당 언론사에서는 내가 설명한 내용을 가감하지 않고 거의 그대로 보도해 주었다.

인사안의 발표

　대통령으로부터 정무직공무원으로 임명할 사람을 최종 결심 받으면 대변인이 내정 사실을 발표한다. 공공기관장의 경우는 주무 부처가 발표토록 한다. 발표할 자료는 직위별로 내정자의 연령, 출신지, 출신 대학, 주요경력, 발탁배경을 정리하여 발표할 시간보다 2시간 정도 앞서 후보자 사진과 함께 대변인실로 보낸다. 대변인실에서는 발표 문안을 손질해서 기자들에게 발표시간을 알려준다. 석간신문에 싣기 위해서는 늦어도 당일 오전 9시 반까지, 다음날 조간용 기사는 당일 오후 3시까지는 자료를 넘겨줘야 한다. 국무위원의 교체인원이 많으면 엠바고를 걸어 3시간 전에 미리 자료를 준다. 기자들은 그동안 개각 내용과 관련된 자료 분석 및 해설기사 등을 써서 준비하다가 엠바고가 풀리는 시간에 일제히 인터넷에 올린다. 대통령이 왜 그렇게 결정하였는지 그것이 국가사회에 미치는 영향이 무엇인지를 분석하여 가장 효과적인 시기에 알린다. 특히 사회적으로 관심이 많거나 이해관계가 첨예한 사안일수록 언론사에서는 집중보도할 가능성이 크므로 내용이 왜곡되지 않도록 발표할 자료를 잘 만들어 배포하고 보충설명을 한다.
　중요한 직위는 대변인이 직접 브리핑실로 가서 발표하지만 그렇지 않은 것은 춘추관장을 통하여 자료를 배포한다. 내정 사실이 발표되면 기자들이나 관련 시민단체 등에서 후보자와 접촉하여 인터뷰를 요청할 수 있으므로 대상자에게 연락하여 발언할 범위를 미리 귀띔해 준다. 과거 경력 중 논란 소지가 있으면 해명자료도 준비한다. 국회의 인사청문회 대상 직위는 더 자세한 정보를 제공한다. 전·후임자를 비교 분석한 자료를 만들되 출생지와 출신학교와 연령 등의 분포 자료도 첨부한다. 이 자료는 언론에 발표하기 전에 대통령실장을 통해 여당 대표와 원내대표 등 주요 당직자에게 미리 알려준다.

특별히 홍보하고 싶은 내용이 들어있으면 특정 직위에 정부 출범 후 보직된 장관들의 출신 지역 등을 분석한 자료를 동시에 제공한다. 후보자 발표 후 후속 절차와 관련된 내용도 함께 알려준다. 예컨대 국회에 인사청문회 준비 서류를 접수하면 국회가 동의권을 가진 직위에 대하여는 인사청문특별위원회를 구성해 실시하고, 그렇지 않은 국무위원 등 기타 직위에 대하여는 해당 상임위원회에서 청문회를 실시한다. 국회 동의 직위의 경우 과반수 출석에 출석위원 과반수 찬성으로 의결하나 그렇지 않은 직위는 청문경과보고서를 채택하면 된다. 구체적인 날짜와 일정까지 계산해서 알려주면 브리핑하기 편하다.

국회의 임명동의 직위를 제외한 나머지 인사청문회는 모두 위헌적이라는 인식에는 변함이 없으나, 폐지될 때까지는 그 법을 지킬 수밖에 없다. 야당이 상임위원장을 맡은 부처의 장관후보자의 경우 청문경과보고서의 순조로운 채택을 사실상 포기해야 할 정도로 정치적으로 이용되고 있다. 언론에서도 후보자들의 해명자료는 작게 소개함으로써 청문회에서 국회의원의 지적사항만 크게 부각되는 현실이다. 공직기강비서관실에서 인사청문회 대상 후보자를 정밀검증하고 있으나 한계가 있다. 인사검증 단계에서 걸러내지 못한 새로운 사실이 야당이나 언론사에 제보되어 폭로전으로 비화될까봐 늘 걱정된다. 이런 우려가 심화될수록 장관은 교체보다는 유임을 검토함으로써 [표 14]에서 보는 바와 같이 김영삼정부 이후 역대 정부에서 임명된 국무위원(장관)의 평균 재임기간과 인원을 보면 현저히 줄어들고 있다.

[표 14] 역대정부의 주요 정무직공무원 비교

구분	전체	장관	차관	처장·청장
김영삼정부	12.6월(253명)	11.2월(112명)	13.7월(85명)	13.7월(56명)
김대중정부	13.1월(230명)	11.3월(96명)	13.4월(81명)	15.8월(53명)
노무현정부	14.8월(232명)	14.8월(76명)	13.3월(94명)	17.1월(62명)
이명박정부	16.6월(209명)	19.1월(49명)	14.5월(98명)	17.8월(62명)
박근혜정부	19.5월(150명)	19.5월(43명)	17.0월(70명)	24.4월(37명)

* 출처: 이명박정부 국정백서(2013) 제12권 495쪽 및 인사혁신처 자료(수정)

국무위원후보자 인사청문회는 노무현정부 후반인 2006년에 도입되었기 때문에 실제 임기 전체기간 중 인사청문회를 해야 했던 것은 이명박정부 이후이다. 더욱이 이명박정부는 행정각부의 수를 18개에서 15개로 줄였다. 헌법상 최소 국무위원 수 15명에 특정한 행정기능을 맡기지 않고 대통령이 지시하는 특정 과제를 처리하는 특임장관 1명을 포함하여 국무위원(장관)은 직전 정부의 19명에서 16명으로 줄여 운영하였다. 역대정부와 비교해 볼 때, 이명박정부는 인사청문회를 거치며 대통령의 통치철학을 직접 구현하는 장관의 교체는 대폭 줄이면서, 장관을 보좌하고 내부 공무원 중에서 주로 발탁하는 차관·청장 등은 공무원 사기진작 차원에서 비슷한 규모로 임명하였다. 인사안이 발표되면 언론에서는 각 부처 내부의 여론을 모아 반응을 보도하기도 한다. 평가 의견은 정리하여 다음 인사에 참고한다. 중요한 사항은 국가인재데이터베이스에 수록하도록 행정안전부에 전달한다.

나가는 사람

　어떤 사람과 관계를 시작할 때는 서로를 잘 몰라서 그러기도 하겠지만 정성을 많이 기울인다. 좋은 인상을 줌으로써 계속 원만한 관계를 유지하고 싶기 때문일 것이다. 그렇지만 어떤 연유로 관계가 끝날 때는 안 좋게 마무리될 수 있다. 바람직한 현상이 아니다. 아무리 함께 지낸 시간이 아름다웠어도 끝이 좋지 않으면 그간의 모든 관계가 무너질 수 있다. 정부인사도 마찬가지다. 일을 잘할 것으로 기대하고 임명하였지만, 취임 후 제대로 역량을 발휘하지 못하여 그만두게 하는 경우가 있다. 이때 나가는 사람이 섭섭한 마음을 품지 않고 명예롭게 나가도록 배려하는 것이 중요하다.
　나갈 대상자에게는 정부인사 요인이 생겨서 지금 인선을 준비하고 있다는 사실과 교체 대상에 포함될 수도 있음을 사전에 귀띔해 준다. 장관은 대통령실장을 통해서, 차관은 내가 직접 알려줬다. 통보를 미리 함으로써 적절한 교체 시기와 범위를 결정하는데 도움이 되는 정보를 얻을 수 있다. 예컨대 해당 부처의 장관 또는 차관이 반드시 참석해야 하는 외국정부와의 중요 회의 또는 큰 행사가 예정되어 있거나 대상자에게 퇴임을 준비할 마음의 여유와 주변을 정리할 시간도 줄 수 있다. 보안 속에서 인선을 진행하더라도 본인의 교체 소식을 언론을 통해 알게 되는 일은 절대로 생기지 않도록 신경을 써야 한다.

　국무총리와 국무위원은 청문회 절차로 후임자가 발표되고 나서 실제로 면직까지는 한 달 정도 여유가 있어도 교체가 확정된 이상 사실상 새로운 일을 추진하기 어렵다. 그래서 대통령은 후임자를 임명할 때까지 청와대 국무회의를 마치고 국무총리와 관계 국무위원들을 초청하여 오찬 등을 하면서 그간의 노고를 치하한다. 장관은 그 직에서 물러나더라도 본인의 전문성과 경륜을 정부에서 계속 활용할 수 있도록 비상근 대통령 특별보좌관 등으로 위촉하는 방안을 검토한다.

　내가 호주 연방정부에 파견 중일 때 인상 깊었던 것 중 하나는 정부에서 오래 근무하고 퇴임하는 고위공직자들을 위한 배려였다. 정부의 개각 관련 보도자료는 퇴임하는 사람을 최대한 예우하여 재임 중 그가 이룬 성과를 자세히 기술하고 노고에 감사하는 내용이 대부분이었다. 이에 반해 우리나라는 나가는 사람의 업적보다는 새로 들어오는 사람이 예전에 어떤 일을 했기 때문에 발탁하였고 앞으로 잘할 것을 기대한다는 내용이 주를 이룬다. 실제 임명되고 나서 일을 처리하는 과정에서 당초의 기대만큼 부응하지 못하고 도중에 퇴임을 하여도 잘못된 인선에 대하여는 별로 비판하지 않는다. 인사청문회 등과 같이 임명하는 초기 단계에서만 관심이 집중될 뿐 일을 마치고 떠날 때는 대부분 무관심 속에 퇴임한다. 내가 사무관 시절에는 총무처장관의 이·취임식이 매번 동시에 개최되었는데, 그 후에는 정권교체 등의 영향으로 이임식과 취임식은 늘 따로 진행되었다. 나는 우리나라도 호주처럼 퇴임 장관의 재임 중 업적을 토대로 그간의 노고를 대통령이 치하하고 감사하는 뜻을 담은 보도자료를 만들어 배포하려고 시도해 보았으나 장관의 업적과 성과에 대한 부처 내부의 평가가 다양하여 난색을 표시하기에 뜻을 거두었다. 다만 중앙인사위원회 시절에는 위원장의 재임기간 밑에 작은 글씨로 재임 중의 업적을 정리한 바 있다.

　차관을 포함하여 차관보나 실장급 공무원의 보직관리는 행정각부의 장관들이 신경을 쓴다. 보직관리는 결원을 보충하는 것이다. 결원은 특정 직위에 근무할 사람이 없는 공석 상태를 말한다. 공석 사유는 다양하다. 일하던 사람이 퇴직하거나 승진, 강임, 전보로 다른 직위로 갔거나 휴직, 파견 등이다. 퇴직의 경우는 신분보장과 직결되므로 의원면직이 아니라면 가끔 행정소송까지 제기되는 경우가 있으므로 납득할만한 이유와 함께 절차상으로도 문제가 없어야 한다. 기관의 인사운영상 불가피해서 나가더라도 퇴임 후 다른 자리를 배려할 필요가 있다. 물론 내부 승진이나 전보 등으로 인한 결원보충이라면 임용권자가 알아서 처리하면 된다.

결원보충 시기를 예측하는 것을 인사수요라고 하는데 직업공무원의 경우에는 매년 정년이 도래하는 인원과 평균 퇴직률 등을 검토하여 신규채용 규모를 예상할 수 있다. 그에 따라 공개채용 인원을 정해 다음 해 공무원시험계획에 반영하면 된다. 고위공무원단 가급 이상의 고위공무원은 이런 통계적 방법으로 추측하기 어렵다. 정무적인 판단이 개입될 수 있기 때문이다. 임기도래 직위와 직업공무원을 승진시켜 보충할 것인가 아니면 외부에서 충원할 것인가 등 변수가 많다. 어떤 경우에도 현직자가 퇴직할 때 사후 대응방안을 잘 수립할 필요가 있다. 가끔 선거기여자가 임기제 공공기관의 임원에 임명되었으나 복무행태에 문제가 있어서 도중에 그만두어야 할 상황이 생기면 민정수석실과 긴밀하게 협조하여 처리한다.

청와대나 정부에서 직무상 능력이나 성과와 무관하게 사생활 영역에 관한 과거의 잘못된 행위가 언론에 보도되는 경우가 있다. 이 경우 바로 사표를 받는 것보다는 본인에게 충분한 해명기회를 주고 논란이 잠잠해진 후 교체하는 것이 바람직하다. 또 형사책임이 아닌 적성과 태도상의 이유로 교체할 때에도 즉시 면직하기보다는 공개모집을 계획하는 공공기관의 채용정보를 파악하여 공모할 기회를 부여한다.

장관의 리더십

　대통령이나 행정각부의 장은 인사권을 통하여 조직을 통솔한다. 장관이 부처의 업무를 추진하면서 핵심 역할을 하는 고위공무원단에 대한 인사권이 특히 중요하다. 이명박 대통령은 취임 초부터 행정각부의 장에게 보직인사 권한은 대폭 넘겨주는 대신 인사를 잘못하여 생길 결과에 대하여는 스스로 책임지게 했다. 이는 장관이 내부 직원의 능력과 업적을 평가한 바에 따라 인사를 하도록 유도함으로써 장관의 리더십을 존중하기 위한 배려였다. 만약 장관의 승진 또는 전보 인사안이 청와대와의 협의 과정에서 자주 변경된다면, 눈치 빠른 공무원들은 장관의 지시에 순응하기보다는 청와대에 줄을 서게 될 것이다. 그래서 대통령은 각 부처 실장급의 전보와 고위공무원단으로의 승진 및 전보에 관해서는 장관이 인사검증 내용만 반영하여 자율적으로 운영하도록 일임하였다. 인사비서관실은, 나중에 차관으로 승진할 수 있는 후보자가 되고 대통령이 직접 인사안을 결재하는 고위공무원단 가등급인 실장급으로의 승진만 사전에 협의하고, 나머지 인사안은 장관이 최종 확정한 인사의 결과를 통보받아 부처별 업무평가에만 참고하였다.

　공공기관에도 법령에 규정된 인사권을 지키도록 했다. 장관이 임명하는 직위에 공모계획이 있을 때 청와대 추천자도 공정하게 절차를 진행하도록 했다. 이처럼 행정각부의 장이 해당 조직의 CEO로서 지휘통솔 할 수 있게 함으로써 인사비서관실의 업무를 효율적으로 운영할 수 있었다. 대통령과 정부간의 권한배분 원칙은 청와대 내부에서도 동일하게 적용된다. 인재를 많이 확보할 수 있도록 각 분야의 좋은 후보들을 적극적으로 추천받아 전체 데이터베이스에 넣어두었다가 필요할 때 폭넓게 검토할 수 있기 때문이다.

외부인사가 기관장에 임명될 경우 조직 장악을 위하여 인사를 조기에 단행하려는 경향이 있다. 이럴 때 가장 조심해야 하는 것은 왜곡된 부정확한 인사 자료이다. 청문회를 준비하면서 어느 정도 파악할 수 있고 퇴임한 사람들에게서 의견을 들을 수도 있으나, 정식으로 장관에 취임한 후 직접 데리고 일하며 성향을 분석하고 나서 전보 또는 승진 인사를 단행해도 늦지 않다. 주의할 것은 출처가 불분명한 블랙리스트를 받으면 선입견이 생길 수 있으므로 아예 그런 자료는 읽어보지 말고 파기하는 것이 좋다.

공공기관 임원 중 법령상 대통령이 임명하는 자리는 청와대에서 후보자를 검토·추천하여 대통령이 결정한다. 장관이나 청장 등이 임명하는 자리는 청와대는 추천할 수 없는가가 문제이다. 생각해보면 법률로 임명권자를 장관 이하로 한 것은 기관 규모나 성격을 고려할 때 굳이 대통령이 임명할 필요가 없어 인사업무의 실용성을 고려한 것이다. 그런데 대통령은 그 공공기관장을 임명하는 장관 등에 대한 인사권자이므로 해당 기관의 요청이 있을 경우 개방형 직위인 점을 감안하여 자유로이 적임이라고 생각하는 사람을 자천 또는 타천할 수 있다. 다만 입법 취지가 지주회사 역할을 하는 각부장관에게 인사의 자율권을 보장한 점을 고려하여 강요보다는 임명권자의 의견을 존중하는 협의형태가 바람직하다.

중앙행정기관에서는 내부의 인사업무를 총괄하는 인사과장의 역할이 중요하다. 이들은 부처의 공정한 인사를 통해 장관의 리더십을 강화할 뿐만 아니라 인사비서관실과도 긴밀하게 협조해야 하는 위치에 있다. 이들의 사기를 진작시키도록 워크숍 등 소통의 자리를 마련한다. 정부의 인사정책과 운영

방향에 대한 발제와 분임토의를 통하여 각 부처의 애로사항을 청취하고 상호 교감을 갖는 시간을 가지면 좋다.

　행정각부와 공공기관의 장은 대통령이 자신을 그 자리에 임명한 배경을 정확히 이해하고 있어야 한다. 가문의 영광이나 출세가 아니라 국가를 위해 중요한 사명을 맡긴 것이다. 대통령이 선거 과정에서 국민에게 약속한 개혁과제들을 효과적으로 추진하기 위하여 주요 기관장을 불러서 메시지를 전달할 수 있고 대통령실장이나 인사비서관을 통해서 전달할 수도 있다. 어떤 경로라도 재임 중 본인의 임무를 확실히 인식함으로써 조직을 어떻게 이끌어갈지 목표와 방향을 분명히 설정할 수 있다. 물론 본연의 업무를 잘 처리하는 기관보다는 구조조정이나 조직의 개혁이 특별히 요구되는 기관일수록 리더십이 효과적으로 발휘되도록 선택과 집중을 한다.

인사 청탁자

어느 조직이든지 일처리에 탁월한 능력을 갖춘 직원들이 있다. 이들은 상사가 무슨 역할을 맡겨도 훌륭한 성과를 만들어 내므로 항상 같이 일하고 싶어 한다. 반면에 어떤 직원은 차라리 없는 게 조직에 도움이 될 정도로 모두 꺼리는 인물이 있다. 문제는 이런 사람일수록 인사 청탁을 잘한다는 점이다. 자신의 실력으로는 조직에서 인정받기가 어려우므로 청와대 등 외부의 도움을 빌리려고 한다. 청탁하는 논거 역시 비슷하게 제시한다. 자신의 능력은 우수한데 그간 전임 기관장에게 잘못 보여 제 실력을 발휘할 좋은 보직을 받지 못했다, 출신 지역이나 학벌 때문에 보이지 않게 차별받았다, 또는 과거에 어디서 무슨 일을 열심히 하는 바람에 누구 사람이라는 낙인이 찍혔다는 등 온갖 핑계를 댄다. 그런데 실제로 그런 사유로 불이익을 받았는지 사실 여부를 확인해보면 꼭 그런 것만이 아님을 알게 된다. 대개 어떤 조직에서 오랜 시간 함께 일한 사람들에게서 나오는 공통된 평가는 거의 정확하다고 봐도 된다.

정권 창출에 공이 많은 사람으로부터 그런 억울한 사람이 있으니 챙겨보라는 요청을 받는 경우가 있다. 이때 즉답하지 말고 먼저 상황을 파악해 보고 연락해 주겠다고 하며 왜 추천하게 되었는지 알아본다. 그다음 정보기관이나 소속기관의 인사담당자 등을 통해 구체적인 정보를 수집한다. 조사결과 억울함이 사실이라면 장관 등에게 다음 보직 인사 때 기회를 주는 방안을 검토해 보라고 한다. 반대로 누구나 싫어하는 인물이라면 객관적인 자료를 얻어 추천인에게 잘 설명한다. 유력한 사람이 부탁했다고 무조건 들어주면 안 된다. 갑자기 정권 실세의 개입으로 요직에 임명되었다는 소문이 나면 조직 전체의 사기는 땅에 떨어질 수밖에 없다.

상위직급에 승진할 자리가 많지 않은, 위로 갈수록 뾰족한 피라미드 또는 압핀형 조직일수록 청탁의 정도가 심하다. 마치 인사비서관의 손끝에서 인사가 결정되는 것처럼 오해하여 청탁하지 않으면 경쟁에서 밀리는 것으로 불안해한다. 후보자들마다 가능한 모든 인맥을 총동원한다. 청탁한 사람 중 누구를 최종 발탁해도 뒷말이 생길 수밖에 없다. 발탁된 사람은 청탁 효과가 있었다 할 것이고 탈락자는 인사결과를 수용하지 않고 불만을 표시할 것이므로 조직 분위기는 침체된다. 이런 경우 승진을 못 해도 괜찮으니 진흙탕 경쟁은 하지 않을 것이라고 청탁을 멀리하는 후보자를 찾아 의도적으로 기회를 주기도 한다.

청탁이 구조적으로 통하지 않도록 공공기관의 임원 승진과정에 역량평가 제도를 도입하였다. 하지만 후보자 간에 죄수의 딜레마 현상과 같은 불안감 때문인지 청탁하는 사례가 있었다. 해당 부처에 연락하여 후보별로 청탁 리스트를 만들어서 많이 하는 사람부터 탈락시키면 어떨지 검토해 보라고 했다. 가만히 있으면 손해라는 불안감이 모두를 끝없는 경쟁 구도로 만드는 것 같았다. 이런 일들이 「부정청탁 및 금품등 수수의 금지에 관한 법률」을 제정하게 된 배경이 되었을 것이다.

사람들은 보통 자신의 능력이나 실력에 대하여 다른 사람의 평가 이상으로 후한 점수를 주는 경향이 있다. 적당한 자리를 제의해도 '내가 그 정도밖에 안 되는가? 더 큰 자리는 없나? 그 자리라면 안 하겠다'며 시큰둥한 반응을 보이는 사람이 있다. 추천하는 사람이 제의할 때는 나름대로 그 사람의 전공이나 경력, 평판 등을 종합하여 가장 격에 맞을 것으로 생각하고 제안하는데도 마음에 들지 않는다면 어쩔 수 없다. 본인의 기대수준보다 낮은 자리라고 생각하는 한, 임명되더라도 조직을 잘 운영하기는 어렵다. 따라서 자리에 불만을 가진 사람에게는 자신을 객관적으로 평가할 때까지 기다리는 게 낫다.

청탁과 추천

　청탁은 자질과 능력이 부족한 사람이 영향력을 행사하여 부당하게 인사상의 이득을 취하려고 부탁하는 행위를 말한다. 반면 추천은 자질과 능력을 갖춘 사람이라고 판단하여 특별한 영향력을 미칠 의사가 없이 후보자 중 한명으로 검토를 요청하는 행위이다. 이같이 개념을 정의할 수는 있으나 실제로는 자질과 능력에 대한 판단기준이 모호해서 양자의 차이를 명확히 구분하기가 쉽지 않다. 일단 인사비서관실로 인사 추천서가 오는 사람들은 국가인재데이터베이스에 들어있는 명단이라면 그것을 활용하고 아직 포함되지 않은 사람은 그 인재풀에 포함하여 나중에 검토하면 된다. 빈자리가 넘쳐서 누구든지 원하는 자리를 언제든지 골라줄 상황이 아니므로 누가 추천하던지 모두 인재풀에 넣어 둔다. 나중에 공모할 기회에 지원토록 하여 인성과 실력을 겸비한 경쟁력 있는 사람이라면 임용될 것이고 그렇지 않으면 탈락할 것이다. 추천한 사람에게 신세 질 생각이 없는 한 어떠한 부담감도 가질 필요는 없다.

　본인 또는 다른 사람을 통하여 유력한 정치인이 적극적으로 추천하는 사람이라고 하는 경우가 있다. 이 경우 의심스러우면 추천사실이 맞는지 확인해야 한다. 사실이 아닌데도 진행할 경우 추천인을 욕되게 만들고 조직에 짐이 될 수 있다. 확인절차는 추천인을 위한 것이므로 반드시 해야 한다. 종종 추천받은 사람의 인품이나 능력 등이 탁월하여 좋은 평가를 받는 경우가 있다. 이런 사람은 임명될 소지가 많으므로 확정되면 추천한 사람에게 언론에 나오기 전에 미리 알려준다. 이와 반대로 누가 뒤에서 자신을 밀고 있다고 자랑하는 사람은 실제 임명되면 오히려 모두를 난처하게 만들 수 있으므로 주의한다. 물론 이 경우에도 당사자는 입을 다물고 있었는데 경쟁자가 음해했을 수도 있으므로 꼭 사실관계를 확인한다.

추천자 명단을 관리하면서 유의할 사항은 누가 언제 무슨 이유로 추천했는지도 정리해 둔다. 추천된 사람이 보낼 자리가 거의 확정 단계로 들어가면 추천인에게 미리 알려주기 위함이다. 추천을 받은 후 오랜 시간이 지나면 추천 사실도 잊어버릴 수 있다. 각 부처의 차관은 장관의 추천이, 청와대 비서관은 수석비서관의 추천이 매우 큰 비중을 차지한다. 추천자가 직접 말하겠지만 기회가 되면 누가 추천하였는지 사실을 확인해주면 좋다.

다른 비서실에서 소관 부처나 산하 공공기관 임원 인선에 관여할 수 있다. 정책을 조정하는 비서실에서 인사까지 관여할 필요는 없지만 간혹 추천할만한 사람이 있으면 받아도 무방하다. 같은 원칙과 절차에 따라 인재풀에 넣고 나중에 검토하면 된다. 인사비서관실에서 정부 전체 시각에서 보는 것과 해당 비서실에서 보는 것에 차이가 있고 또 나중에 검증결과에 따라 판단해도 늦지 않으므로 예민하게 반응할 필요는 없다.

여의도 국회의사당의 일반전화는 대개 784국으로 시작된다. 근무시간 중 784국으로 시작되는 번호로 전화가 오면 비서가 받아 전화를 한 사유를 받아놓는다. 한두 시간 후에 답장 전화를 한다. 이렇게 바로 전화를 받지 않는 것은 다음과 같은 최악의 시나리오를 피하기 위함이다.

'국회의원회관으로 어떤 사람이 인사 청탁을 하러 와서 국회의원을 만나고 있다. 국회의원은 그의 부탁을 다 듣고 난 후 청탁자가 보는 앞에서 비서에게 청와대 인사비서관을 연결하라고 말한다. 비서는 내 휴대폰 번호를 모르기 때문에 청와대 대표 번호로 연결하여 사무실로 전화한다. 만약 바로 연결이 되어 그 사람이 국회의원과 내가 통화하는 장면을 본다면 자신의 청탁이 받아들여진 것으로 알 것이다. 자기가 지금 만나는 이 국회의원의 청탁을 인사비서관이 잘 들어주는 대단한 사람으로 알고 갈 수 있다.'

　가상의 상황이지만 실제로 이런 일이 생길 경우 해당 국회의원의 재선에는 도움이 될지 몰라도 정부인사의 신뢰는 떨어질 수 있다. 한참 시간이 지난 후 그 의원에게 전화를 걸어 전화를 받지 못한 데 대한 양해를 구한 후 사정을 들어본다. 만약 어떤 사람을 추천하기 위해 전화했다면 이름과 추천서를 받아 인재풀에 넣어 함께 검토하겠다고 답하면 된다. 의원 본인이 휴대폰으로 내게 연락하면 혼자 있을 때 직접 전화번호를 찾아서 걸었을 가능성이 많아 회의나 보고 등으로 전화를 받기 곤란한 사정이 아닌 한 전화를 받았다.

인사검증 업무

　청와대에서 행하는 공직후보자에 대한 인사검증 업무는 법령의 근거가 없다. 노무현정부의 중앙인사위원회에서 근거 법률을 제정하려고 법률안을 국회에 제출한 적이 있었는데, 국회 상임위원회에서 심의만 하고 회기만료로 폐기되었다. 국회는 법안 검토과정에서 검증의 근거 법률을 제정하면 검증의 책임성은 제고되나 청와대의 권한을 오히려 강화한다고 판단한 것 같았다. 국민의 공무담임권을 제한할 수 있고 검증하는 과정에서 대상자에게 여러 가지 의무를 부과하는 인사검증 업무가 아직까지 법률행위가 아닌 사실행위로 진행되는 것은 법치행정원리에 비추어 볼 때 문제가 아닐 수 없다.

　인사검증은 민정수석실의 공직기강비서관실에서 담당한다. 노무현정부에서 인사수석실을 만들어 인사추천과 인사검증 업무를 분리하기 전까지는 추천과 검증을 한 부서에서 담당했다. 인사검증은 공직기강비서관실 직원들이 열 군데가 넘는 관계기관들로부터 증빙서류를 수집하여 면밀하게 분석한 후 보고서를 작성하므로 상당히 손이 많이 가는 업무이다. 인사추천 대상자가 많을수록 일이 많이 늘어난다. 검증은 인사비서관실에서 추천 대상자로부터 개인정보제공동의서를 받아 검증 의뢰서를 보내면서 시작된다.

개인정보제공동의서는 인사추천 대상자가 자신과 가족의 재산이나 전과 조회, 납세, 병역, 출입국 관리, 신용상태 등 인사검증을 할 수 있도록 필요한 정보의 열람과 조사를 사실상 전면 허용하는 적극적 의사표시이다. 동의서를 제공하는 사람들은 당해 정부에서 일할 의사를 가지고 주요 공직후보자로 발탁될 것을 기대하고 기꺼이 서류를 제출하는 것이다. 막상 검증이 끝난 후 인선결과가 언론에 발표되면 최종 선임된 한 사람을 제외하고는 모두 실망할 수 있다.

본인과 가족의 신상을 다 조사했으나 임용이 안 되고 아무 연락도 못 받으면 동의서를 낸 사람은 무시를 당한 불쾌감을 가질 수 있다. 인선이 발표된 후에는 동의서 제출에 대한 감사 표시와 이번 인사에서는 여러 가지 이유로 발탁되지 못해 아쉬우나 다음 기회에 적절한 자리가 생기면 검토하겠다고 알려준다. 만약 검증에 문제가 있어서 탈락되면 그 부분을 설명해 준다. 회복하기 어려운 흠이 있으면 공직의 꿈을 접을 수 있지만, 경미한 사항으로 시정할 수 있다면 앞으로 주변과 재산관리에 더욱 조심할 것이다. 검증에 문제가 없음에도 지역이나 학교 편중 등 정무적인 사유로 발탁되지 못했다면 다음 기회에는 다른 자리에 추천한다.

인사검증서의 내용은 200개 자기검증항목과 비슷하게 기본 인적 사항, 신상(병역·전과·부동산·금융자산·납세상황), 직무수행능력, 사회생활 및 세평으로 나누는데, 앞부분은 수치로 표시되는 정량적 성격이지만 뒷부분은 주관이 개입될 여지가 있다. 문제가 될 부분이 있으면 집중적으로 탐문조사를 한다. 검증 유형은 일반검증이 대부분이나 인사청문회 대상 직위는 그동안 발표한 논문이나 저서를 모두 읽어보고 표절여부까지 상세히 조사하는 정밀검증을 한다. 그래서 일반검증에 비해 시간과 노력이 훨씬 더 많이 소요된다. 자문위원 등 비상임 직위에 대하여는 몇 가지 사항만 살펴보는 약식검증으로 운영한다. 방식에 상관없이 검증결과는 대체로 '문제없음', '다소부담', '부담', '문제있음'의 4단계로 구분하는데, 검증 의견이 '부담'이나 '문제있음'으로 나오면 특별한 사정이 없는 한 그 후보자에 대한 인선 작업은 더 진행하지 않았다.

검증 대상자에게 보안을 지켜달라고 해도 어떤 사람은 본인과 가까운 친구나 지인에게 그 사실을 자랑삼아 말한다. 그중 나를 잘 아는 사람이 있으면 무슨 자리를 검토하기에 검증하는지 물어보는 경우가 있다. 이럴 때는 상당히 당혹스럽다. 제3자가 검증 사실을 알게 되면 최종 인선결과에 따라 또 물어볼 수 있기 때문이다. 이런 질문에 사실대로 말할 필요는 없고 그냥 두루뭉술하게 말하면 된다. 검증이 진행 중이고 또 본격적으로 검토가 진행되기 전에는 누구도 자신 있게 단정할 수 없다. 최종단계에서 탈락하더라도 불만이 없어야 하므로 가급적 높은 기대감을 주지 않는 게 좋다.

공직후보자에 대한 인사검증 작업이 한꺼번에 몰릴 경우 생기는 과중한 업무 부담을 덜기 위하여 상시 검증을 운영한다. 이를 위해서는 자리마다 가능성이 많은 후보군을 평소에 준비해가면서 정보제공동의서를 받아 검증을 의뢰한다. 인사수요가 거의 없을 때 적은 인원에 대하여 조금씩 검증을 해 두면 인사보안에 대한 걱정이 줄어들고 공직기강비서관실의 업무 부담을 분산시킬 수 있다. 또 미리 인사검증을 해두면 반드시 정무직공무원으로 임명하지 않더라도 공공기관의 임원이나 대통령 직속 자문위원회 위원 등 다양한 분야에 활용할 수 있다. 인사검증 결과와 아울러 국가인재데이터베이스의 수록내용과 관보에 공개된 재산등록사항, 홍보수석실에서 매일 정리하는 언론기사 모음에 포함된 주요 칼럼과 토론 내용 등도 국정에 대한 기본입장을 판단하는 데 보완적으로 활용한다.

내외부의 협조

청와대 내 다른 비서관실 직원들과 식사를 하면서 서로의 사정을 듣고 공감대를 형성하는 시간을 갖는 것은 권장할 만하다. 대통령을 보좌하는 공통의 입장에서 각기 수행하는 업무는 다르나 정부의 관련부처에 대한 유용한 인사정보를 수집하거나 다양한 현안들을 청취할 수 있다. 특히 인사비서관실은 청와대 내부의 다른 부서에서조차 접근하기 어렵다는 말을 하므로 먼저 다가가는 모습을 보이면 업무의 신뢰를 높이는 데 도움이 된다. 인사비서관실에서 직접 인선하는 대상 직위가 아닌 각 부처의 장에게 위임된 직위나 완전 공모 직위의 경우 해당 수석실에서 언론 정보를 근거로 물어보는 경우가 있다. 마치 우리가 일을 다 하는 것처럼 오해하기 때문이다. 이러한 사례가 재발하지 않도록 필요한 인사정보는 관계 수석비서관과 공유하는 것이 좋다. 문제와 갈등 소지가 있는 사안에 대하여는 미리 충분히 설명하고 협조 요청한다. 수석실에는 정무직공무원이 아닌 한 진행 중인 상황을 어느 정도 알려줌으로써 소관 부처에 대한 협조가 잘 이루어지도록 도와주는 것이 중요하다.

권력은 경쟁적인 성격도 있지만 동일 목적을 지향하는 사람끼리는 공유하기를 좋아한다. 청와대는 업무능력이 가장 우수한 사람들이 선발되어 근무하므로 상호 긴밀한 협조는 성과향상을 위해 필요하다. 서로 믿고 일하면 눈빛만 보고도 무엇을 도와줘야 하는지 알 정도가 된다. 항상 진지한 태도로 경청하며 유기적으로 협력해 나간다. 긴장감을 안고 인사비서관실을 방문하는 사람들에게는 마음을 편하게 하는 것은 내실 있는 대화와 좋은 인간관계를 유지하는 첫걸음이다.

인사비서관의 역할을 담당하는 동안 청와대 내부 구성원들의 도움이 많았다. 특히 언제든지 보고가 가능하도록 대통령이 집무실에 혼자 계실 때는 대면 보고시간을 가장 먼저 마련해 준 부속실의 배려는 가장 고마웠다. 아울러 인사추천 업무에 지장이 없도록 성실한 인사검증을 통해 도와준 공직기강비서관실을 비롯한 민정수석실의 협조는 잊을 수 없다. 또 업무처리 과정에서 발생하는 여러 가지 일들이 원만하게 처리되도록 해 준 총무비서관실, 기획관리비서관실, 전산팀, 그리고 정무비서관실을 포함한 정무수석실, 대변인실과 춘추관을 포함한 홍보수석비서관실 및 경호처의 지원은 큰 힘이 되었다. 외부기관은 두말할 필요 없이 행정안전부 인사실의 도움을 가장 많이 받았고 정보기관의 협조도 적지 않았다.

언론에서 어떤 고위공직후보자로 특정인의 이름이 나오면 인사와 관련하여 이런저런 첩보가 많이 들어온다. 유형은 두 가지이다. 하나는 그 사람이 꼭 임명되어야 한다는 것이고, 다른 하나는 절대로 임명되면 안 된다는 것이다. 후자의 경우가 많은데 여기에는 재임 중 호화스러운 취미 생활을 했다거나 기업인으로부터 떡값을 받았다거나 과거 정권의 수혜자라는 등 부정적 측면을 부각한다. 언론에 거명된 사람이 실제로 기관장에 임명되면 본인이나 특정 그룹의 공직자들에게 불리할 수 있어서 미리 차단벽을 설치하는 것처럼 보인다. 하지만 그런 의혹에 대하여 당사자의 설명을 들어보면 사실과 다를 때가 있다. 하나의 사안을 놓고 전혀 상반된 시각이 존재한다.

이런 경우 정보기관을 통해 탐문조사를 하거나 믿을 수 있는 제3자의 입을 통해 확인하는 수밖에 없다. 특정인의 임명으로 조직이나 부서, 개인에게 특별한 이해관계가 미치지 않는 사람의 객관적 의견이 중요한 이유이다. 대체로 남을 비방하는 내용은 사실과 다른 내용을 부풀린 음해성 내용이 많다. 출처가 불분명한 전단지 같은 자료는 읽어볼 필요 없이 바로 폐기한다. 정보기관의 보고자료도 때론 재검증하는 것이 좋다. 내가 인사비서관이 되고 얼마 되지 않았을 때 모 정보기관에서 보고된 자료를 통하여 깨달은 사실 때문이다. 그 정보 보고서에는 내가 청와대에 들어오기 몇 달 전 구체적인 날짜와 시간, 식당이름까지 기재하고 학교 동창과 같이 저녁식사를 하면서 무슨 얘기를 나누었다고 되어있었다. 난 그 친구와 개별적으로 만나 식사한 적이 단 한 번도 없었는데, 어떻게 내 이름이 들어 있는 부정확한 보고서가 나한테까지 걸러지지 않고 올 수 있는지 이상하여 담당행정관에게 경위를 알아보라고 했다. 워낙 승진 경쟁이 치열한 조직에서 근무하다 보니, 동창생이 인사비서관으로 임명되자 그가 내심 기분이 좋았던 것 같다. 주위 사람들에게 몇 년 전 전체 동기 모임에서 만난 사실은 밝히지 않고 마치 둘이서 한 것처럼 식사도 하는 친한 사이라고 자랑했다. 이를 경쟁자가 전해 듣고 출입하는 정보기관 직원에게 말한 것으로 밝혀졌다. 이 정도는 일선에서 정보를 수집하는 과정으로 볼 여지는 충분하다. 문제는 결재선상에서 당사자인 나에게 사실관계를 전혀 확인하지 않았다는 점이다. 현장에서 정보를 수집하는 실무자가 육하원칙에 따라 보고서를 잘 만들어 100% 사실로 믿은 것 같았다. 만약 실제로 내가 그런 일이 있었다면 그 기관의 정보 수집 실력에 놀랐을지 모르겠다. 하지만 나는 그 일을 통하여 국가의 정보기관이 만든 보고서도 무조건 믿으면 안 된다는 값진 교훈을 얻었다.

커튼 뒤에서 일하는 인사비서관실 직원만으로 모든 정보를 수집할 수 없으므로 손발의 역할을 하는 공식 조직을 통한 인사정보를 활용한다. 아울러 대상자를 평소 업무적으로 접해 본 사람들에게서 직접 의견을 들어 보완해야 한다. 이런 과정은 객관적이고 공정한 평가를 위해 필요한 절차이다. 중요하고 이해관계가 첨예하게 대립하거나 세간의 관심이 높은 자리일수록 더욱 그러하다. 같이 일한 사람을 찾아서 비밀을 보장하며 물어본다. 주의할 점은 믿을 수 있고 공정하게 의견을 줄 사람에게만 해야 한다. 이해관계가 얽혀있거나 인사 대상자와 특별한 연줄이 닿는 사람이라면 접촉을 피해야 한다. 행정관들은 담당 부처와 공공기관의 평소 인사동향을 주의 깊게 살펴보도록 한다. 정보나 자료를 수집할 때는 한쪽으로 치우치지 않도록 조심하고 의심스러운 내용은 경로를 다원화하여 재검증한다. 기관장의 리더십 척도와 관련되므로 공정성이 중요하다. 각 수석비서관실을 통하여 관련 부처의 동향을 듣는 것이 바람직하다. 다만 구체적인 사항을 언급하기보다 개략적으로 해당 기관의 인사 분위기를 파악하는 정도로 해야 한다. 의도와 달리 확대 해석되어 엉뚱한 방향으로 비화될 수 있기 때문이다.

정부인사 쇄신

　조직의 유지비용에 대한 부담이 상대적으로 적은 공공부문의 특성상 한번 만들어지면 자생력을 가지고 계속 확대된다. 환경이 변화함에 따라 분명히 감축하는 요인도 있을 텐데 이 부분은 조직이 축소되거나 공무원의 일자리가 줄어들기 때문에 알더라도 침묵한다. 대신 새로운 행정수요에 따라 증설할 필요성만 주장하므로 조직의 생리와 내용을 잘 모르면 조직 내부의 주장에 휘둘리기 쉽다. 그렇게 조금씩 조직이 비대해지다가 마침내 비용을 감당하기 어려울 정도로 예산이 소요되거나 외환위기와 같은 상황이 오면 타율적으로 정부개혁을 추진하게 된다. 이명박정부는 인사정치 과정을 통하여 외부의 전문인력을 수혈함으로써 정부혁신과 조직발전을 꾸준히 진행해 왔다.

　국세청장을 3개월 이상 공석으로 두면서 차장의 직무 대행체제로 운영한 적이 있다. 그동안 내부공무원 중에서 승진 임용했는데 모두 불명예스럽게 퇴진함에 따라 외부인사를 추천하였다. 권력기관의 영남 편중 오해가 없도록 충청 출신인 공정거래위원회 위원장을 차관급의 국세청장에 임명하였다. 이 사실이 언론에 발표되자 모두 놀랐다. 과거정부에서 장관을 역임한 사람을 차관급인 청와대 수석비서관으로 임명한 적은 있으나 현직 장관급 공무원을 차관급인 청장으로 바로 임명한 것은 처음이었기 때문이다. 이는 예우기준이라는 형식적인 직급체계보다는 자리에 대한 실질적인 역할 기준인 직책을 더욱 중시한 이명박 대통령의 실용적 인사 스타일에 따른 것이다.

이러한 맥락에서 대한민국 정부 수립 이후 이명박정부는 적소에 적재를 배치하는 원칙에 따라 출신 경력에 구애받지 않고 역할 중심으로 처음 시행한 인사가 많았다. 이를 정리한 것이 [표 15]이다. 이 표에는 들어있지 않으나, 부처별로 여성 공무원을 실장과 국장급으로 본격적으로 발탁하기 시작했고, 군에서도 간호병과가 아닌 보병과 다른 병과에서도 여성 장군을 배출하였다. 구체적인 내용은 이명박정부의 국정백서 12권 인사편에 수록되어 있다.

[표 15] 이명박정부에서 최초로 시행한 주요 인사

직위	성명	특징
국무총리	김황식	최초의 전남출신 국무총리
법무부장관	이귀남	영남출신 대통령 정부에서 최초의 전남출신 법무장관
국방부장관	김관진	영남출신 대통령 정부에서 최초의 호남출신 국방장관
과학기술부1차관	설동근	최초의 직선 교육감(3선) 출신 교육부차관
방위사업청장	장수만	최초의 비 군인 출신 방위사업청장
농촌진흥청장	민승규	최초의 차관 출신 농촌진흥청장
산림청장	이돈구	최초의 대학교수 출신 산림청장
기상청장	조석준	최초의 기상전문 캐스터 출신 기상청장
통계청장	이인실	최초의 대학교수 출신 여성 통계청장
중앙공무원교육원장	윤은기	최초의 민간 전문가 출신 차관급 소속기관장
통일교육원장	조명철	최초의 탈북자 출신 통일부 소속기관장
한국관광공사사장	이참	최초의 독일 귀화자 출신 공기업 사장
현대미술관장	배순훈	김대중정부 정보통신부장관 역임자의 실장급 기관장 임명
과천과학관장	이상희	노태우정부 과학기술처장관 역임자의 국장급 기관장 임명

* 이명박정부 국정백서(2013) 제12권, 508~512쪽 발췌

정책이나 제도상 문제에서는 갈등은 항상 있다. 이때 어느 한쪽만 강하게

주장하면 감정이 상하고 결론을 얻지 못할 수 있다. 따라서 조정할 방안은 없는지, 근본 문제가 무엇인지를 심도 있게 논의한다. 고민하면 좀 더 나은 대안이 떠오른다. 이는 제도뿐만이 아니라 운영에서도 적용된다. 인재풀이 적어서 적임자를 바로 찾기 힘든 자리는 돌아가는 길도 검토한다. 문제가 쉽게 풀릴 수 있다. 이미 검증된 사람이 맡아도 되는 자리라면 후임을 찾기 어려운 자리로 보내고, 빠진 자리에는 인재풀이 많아 선택의 폭이 넓은 방법으로 대안을 모색하는 것이다. 회전문 인사로 비판받을 수도 있으나 대통령실의 임무는 중앙부처와 달리 대통령이 개별 지정하는 업무를 처리하기 때문에 유연하게 조직을 관리하는 장점이 있다.

제9장

내가 본 이명박 대통령

청와대에 들어오기 전까지 내가 이명박 대통령에 대하여 아는 것은 서울특별시장에 재임할 때의 신앙 간증 동영상을 보고 그리스도인이라는 점과 불도저처럼 업무 추진력이 대단한 최고경영자라는 점이 전부였다. 그러나 지난 5년간 대통령을 곁에서 보좌하면서 그간 언론에서 표현된 인상과는 퍽 다른 모습을 많이 볼 수 있었다.

하나님의 사람

　이명박 대통령은 퇴임 후 발간한 회고록 '대통령의 시간'에서 밝힌 바와 같이 어릴 때부터 대통령이 되려는 꿈은 꾸지 않았다. 하나님은 대한민국헌법인을 살리기 위하여 다국적기업의 CEO, 국회의원, 서울시장 등의 역할을 통하여 연단시킨 후 가장 필요한 시기에 대한민국 통치권을 그에게 맡겼다. 1995년 서울특별시장 도전에 실패함으로써 시장 취임 시기가 7년간 늦추어졌고 국회의원직을 중도 사퇴하고 미국으로 연수한 과정 역시 하나님의 시간표에 따른 결과였다. 하나님은 대한민국의 경제위기 기간, 즉 2008년부터 2010년까지의 국제금융위기, 그리고 곧바로 이어진 2010년부터 2012년까지의 글로벌 재정위기를 대비해 이명박 대통령을 준비시켰다. 실물경제에 능통한 이명박 대통령으로 하여금 하나님은 대한민국이 전대미문의 세계경제위기를 조기 극복할 수 있도록 그 시기를 계획했다고 믿는다. 당시 대한민국이 가장 먼저 위험에 빠질 것으로 예측한 해외 언론도 있었으나 미국·중국·일본과 통화스와프 협정을 체결하는 등 국민이 위기를 미처 체감하지 못할 정도로 선제적으로 극복해냈다. 2009년 1월 7일 청와대 지하벙커인 상황실(war room)에서 제1차 비상경제대책회의를 시작, 극복 이후에도 이를 매주 지속할 정도로 국정을 성실히 돌본 대통령의 지혜와 노력 덕분이라 생각한다.

예전부터 제왕의 가장 중요한 역할은 치산치수(治山治水)라고 한다. 산업화를 시작한 박정희 대통령은 산을 살렸다. 오랜 세월 각 가정의 취사와 난방 연료로 나무를 썼기 때문에 마을 가까운 산은 나무가 거의 없는 민둥산이었다. 박정희 대통령은 집권 후 산림녹화 사업을 대대적으로 전개하였다. 전국 가정마다 최소한 한 명씩 동원되어 매일 나무를 심었다. 이와 함께 낙엽을 채취하거나 어린나무를 자르지 못하도록 대체 연료를 적극적으로 개발하고, 지하에 묻힌 석탄을 집중적으로 캐내기 시작하였다. 나무 한 그루를 자르는 데는 몇 분이면 충분하지만 살리기 위해서는 수십 년이 걸린다. 박정희대통령의 18년 장기집권의 명암을 객관적으로 분석할 필요가 있다. 산림녹화와 사회간접자본의 확충, 수력·원자력발전소 건설, 중화학공업 육성 등 산업화에 치중하느라 강물의 수질과 수량까지 챙길 시간은 부족했다.

이명박 대통령은 대형 건설사를 경영한 경험을 바탕으로 오랜 시간 방치되었던 전국의 강을 살렸다. 전두환정부에서 1982년부터 4년간 시행한 한강종합개발사업 성과를 다른 지역의 국민도 골고루 누릴 수 있도록 4대강 사업으로 확대한 것이다. 서울 시내를 흐르는 한강에 사시사철 풍부한 물이 흐르는 것은 사람들의 눈에는 잘 보이지 않으나 하류에 설치된 수중보 두 개가 일정한 수량을 항상 유지하고 있기 때문이다. 또 한강의 제방 안쪽에 고수부지를 공원으로 조성하여 시민들은 다양한 문화생활을 누리고 있다. 많은 예산이 소요되는 대형 국책 사업이기 때문에 한강 이외 다른 강으로까지는 확대하지 못했다. 태풍이 오거나 집중호우가 내리면 큰 강에 연결된 지류의 물이 넘쳐 마을과 농경지가 침수되고 지붕 위에 사람과 가축들이 올라 구조를 기다리는 안타까운 장면을 매년 겪을 수밖에 없었다.

경제위기로 대규모 재정투자가 시급했던 2009년, 이명박 대통령은 서울 외곽의 한강을 포함하여 낙동강·금강·영산강 정비 사업을 추진했다. 전 국토의 젖줄인 4대강을 살리는 사업이다. 오랫동안 방치된 강에 무분별하게 조성된 무허가 시설물을 철거하고, 강바닥에 퇴적되어 물길을 막고 홍수를 일으킨 토사와 쓰레기를 모두 걷어냈다. 강바닥에서 건져 올린 퇴적물이 서울 남산의 4개 크기 규모가 될 정도로 강은 병들어 있었다. 강을 정비한 후 마을과 농경지를 침수시켰던 수해는 자취를 감추었다. 연례행사와 같이 수재의연금을 내고 그 명단을 TV 뉴스 끝부분에 보도하던 장면도 이제는 볼 수 없게 되었다. 무엇보다 반가운 것은 강 인근에 살던 농민들이 홍수나 가뭄 걱정 없이 농사를 지을 수 있게 되었다는 사실이다. 그뿐만 아니라 강물이 항상 일정한 수량을 유지함으로써 강 주변에 다양한 친수공간들이 생겨나 도시민들에게는 휴식처를 제공하고 인근 주민들에게는 소득증대에 도움을 주게 되었다.

이는 이명박 대통령이 서울시장으로 재직하면서 모두가 불가능하다고 여겼던 청계천 복원사업을 성공적으로 이뤄낸 경험 덕분에 가능했다. 청계천은 전 세계가 벤치마킹할 정도로 도심의 문화 공간 재생 모델로 자리 잡아 지금도 많은 사람의 사랑을 받고 있다. 버스와 지하철 등 무료 환승제도와 중앙버스전용차로제는 형편이 어려운 서민들에게 현금을 주는 일회성 지원보다는 시스템을 개선함으로써 지속적인 혜택을 주는 것이 훨씬 효과적임을 보여준 실질적인 복지정책 사례이다. 대기업에서 쌓은 경영 능력이 공공조직에 접목되어 시너지 효과를 발휘함으로써 대한민국극장의 총감독인 대통령에 당선되었다. 하나님은 이명박 대통령이 대한민국의 경제와 환경을 살리고 법질서를 회복하는 사명을 수행하도록 철저히 준비한 것이다.

이처럼 이명박 대통령은 민간대기업의 최고경영자를 비롯하여 서울특별시장을 거쳐 대한민국 대통령에 이르기까지 가는 곳마다 동시대 사람들과 후손들을 위해 새로운 길을 개척했다. 감히 길을 낼 엄두조차 없었거나 검토는 해도 모두가 불가능하다고 여겼던 길까지 거침없이 열어왔다. 그동안 그가 이룬 성과에 비해 야속하리만큼 인색한 평가가 안타까울 뿐이다. 하지만 대통령의 임기 마지막 날인 2013년 2월 24일 동작동 국립서울현충원을 방문하여 방명록에 남긴 '수도선부(水到船浮)'라는 말대로 언젠가는 제대로 평가받을 때가 오리라 믿는다. 하나님은 다 알고 계시기 때문이다.

내가 근무한 청와대 사무실은 위민1관 2층 창 쪽에 있었기 때문에 녹지원이 훤히 다 보였다. 대통령이 참석하는 옥외행사가 그곳에서 자주 열렸다. 야외행사는 날씨가 가장 중요한 변수이다. 행사 전 날씨가 좋지 않거나 갑자기 비가 내려 진행이 어려워 보이는 날에도 행사 시작 직전이면 항상 구름이 걷히고 해가 비춰 준비된 행사가 차질 없이 진행되는 것을 보면서 나는 이명박 대통령을 향한 하나님의 보호와 인도하심을 더욱 확신하게 되었다.

업무와 본질

 이명박 대통령은 아침 7시경 집무실로 출근해서 저녁 늦은 시간까지 국정을 돌보았다. 이는 임기 내내 이어졌다. 인수위 시절 때는 'EARLY BIRD'라는 말이 유행했다는데, 미국산 수입 쇠고기 반대 시위가 있었던 2008년 이명박 정부 출범 첫해는 주말과 휴일이 따로 없었다. 이런 상태로 계속 일한다면 대통령의 건강도 걱정이고 보좌하는 직원들에게도 무리가 될 수 있다 하여 출근은 8시로 늦추고 휴일에는 쉬도록 참모들이 건의한 적도 있다. 대통령이 7시에 업무를 시작해야 청와대에서 8시경 주요 의사결정을 할 수 있고 그 방침에 따라 정부와 사회 각 부문이 9시부터 정상적으로 업무를 진행할 수 있는 것이 대통령의 생각이었다. 우리가 조금 불편하면 국민은 더욱 편안하게 생업에 전념할 수 있다는 철학으로 직원들을 설득했고, 이명박 대통령 자신도 (여름휴가 며칠을 제외하고는) 끝까지 이를 지속했다.
 대통령은 시간을 매우 효율적으로 사용했다. 나는 인사안을 보고하러 대통령의 집무실에 들어갈 때 원고를 직접 고치거나 영어연설문을 연습하는 모습을 자주 보았다. 회의와 보고가 이어지는 사이사이 자투리 시간을 개인 연습 시간으로 활용하는 것이었다. 행사 이동 중 발생하는 시간 역시 업무의 연장선에서 전화로 일하였다. 특히 주요 인사 추천이 진행되는 때엔 수시로 연락해 보고받고 지시하였다. 대통령이 전화할 때마다 나는 진전된 사항을 보고하기 위해 한시도 긴장을 늦출 수 없었다. 국제정상회의 참석을 위해 출국하는 날, 비행기 이륙 직전 전화를 해서 당시 진행 중이던 정무직공무원 인사에 관한 진행 상황을 점검한 적도 있다.

대통령에게 보고하는 시간은 곧 대한민국의 시간을 소비하는 것과 같다. 비서관은 짧은 시간에 핵심내용을 담아 효율적으로 보고하는 것이 중요하다. 보고순서 역시 그렇다. 간단하게 결정할 수 있는 것을 먼저 보고하고 판단에 시간이 걸리는 것은 나중으로 돌렸다. 보고 중 다른 긴급 현안을 처리해야 하는 상황이 자주 발생하기 때문이다. 다 못 마치면 주일 오후나 주 중 퇴근 시간 후 관저에서 보고할 수 있도록 부속실에서 일정을 조정해 주었다. 퇴근 후 관저로 직접 가서 보고하기도 했고 중요한 결정은 자정 무렵까지 이어지기도 했다.

보고서를 만들 때도 최대한 효율적으로 보고할 수 있도록 준비했다. 추천 인물에 대한 장단점 등 판단에 도움이 될 정보를 일목요연하게 작성하고, 장점은 파란색, 단점은 빨간색 등 키워드별 특징적인 색깔을 넣기도 했다. 검증 결과를 중심으로 주변 인물평과 객관적 경력 등이 후보자의 특징과 어떻게 논리적으로 연결되는지 설명했다. 대통령으로부터 예상되는 질문에 대비해 해당 직위의 법적 근거, 주요 기능과 사업, 예산, 역대 기관장, 현직자의 인적사항, 해당 기관의 현안 등 참고자료를 함께 준비했다. 분량이 많아 다 기억하기 어려운 것은 참고자료로 별도로 챙겨 갔다. 대통령은 인사에 있어 항상 업무능력이 우선이었고 형식보다는 본질적인 내용을 중시했다.

포용과 인정

취임 초인 2008년 어느 주일 아침 우리 가족은 평소처럼 아침 7시에 시작하는 1부 예배에 참석하였다. 교회에서 아내는 성가대 지휘자로 우리 가족 모두 대원으로 봉사하고 있었다. 주일 아침에는 그날 예배시간에 찬양할 노래를 준비하느라 6시 반까지 교회로 가 20~30분 정도 연습한 뒤 예배실로 들어간다. 하루는 입례 찬송을 부르며 들어가는데 휴대폰이 울렸다. 대통령의 전화였다. "네, 인사비서관입니다." 목소리를 낮추어 받았다. 대통령은 "거기 어디야?" 물으셨다. 아마 수화기를 통해 찬송 소리가 들렸던 모양이다. "예, 지금 교회에 와 있는데, 예배 끝나는 대로 연락드리겠습니다." 하고 끊었다. 예배 후 바로 전화를 드렸더니 몇 가지 말씀을 했다. 찬양 연습을 마치고 집에 잠시 들러 바로 사무실로 나갔다. 자료를 준비해서 관저에 가서 직접 보고하였다. 나중에 수행비서가 전해주기를 대통령이 "앞으로 인사비서관에게는 내가 잊고 말하더라도 주일 아침 9시 이전에는 전화를 연결하지 마라."고 당부했다고 한다. 그날 이후 주일 아침 예배시간에 대통령으로부터 받은 전화는 없었다. 세심한 배려에 감사드리면서도 나는 여전히 언제든지 휴대폰을 받을 수 있는 상태를 유지하였다. 대통령의 전화를 바로 받지 못하면 그만큼 업무처리가 지연되기 때문에 이 시간을 줄이는 것도 대통령에 대한 예의라고 판단했다. 짧은 시간 내 일목요연하게 보고하고 정확한 방침을 받을 수 있도록 관련 정보와 업무 현황을 최신 상태로 유지해야 한다. 대통령의 근무시간은 일반 공무원의 9시 출근 6시 퇴근과는 다르다.

이명박 대통령은 취임 후 서울공원에 있던 꽃사슴 몇 마리를 청와대 경내와 외곽의 북악산에 입주시켰다. 어린이나 가족 단위 관람객들이 청와대를 방문하면 녹지원이나 본관 앞 정원에 조용히 풀을 뜯고 있는 사슴들의 모습을 거의 매일 볼 수 있었다. 관람객들이 꽃사슴을 발견하고 즐겁게 사진 찍는 모습은 청와대의 익숙한 풍경이 되었다. 청와대에서 사슴들이 새끼를 낳고 번식하는 장면은 나에게도 신기한 경험이었다.

 청계천 복원 후 도심에 물고기와 새, 곤충들이 찾아옴으로써 도시인들에게 생명의 소중함과 자연의 정취를 느끼게 한 것과 같은 맥락이다. 안타깝게도 이 사슴들은 이명박 대통령의 퇴임과 동시에 청와대에서 더는 살지 못하고 서울숲으로 돌아갔다.

소통과 나눔

   이명박 대통령은 비서관의 보고나 건의사항을 경청했다. 옳다고 생각하면 이를 적극적으로 수용하였다. 물론 한두 사람 말만 듣고 바로 결정하는 것이 아니라 다양한 경로를 통해 확인한 후 결정하였다. 귀는 열어놓되 확정단계에서는 매우 신중한 편이었다. 소통을 중시하면서도 보안에 각별하게 유의했다. 의심스러우면 일을 아예 맡기지 않았으나 맡긴 후엔 믿고 잘할 수 있도록 적극적으로 지원하였다.
   격주로 시행한 라디오 연설은 국민에게 대통령이 직접 정부 현안과 정책에 대해 말씀드리는 시간이었다. 총괄 준비하는 연설기록비서관을 비롯하여 자료를 지원하는 비서관들은 힘들었으나 국민과 더욱 편하게 소통하려는 대통령의 계획이었다. 정부 각 부처에서도 대통령의 국정 철학과 의지를 파악할 수 있었을 뿐만 공무원들도 내가 하는 일이 어떤 의미인지, 어떠한 방향으로 정책적 노력을 모아가야 하는지 다시금 확인하는 시간이 되었다.
   전국 초등학생을 대상으로 어린이기자단을 구성해 나라 어린이들의 눈높이에 맞게 나라를 운영하는 데 관심을 가지고 취재하도록 했다. 이들을 매년 어린이날 무렵 청와대 정원에 초청하는 등 청와대의 담장을 낮추고 국민과의 거리를 좁혔다.

　이명박 대통령은 주말에는 주로 비서동(棟)에 내려와 위민1관 3층에 마련된 소집무실에서 근무했다. 주중에는 바쁜 대통령의 일정으로 보고시간을 잡기 힘든 수석비서관과 비서관들에게 이날은 마음껏 보고하고 토론하는 시간으로 활용되었다. 직원 식당으로 와서 같이 식사하며 대화를 나누거나 각 비서관실에 예고 없이 들어가 격려하는 등 가까이에서 일하는 대통령의 존재를 실감하게 했다. 청와대 직원들과 기념사진을 찍거나 그룹별로 나눠 등산, 청계천 걷기, 올림픽 응원 등을 통해 대화의 시간을 마련하였다.

어느 주일 오후 이명박 대통령이 임태희 대통령실장실에 내려 왔을 때 보고를 받는 장면이다.

　김윤옥 여사가 매년 봄 영빈관 뜰에서 개최한 자선 바자회 역시 잊을 수 없다. 이명박 대통령 내외를 비롯해 청와대 직원들이 본인에게는 필요 없지만 다른 이들은 쓸 만한 물건을 기증하면 청와대 가족과 인근 주민들이 사갈 수 있도록 하는 것이다. 귀중품이나 의미 있는 물건들은 경매하여 그 수익금을 어려운 이웃을 위해 사용하였다.

　어둡고 낡은 종전의 단층 면회실을 말끔히 수리하여 연풍문(年豊門)이라 이름 짓고 1층에는 은행을 2층에는 북카페를 입점시켰다. 작은 회의공간을 마련해 청와대를 방문하는 사람들이 편히 쉬거나 간단한 회의 또는 미팅을 굳이 경내로 들어오지 않고 진행할 수 있도록 배려하였다. '청와대 면회소'라는 단어에서 느껴졌던 폐쇄성과 거리감을 해소하고 까다로운 방문절차를 생략할 수 있는 계기가 되었다. 일하다가 대통령이 부르신다고 하여 긴장해서 가보면 연풍문 카페에 몇몇 비서관과 함께 앉아 "얼른 와서 차 한잔해"라는 말을 듣고 긴장했던 근육이 맥없이 풀어지기도 했다.

신뢰와 사랑

 인사비서관으로 근무한 지 2년쯤 되었을 때 「대통령실과 그 소속기관 직제」가 개정되어 인사기획관 자리가 신설되었다. 이명박 대통령은 인사기획관으로 적임자를 찾아보라 지시했다. 인사업무의 전문성을 가진 총무처·중앙인사위원회에서 같이 근무했던 선배공무원들과 현 정부에서 인사를 해본 경험이 있는 차관급 공무원으로 10여 명의 후보자 명부를 작성했다. 보고자료를 준비하면서 나는 이제 청와대에서 나가게 되나보다 라고 짐작했다. 어느 주일 오후 제1부속실장으로부터 연락을 받고 인수문(仁壽門)을 거쳐 관저로 들어갔다. 준비한 자료를 가지고 각 후보자의 특징과 장단점을 보고했다. 평소와 달리 그날따라 이명박 대통령은 특별한 말씀 없이 듣기만 했다.
 보고를 마치고 후보 중 몇 명을 압축하여 검증하고자 방침을 기다리는데, 대통령이 갑자기 "내년쯤 차관으로 나가고 여기서 좀 더 일하면 안 되나?"라고 말씀하시는 것이 아닌가. 그 순간 누군가 대통령께 인사비서관이 본인 입으로는 말을 못하니 지금쯤 차관으로 승진시켜 내보내는 게 좋다고 건의했다는 생각이 들었다. 나를 진정 도우려는 마음으로 말했거나 아니면 다른 사람을 인사비서관에 앉히려고 우회적으로 표현했을지 모르겠다. 나는 "제가 청와대에 차관하려고 들어온 게 아니므로 대통령님께 도움이 된다면 저는 계속 있겠습니다."라고 답했다. 어쩌면 대통령이 내가 정말 차관이 되고 싶은 마음이 있는지 떠보려고 질문했을 수도 있지만, 나는 그날 한번 믿고 쓴 사람은 함부로 교체하지 않는 이명박 대통령의 인사 스타일로 볼 때 이 자리에서 끝까지 일할지도 모르겠다는 느낌이 들었다.

이명박 대통령이 퇴임한 후 2013년 3월 말경 사저(私邸)로 오라는 연락을 받고 찾아가 뵌 적이 있다. 당시 나는 청와대에서 나와서 공직생활을 마감할 준비를 하던 때였다. 대통령은 다른 직업공무원들처럼 재임 중 나를 정무직 공무원으로 승진시키지 못해 향후 진로에 지장이 있을까 걱정이 된다며 앞으로 어떤 계획이 있는지 그리고 뭐 도와줄 게 없는지 등을 물으셨다. 그때 나는 들고 있던 찻잔을 가지고 이렇게 답했다. "대통령님을 모시는 동안 이 잔에 채워져 있던 차(茶)와 같이 저를 완전히 비우며 일해서 전혀 아쉬움이 없습니다. 지금은 하나님께서 그간 사용한 찻잔을 설거지하고 다시 뭔가를 채우는 시간이라고 생각합니다. 아마 다 준비되면 다른 곳에서 또 사용할 것으로 믿고 있습니다. 대통령님을 모시고 5년간이나 일할 것이라고 전혀 예상하지 못했으나 하나님은 이미 알고 계신 것처럼 저를 또 어디로 새롭게 인도하실 계획이 있을 것입니다. 제 걱정은 하지 마시고 부디 대통령님 건강을 잘 챙기시면 좋겠습니다."라고 말씀드렸다.

이명박 대통령은 이에 자신도 지독하게 가난했던 어린 시절을 보내고 열심히 살다 보니 결과적으로 대통령이 되었다고 했다. 서울시장과 대통령으로 재직하는 동안 급여 전액을 기부했으나 이러한 사실은 외부에 거의 드러나지 않았다. 도움을 받는 이들의 사정과 자존심을 고려하여 단 한 번도 수여식을 공개적으로 하거나 언론에 알리지 않았기 때문이다. 대통령 취임 후엔 기업에서 일하며 모은 개인 재산 330억 원을 어려운 학생들을 위한 장학재단에 출연했다. 뼈저린 가난의 고통을 겪었고 개천에서도 용이 날 수 있다는 것을 직접 증명해 낸 사람이기에 가능한 일이었다. 모든 것을 하나님의 섭리와 은혜로 돌리고 감사의 마음을 실천하는 믿음의 열매였다.

원칙과 배려

취임 초 이명박 대통령 지시에 따라 재임 중 적용할 청와대의 인사원칙과 기준을 마련한 바 있다. 핵심은 적재(適材)를 적소(適所)에 적시(適時) 배치할 것, 능력 중심으로 하되 형평을 고려할 것, 올바른 국가관과 공직관을 갖춘 사람을 인선할 것, 그리고 정치적 목적을 위한 국면(局面) 전환용 인사는 하지 않을 것 등이다. 긴 호흡으로 국익에 도움이 되는 방향에서 인사를 운영한다는 철학이 담겨 있었다. 이러한 방침은 임기가 끝날 때까지 지켜졌고 청와대의 부당한 간섭 없이 인사권을 통한 장관의 리더십이 확립될 수 있었다.

종래 서울대학교 총장에게만 대통령이 청와대에서 임명장을 직접 수여해왔으나, 이명박 대통령은 다른 국립대학교 총장에게도 직접 수여하면 어떨지 검토해 보라고 지시했다. 나는 교육문화수석비서관과 상의하여 각 지역을 대표하는 거점 국립대학교와 현직 총장의 임기가 끝나고 새로 시작하는 시기 등에 관한 자료를 받아서 임명절차 등을 만들어 보고하였다. 임명장 수여식이 대통령에게는 많은 일정 중 하나이지만 대통령으로부터 임명장을 받는 당사자에게는 일생의 영광이 될 수 있다. 이명박 대통령은 가급적 많은 공직자에게 직접 임명장을 수여하고 일일이 기념사진을 찍었다.

내가 특히 이명박 대통령에게 진정으로 감사하는 것은 인사보좌 역할을 수행함에 있어서 최적의 여건을 만들어 준 점이다. 인사에 관한 한 나를 통해서 지시하고 나를 통해서 모든 상황을 보고받았다. 나는 이명박정부 출범에 아무런 지분이 없었으나 인사비서관으로 임명한 만큼 인사는 담당 비서관을 믿고 온전히 맡긴 것이다. 외부의 그 누구도 대통령 인사에 개입할 틈을 주지 않았다. 인사 창구가 일원화되자 인사에 잡음이 생길 소지가 대폭 줄었다.

대통령은 여러 경로를 통해 인재를 추천받을 수 있다. 대통령이 어떤 사람으로부터 추천을 받으면 십중팔구 희망 직위도 같이 받았을 텐지만 직위를 언급하지 않고 그냥 데이터베이스에 넣어두라고만 했다. 나는 그의 인물정보를 국가인재데이터베이스에 검색해 보고 들어있지 않는 사람만 추가토록 했다. 대부분은 데이터베이스에 이미 수록된 사람들이었다. 나중에 정부인사안이나 인사추천회의 자료에 1차 후보 명단(long lists)을 작성할 때 요건이 맞으면 후보에 넣었다. 대통령에게 인사안을 보고할 때 대통령이 염두에 둔 어떤 사람의 이름이 들어 있지 않을 경우 대통령은 그의 실명을 말하지 않고 경력이나 속성만을 언급하며 그쪽 분야도 한번 찾아보라고 했다. 대통령이 누군가를 지목하면, '아하, 대통령께서 이 사람을 임명하고 싶은가보다.'라고 내가 짐작할 수 있기 때문이다. 나는 국가인재데이터베이스 프로그램의 검색기능을 활용하여 추가로 2차 리스트를 만들어 보고했다.

이런 보고과정을 몇 차례 거치면서 임명 여부를 본격 검토할 후보자 명단(short lists)이 압축되면 공직기강비서관실로 인사검증을 의뢰한다. 만약 검증 결과 임명하기 부담스러운 내용이 포함되어 있으면 그 후보자는 자연스럽게 제외되었다. 이처럼 이명박 대통령은 특정인을 어느 자리에 임명하라고 한 번도 직접 지시하지 않았다. 인사비서관실에서 작성·보고하는 후보자들을 대상으로 검토·수정·보완한 뒤 공직기강비서관실의 인사검증보고서를 토대로 판단하고 최종 결정했다.

국가인재를 적재적소에 쓰는 일은 정권의 성패를 좌우할 만큼 어렵고 중요한 일이다. 이명박 대통령과 일면식도 없고 정권 창출에 직접 도움을 주지도 않았음에도 인사비서관으로서 대통령과 임기를 같이 할 수 있었던 것은, 내가 맡은 역할을 제대로 수행할 수 있는 모든 여건을 대통령이 만들어 준 덕분이었다. 대통령은 가끔 내가 보고하러 들어가면, "모 장관이 당신을 차관으로 데리고 가도 되겠는지 묻기에 '내가 계속 쓴다.'고 했으니 그리 알라."고 했다. 각자의 전문분야에서 장·차관 역할을 훌륭하게 수행한 유능한 공직자들은 많았으나 대통령의 인사업무를 보좌할 사람은 그렇지 않았던 것 같다. 여러모로 부족한 사람을 신뢰하고 끝까지 중책을 맡겨 준 대통령께 나는 진정으로 감사하고 있다.

공무원을 퇴직한 후 한동안, 사람들은 그래도 정무직공무원을 할 좋은 기회를 쓰지 않은 것을 참 안타깝다고 했다. 그러나 나는 아쉬운 게 전혀 없다. 오히려 인생2막의 마지막 5년 동안 대한민국의 대통령을 끝까지 모시도록 하나님께 쓰임 받은 것이 감사하였다. 그뿐만 아니라 청와대에서 근무하면서 나는 인생의 가장 큰 선물을 받았다. 하나님은 저 하늘 높은 곳의 추상적인 존재가 아니라 나의 삶의 현장에 임마누엘로 구체적으로 임재하는 분임을 확실히 체험한 것이다.

이명박 대통령을 보좌하며 재직한 것을 기념하는 패로서 오른쪽 사진은 인사기획관 임명장 수여식이 끝난 직후 대통령과 찍은 사진이다.

후 기

인생3막을 시작하며

단사리(斷捨離)하고

공직생활을 하는 동안에는 정부 내의 어느 조직이나 부서에 소속되어 낮에는 같이 일하고 있으므로 가족들보다 더 긴 시간을 보낸다. 주로 팀플레이로 일하므로 직장의 동료들과 다양한 관계를 맺게 된다. 모든 공직자는 대한민국 극장 무대에서 여러 역할을 맡아 관객을 위해 연기하므로 배역에 따라 만났다가 헤어지는 과정을 반복하다 내려온다. 나는 무대에서 맡았던 배역의 특성상 인사담당 공무원과 일하는 경우가 많았다. 인사정책 업무를 오래 담당하다 보니 행정각부에서 인사를 운영하면서 제도상의 미비점으로 어려움이 생기거나 외국의 좋은 제도를 우리나라에 도입하는 등 법령 개선 작업을 주로 했다.

간혹 함께 일하는 동안 역할 너머의 인격에 대한 신뢰가 형성되면 몸담은 기관이나 직급에 구애받지 않고 순수한 인간관계로 발전되기도 한다. 하지만 대체로 맡은 배역에 따라 관계가 이뤄지다 보니 역할이 끝나면 관계가 종료되는 경우가 많다. 내가 맡은 인사비서관과 인사기획관 배역이 끝나면서 역할 중심으로 맺어졌던 관계들은 자연스럽게 정리되었다. 내 후임자와의 새로운 관계 형성이 더 중요하기 때문이다. 나는 무대에서 내려오면서 나와의 역할관계를 더는 원하지 않을 사람들의 전화번호를 휴대폰에서 지웠다(斷).

행정부나 청와대에서 근무하는 동안 공무원 동기들 또는 후배들이 승진하거나 장·차관 등으로 임명될 때 조금도 억울해하거나 부럽지 않았다. 사람들이 공직의 모든 역할에 갖다 붙이는 직위나 계급의 명칭에 별 의미를 두지 않았기 때문이다. 하나님의 계획은, 내가 대통령을 끝까지 곁에서 모시는 것이었다고 나는 지금도 믿는다. 인사기획관 역할을 마치고 잠시 백수 생활을 하면서 만난 사람들은 장·차관을 안 하고 퇴직해 아쉽다고 했으나 나는 아무런 미련이 없었다. 조금이라도 그런 마음이 들었더라도 당연히 버렸을 것이다(捨).

청와대에서 나오기 직전인 2013년 1월 초 아내는 대구로 먼저 내려갔다. 우리 부부의 사랑을 필요로 하는 아이들을 돌보기 위함이었다. 결혼 후 30년 만에 처음으로 주말부부 생활을 하게 되었다. 5월 중순 어느 날 대구가톨릭대학교 교수로 있는 친구로부터 연락이 왔다. "학교 홈페이지에 교육중점교수 채용공고문이 게시되었는데, 행정법과 행정학 강의가 가능하고 공직 경험이 있는 사람을 구한다기에 네가 적임자인 것 같아 연락하니 아직 갈 곳이 정해지지 않았으면 한번 지원해 보면 어떻겠냐?"고 했다. 나는 "오라는 데가 없으니 모집 요강을 한번 읽어보고 답을 주겠다."고 했다. 친구가 말한 대로 지원요건은 내 경력과 잘 부합되는 것 같았다. 아내와 상의하니 좋다고 했다.

친구에게 지원서를 내겠다고 연락했다. 몇 시간 후 다시 친구로부터 전화가 왔다. 총장에게 내가 지원한다는 사실을 보고하니 반가워하며, "그간의 공직 경력을 볼 때 교육중점교수 보다는 석좌교수가 적합할 것 같다."고 말했다고 한다. 나는 6월 중순에 학교로 가서 총장께 초빙에 대한 감사 인사를 하면서 두 가지를 부탁했다. 한 과목이라도 좋으니 강의를 하고 싶다는 것과 작은 연구실 하나를 줄 수 있는지였다. 감사하게도 둘 다 들어 주었다. 7월 초 서울을 떠날 때 하나님의 음성이 들리는 것 같았다. "그동안 너희의 배로 나온 두 아들은 내가 지금까지 잘 키웠으니 이제부터는 대구에 가서 남의 배로 나온 자녀들을 너희 가슴에 품고 나의 사랑으로 잘 양육하여라." 이렇게 해서 30년 넘게 살았던 서울을 떠나 인생3막을 대구에서 시작하게 되었다(離).

내 인생1막의 3·4장을 보냈던 대구로 온 뒤 단사리(斷捨離)는 오직 믿음(亶)으로 예수그리스도를 생각(思)하며 자유롭게 하는 진리(理)를 향한 삶이라는 뜻의 단사리(亶思理)로 재해석되었다.

새로운 역할을 맡아

　이명박 대통령이 3월말 사저에서 나의 향후 진로를 걱정할 때 나는 여호와 이레의 하나님께서 분명히 무언가를 준비하실 것으로 믿었다. 그런데 실제로 하나님은 내가 전혀 예상하지 못한 큰 선물을 계획하고 계셨다. 성경에는 고아·과부·나그네를 돌보라는 말이 자주 나온다(신명기 10:18 등). 이들은 국가나 이웃들로부터 보살핌을 받아야 할 사회적 약자들로서 주로 전쟁 때문에 발생한다. 과거의 전쟁은 총칼을 들고 몸으로 싸웠으나 지금은 영적 전쟁이 많다. 하나님은 이들을 동시에 도울 사명을 나에게 맡겨 주신 것이다. 새로운 역할이 감사한 이유는 다음과 같다.

　첫째, 아내를 도와 친부모가 양육하기 어려운 아기부터 고등학생까지 아이들을 사랑으로 함께 보살필 수 있다는 점이다. 우리 집 자녀들은 내가 인생2막에서 어떤 역할들을 했는지는 전혀 중요하지 않다. 단지 그들에게 좋은 엄마·어머니, 좋은 아빠·아버지가 되는 것이 가장 중요한 필요·충분조건이다. 나는 60대 나이에도 이런 역할을 건강하게 감당할 수 있다는 사실이 참으로 감사하다.

　둘째, 수십 년을 홀로 신앙과 인내로써 살아온 장모님과 어머니를 가까운 곳에서 모실 수 있다는 점이다. 오랫동안 서울에서 사느라 동생 내외가 어머니를 모셨는데 늦게나마 우리 부부가 장남의 역할을 할 수 있어서 정말 감사하다.

셋째, 인생1막의 마지막 단계인 대학생들이 인생2막을 잘 준비할 수 있도록 지도할 수 있다는 점이다. 인간은 육체의 겉옷을 벗는 순간 영혼은 본향으로 돌아간다는 점에서 모두 순례하는 나그네이다. 범위를 좁혀 보면 우리가 머무는 곳으로 왔다 가는 사람은 모두 도와야 할 나그네들이다. 진료나 치료를 받으러 병원에 오는 환자들은 의사와 간호사들이 대접해야하는 나그네이다. 버스에 탑승하는 승객들은 버스기사가 친절히 모셔야 할 나그네들이다. 그런 관점에서 나의 나그네는 학생들이다. 매 학기 개설한 교양이나 전공 강좌를 들으려고 수강 신청을 하고 강의실로 찾아오는 학생들 모두 예수 그리스도의 사랑으로 잘 가르쳐야 할 귀한 나그네들이다. 나는 인생2막에서 습득한 지식과 경험을 썩히지 않고 후학들을 위해 계속 활용할 수 있다는 사실이 너무나 감사하다.

석좌교수로서 첫 학기를 마친 2013년 12월 겨울방학이 시작되면서 그동안 미루어 두었던 "행정조직법" 책을 집필하였다. 예전에 틈틈이 써 둔 원고를 수정·보완하고 새로운 내용을 대폭 추가하여 이듬해 봄에 출판을 했다. 마침 2014년 4월 우리 학교 경찰행정학과의 전임교수를 공개채용을 한다는 공고가 학교 홈페이지에 게시되었다. 지원서를 제출하고 약 2개월여에 걸쳐 진행된 서류심사·공개강의·면접시험·채용신체검사·신원조회 절차를 마쳤다. 교원인사위원회의 심의와 총장의 제청 및 학교법인 이사회의 의결을 거쳐 이사장인 조환길 타대오 대주교로부터 2014년 9월 1일 부교수에 임명되었다.

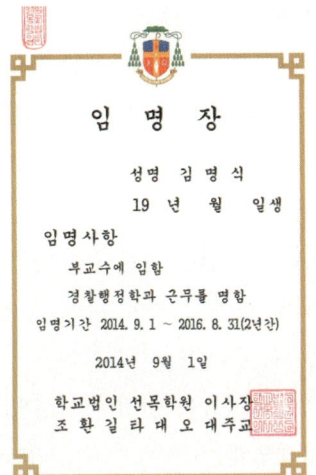

「학교법인선목학원 정관」 제41조 제2항의 규정에 따라 대구가톨릭대학교의 전임 교수로 신규 임용된 임명장이다. 부교수로 임(任)하여 경찰행정학과 소속으로 한 것이 임명사항의 내용이다. 정부에서 사용하는 장관의 임용장과 형식, 크기, 내용이 비슷하나, 임명 대상자의 생일과 임명사항 및 임명기간을 임명장에 기재하는 점이 약간 다르다.

인생3막의 제1장을 시작하면서 학교법인 선목학원 이사장의 직인을 찍은 임명장을 받고 새로운 역할을 주신 하나님께 감사하였다. 우리 학교에 신규 임용되는 부교수 이하 모든 교원은 대개 2년간 임용계약을 체결하고 2년 후 교원인사위원회에서 교육·연구·봉사 업적 분야에 대한 심사를 거쳐 재임용 여부가 결정된다.

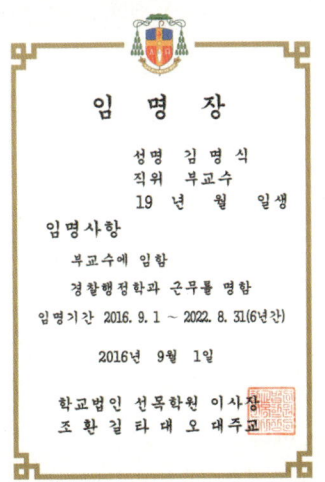

「학교법인선목학원 정관」 제41조 제8항의 규정에 따라 교원인사위원회의 심의를 거쳐 2016년 9월 1일부터 6년간 재임용되는 임명장을 이사장으로부터 다시 받았다. 신규임명 때 받은 임명장과 형식은 똑같으나 이미 부교수로 임명되어 있기에 재임명 형식으로 임명기간만 다르다.

대학교수가 되자 인생2막에서 국가로부터 받은 혜택(빚)을 갚을 기회가 많아졌다. 중앙행정기관, 지방자치단체와 공공기관 등에서 각종 자문위원, 심사위원, 특강 등 여러 가지 역할을 맡게 되었다. 정부에 있을 때 학계, 언론계, 시민단체 등 분야별 전문가를 위촉하여 정책 현안을 놓고 토의하며 대안을 모색하던 일이 떠올랐다. 이제는 정반대 입장에서 내가 외부 전문가로 참여하여 의견을 제시하고 있다. 정부에서 오래 근무한 경험은 다른 위원들과 심도 있는 토론을 거쳐 합리적 해결방안을 찾는 데 많은 도움이 되었다. 먼저 요청한 바도 없는 데 국가나 지방자치단체 또는 공공기관에서 필요하다고 해서 부르는 이상, 나는 건강과 강의에 지장이 없는 한 돕는 것이 하나님이 원하시는 또 다른 사명자의 길이라고 생각하고 응하였다.

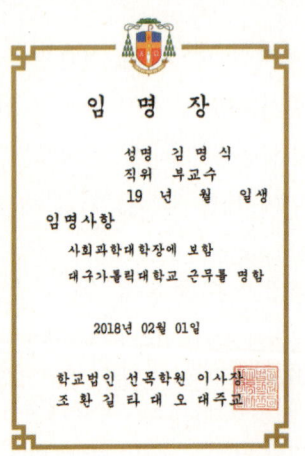

「학교법인선목학원 정관」 제41조 제11항의 규정에 따라 2018년 2월 1일 총장의 제청으로 이사장으로부터 사회과학대학장에 보(補)하는 임명장을 받았다. 사회과학대학에는 경찰행정학과 등 10여개의 학과 또는 학부와 전공이 포함되어 있다. 임명사항 중 특이한 점은 학장은 소속된 학과나 단과대학의 입장에서 판단하지 말고 학교 전체에 도움이 되는 관점에서 일하라는 의미로 대구가톨릭대학교 근무를 명(命)한다고 하였다.

공무원을 하다가 교수가 되어 뭐가 좋은지 누가 물으면, 다 감사하지만 하나를 꼽는다면 젊은 학생들의 순수한 웃음소리를 매일 듣는 것이라고 말한다. 학교가 아닌 다른 곳에서는 쉽게 들을 수 있는 소리가 아니기 때문이다. 정부에서 일하는 공직 연기자들은 각자 맡은 배역의 성질상 정치적·법적 책임을 의식해서 상당히 과묵하고 신중하게 행동한다. 웃을 일이 그다지 많지 않은 것 같다. 그런 분위기에 수십 년 젖어 있다가 학교에 와 보니 사방에서

깔깔거리며 웃는 소리를 들을 수 있다. 얼핏 들리는 대화에 특별히 웃을 만한 내용이 없는 것 같은데도 참 긍정적으로 서로에게 손뼉을 치며 호응을 잘해준다. 내가 이 말을 우리 학교에서 오랫동안 재직한 교수에게 했더니 자기는 그런 소리를 한 번도 듣지 못했다고 한다. 아마 수십 년 동안 늘 들어 왔기에 익숙해져 그런가 보다 생각했다.

감사(感謝)는 이처럼 현재 나를 둘러싸고 있는 존재 자체를 당연하게 여기면 나오기 어렵다. 사랑은 감사가 바탕에 있으면 자연스럽게 도출된다. 억지로 시키지 않아도 감사할 대상인 사람이나 사물, 상황을 사랑하지 않을 수 없다. 나는 학생들에게 우리 눈에 비치는 가정과 학교, 사회, 국가가 처음부터 이런 모습이었다고 착각하지 말라고 한다. 참으로 볼품없이 시작하여 힘든 과정을 거쳐 오늘날과 같은 창대한 모습으로 발전하였다. 익숙함에 매몰되어 감사함을 잊지 않아야 내면에서 우러나는 사랑을 통해 봉사는 저절로 실천된다. 감사함의 결과가 마음으로는 사랑이, 몸으로는 봉사로 표현되는 것이다.

이런 과정은 눈으로 보고 귀로 듣기만 해서는 안 되며 마음으로 생각해야 나온다(에스겔 40:4). 이스라엘 부모들은 귀가한 자녀에게 오늘은 학교에서 무엇을 배웠느냐고 묻지 않고 무엇을 질문했느냐고 묻는다고 한다. 질문은 생각을 해야 할 수 있다. 눈과 귀로 들어온 정보를 바탕으로 검토하고 토론하며 보완 발전시켜 나가는 하브루타 학습법이 전 세계 인구의 0.2%에 불과한 유대인이 전체 노벨상 수상자의 22%를 차지하게 만든 원동력이다. 나는 우리 학생들이 국가와 공직에 관한 깊은 성찰과 폭넓은 사색을 통해 성숙한 국민으로 품격 있게 살도록 잘 가르치는 것도 대학의 중요한 사명 중 하나라고 본다.

길(路)과 길(道)을 따라

우리 학교는 천주교 대구대교구 내 학교법인 선목학원 소속으로 가톨릭 정신에 바탕을 두고 105년 전에 설립되었다. 선목(善牧)학원은 '선한 목자'이신 예수님이 세상에 계실 때 '회당에서 가르치시며 천국 복음을 전파하시며 모든 병과 모든 약한 것을 고치시니라(마태복음 4:23, 9:35 등)'라는 말씀에 따라 설립된 학교법인이라는 뜻이다. 경상북도 경산시 하양읍에 있는 효성캠퍼스 정문을 지나 우리 학교로 들어오면 오른쪽에 예배 처소인 성당이 있다. 학교의 중요한 공식 행사는 성당에서 미사를 한 후 진행하거나, 중요회의를 할 때마다 하나님(하느님)께서 각 사람의 마음을 주관하시기 바라며 학교발전을 위한 기도로 시작하고 기도로 마치는 것도 좋다.

교내에는 가톨릭교회 성인 이름을 딴 60여 개의 건물과 건물을 서로 연결하는 길이 10여 개 있다. 청와대에서 근무할 때부터 습관이 된 걷기는 학교에 와서도 이어졌다. 시간 날 때마다 캠퍼스를 산책하면서 길 이름에 담긴 의미를 성경 말씀과 연결해 생각해 보았다. 모든 길이 개성과 특징을 갖고 있지만, 특히 연구실 옆의 성토마스모어관(St. Thomas More Hall)에서 사제관으로 가는 절제로(Temperance road)의 오솔길이 좋아 나는 매일아침 학교의 동문(東門)으로 들어와 이 길을 통하여 생명과 건강, 사명을 주신 하나님께 감사하며 연구실로 들어온다.

* www.cu.ac.kr/introduction/attraction/road

절제는 청와대에서 근무할 때 특히 강조된 덕목이었으나 그것은 모든 인간을 바르게 하는 핵심적 삶의 가치이다. 절제라는 말에는 내용과 과정이 함축되어 있다. 살면서 무엇을 절제할 것인지 항상 명심하며 이를 삶의 과정에서 실천해야 한다. 그래야 의(義)에 이를 수 있고 장차 받을 심판도 두려워하지 않게 된다(사도행전 24:25). 아름다운 캠퍼스의 길을 걸으면 길바닥에 개미들이 부지런히 움직이는 모습을 본다. 눈에 띄는 개미들은 발에 밟히지 않도록 최대한 피해서 간다. 개미들의 목숨이 걸려 있으니 나의 걸음을 절제하는 것이다. 하지만 눈에 보이지 않는 더 작은 생명체는 나도 모르게 밟을 수도 있다. 내 노력으로도 어찌할 수 없는 부분은 하나님의 영역에 맡길 수밖에 없다.

새로 건설 중인 도로가 아닌 한 대부분의 차도에는 아스팔트 포장이 잘 되어있다. 눈에 보이는 이런 길은 고유한 이름 뒤에는 로(路, road)나 길을 붙인다. 우리 학교와 하양읍사무소 사이의 왕복 4차선은 문화로(文化路)라고 한다. 매일 동문으로 나가서 버스 정류소까지 걸어 다니며 학교 쪽 인도의 빗물을 모아 지하 배수관으로 내 보내는 집수구(集水口) 바닥에 나무가 자라는 것을 보았다. 일부러 심지는 않았을 텐데 어떻게 그런 데서 자라는지 지나갈 때마다 살펴보았다. 빗물과 약간의 흙을 터전 삼아 조금씩 자라더니 올해는 깊이 1.3m 정도의 집수구 덮개까지 잎사귀가 치솟아 올라왔다. 장마철이나 홍수 때 쓰레기가 걸려 배수관이 막히면 인도와 차도로 물이 넘칠까 걱정될 정도였다. 그대로 두면 안 될 것 같아 지난 5월 21일 아침에 학교로 오면서 사진을 찍어 고시 동기이자 대학 선배인 최영조 경산시장에게 다음과 같이 문자를 보냈다. '하양읍사무소 건너편 배수구 아래쪽에 나무가 자라고 있는데, 장마철을 앞두고 현장을 한번 확인해보시는 게 좋겠다.'는 것과 '만약 나무를 제거한다면 버리지 말고 달라.'고 부탁했다. 척박한 환경에서 자란 생명체인 만큼 우리 집 마당에 심으면 좋을 것 같아서였다.

그날 오후 하양읍장에게서 연락이 왔다. 공공시설 관리담당 직원이 가서 보고 나무를 뽑아서 보관하고 있다고 했다. 강의를 마치고 읍사무소로 가보니 제법 잘 자란 어린 느티나무였다. 읍장의 도움을 받아 나무를 집으로 갖고 왔다. 올봄에 소방공무원을 명예퇴직하고 우리 집에서 인생3막을 시작한 장 집사는 마당 가장자리 한쪽에 아내와 어린아이들과 정성껏 심고 물과 거름을 넣어 주었다. 새로운 환경에 적응하느라 원래의 잎은 다 떨어지고 새잎이 나서 잘 자라는 중이다. 지금은 어린나무라 잠자리가 앉아 있지만 수십년 후에는 큰 그늘을 만들어 새들이 둥지를 틀고 찾아오는 사람들에게 자신의 희망 이야기를 들려줄 것이다. 나는 우리 집의 아이들 모두가 이 느티나무처럼 비록 시작은 미약하나 나중은 심히 창대한(욥기 8:7) 꿈을 갖고 하나님의 자녀로 잘 자라기를 기도하고 있다.

약 1.3미터 깊이의 집수구 바닥에 뿌리 내린 나무가 덮개까지 자라 잎이 올라왔다.

경산시 하양읍 직원이 집수구 바닥에 있던 느티나무와 잡목을 뽑아 보관하고 있다.

2019년 5월 21일 나무를 받아와 우리 집 마당 가장자리 한쪽에 심었다.

2019년 10월 현재 느티나무는 새잎을 돋우며 잘 자라고 있다.

    사람의 눈으로 보이지 않으나 분명히 존재하는 또 다른 길이 있다. 이 길은 도(道, way)라고 한다. 도는 종교, 법령, 관습, 제도, 문화 등 다양한 형식으로 나타난다. 도 역시 어느 한 사람이 갑자기 완성하는 것이 아니다. 수천 년에 걸쳐 나라와 세대, 온갖 민족들의 지혜와 경험, 헌신이 축적되어 만들어진 결과물이다. 내가 공직생활을 하면서 많은 법령과 제도를 만들거나 고친

일도 우리와 후손들이 좀 더 나은 길로 가도록 보수(補修) 작업을 한 것이다.

길이요 진리요 생명이신(요한복음 14:6) 예수님의 말씀을 사도들이 기록으로 잘 남겨두었기에 오늘날 많은 사람이 그 길을 따라 믿음으로 살고 있다. 돌이켜보면 나의 인생2막을 시작하면서 국가가 시행하는 공채시험에 합격하여 공무원으로서 일할 수 있었던 것도 앞선 세대들이 닦아 둔 길 즉 「대한민국헌법」을 비롯한 모든 법령이 보장한 제도 덕분이었다. 실은 오늘날 많은 사람이 생존의 터전으로 삼는 교수, 교사, 의사, 약사, 간호사, 기사, 변호사, 회계사 등 법령상의 모든 자격이나 학력, 경력, 재산권, 직장 등도 조상들이 다 만들어 둔 것을 지금 운 좋게 활용하고 있을 뿐이다. 어찌 국가와 선조들에 감사하지 않을 수 있을까?

이같이 세상에는 유형의 길(路)과 무형의 길(道)이 어우러져 있다. 모든 사람은 이미 잘 정비된 길과 도를 사용하며 이전보다 훨씬 안락한 삶을 누리고 있다. 나는 아버지의 일기장을 통하여 이를 너무나 생생하게 알게 되었다. 우리는 언제 어디로 어떤 길을 가든지 길이 묻는 다음 질문에 답해야 한다. 지금 당신이 밟고 가는 이 길(路와 道)은 오래전부터 누군가가 당신을 위해 만든 것이다. 당신은 이제 국가와 사회, 이웃을 위해 이 길을 어떻게 더 좋게 만들 것인가? 각자 이성으로 깨닫고 영적으로 아는 만큼 나름대로 해답을 제시할 수 있다. 하지만 대답하기 전에 먼저 좋은 세상, 국가, 사회, 학교, 가정에서 살도록 길을 만들고 떠난 사람들에게 감사하는 마음부터 가져야 한다. 그런 다음에 옳고 선한 길은 잘 보존하고 그릇되고 악한 길은 힘써 고쳐 나감으로써 대한민국헌법인을 살리는 사랑과 봉사를 실천해 나가야 한다.

남은 인생채무를 갚으며

3년간의 해군 장교 복무를 마치고 총무처에 복직하여 본격적으로 공직 업무를 시작한 지 몇 년 후 30세 즈음에 나는 하나님과 사람들에게 크게 빚진 자라는 사실을 깨달았다. 내가 지금 여기까지 오는 동안 나 혼자 이룬 것이 과연 무엇이 있던가 라는 질문을 해보았다. 아무리 해답을 찾아봐도 별로 없었다. 국가라는 큰 울타리 안에서 부모님을 비롯한 가족·친지, 학교, 사회 공동체 구성원들의 도움이 절대적이었다. 나의 나 된 것이 내가 잘나서 당연히 누릴 권리가 아니라 평생 갚아야 할 채무라는 결론에 도달하였다. 비록 독촉장을 받을 법적 채무는 아니지만 내가 갚지 않으면 다른 사람들이 내 몫까지 치러야 할 신앙적·윤리적 의무였다.

나는 우리 집에서 양육하는 남자아이들에게 될 수 있으면 현역복무를 하라고 조언한다. 그 이유는 현행「병역법 시행령」제136조 제1항의 규정에 따라 현역병 대신 전시근로역에 바로 편입되는 제도 때문이다. 어릴 때부터 국가와 지방자치단체의 재정 지원과 많은 사람의 사랑으로 여기까지 성장하였다. 이는 아이들이 당연히 받아야 할 권리이기보다는 감사할 일이다. 그간의 보살핌을 인생의 부채로 생각하고 이를 갚는 좋은 방법의 하나가 현역병으로 입영하는 것이다. 물론 최종결정은 본인의 몫이다. 직장 사정상 면제를 받아야 할 아이들도 있지만 기특하게도 현재 두 명의 아이가 공군에 입대하여 복무 중이다.

군복무를 통하여 인생에 도움이 되는 것을 많이 배울 수 있다. 전국 각지에서 모인 비슷한 또래의 젊은이들과 대화하면서 자신을 객관화하고 미래를 지혜롭게 구상하는 기회가 된다. 2년을 결코 허비하는 것이 아니다. 합법적으로 병역의무를 면제받을 기회를 활용하지 않고 현역병에 지원 입영하는 것은 인생의 채무상환을 넘어 평생 간직할만한 자산이라 할 수 있다. 아이들이 병무청에 가서 공군에 입대할 지원서를 제출하자 담당 직원이 많이 놀랐다고 한다. 나는 이들이 나중에 결혼한 후 그의 아내와 자녀들에게 멋있는 남편이자 자랑스러운 아버지가 될 것으로 확신한다.

헌법상 국민의 기본적 의무를 다하는 것 외에도 인생의 부채를 갚는 구체적인 방법은 무엇일까? 나의 경우 공직에서 맡을 모든 역할에서 국가와 사회, 이웃과 가족을 돕는 일에 최선을 다해 일하는 것이었다. 공사(公私)를 막론하고 살아 있는 동안 주어지는 모든 배역은 인생의 부채를 청산하도록 하나님이 주신 기회의 선물이다. 역할이 커질수록 갚아야 할 채무는 늘어난다. 이는 하나님으로부터 많이 받은 사람에게 더 달라고 한다는 누가복음 12장 48절 말씀과 같다. 하나님께서 주신 것을 토대로 풍성한 열매로 돌려드릴 수 있다면 얼마나 기쁜 일인가!

이 책을 쓰면서 공직 무대에서 보낸 인생2막 전체를 다시 돌아보았다. 2막 1장에 해당하는 신임 사무관 시절부터 해군 경리장교를 거쳐 2막의 2장에서 4장까지 과장·국장·비서관·기획관을 하면서 무대 위에서 같이 지낸 선배와 동료 공무원들의 도움을 참 많이 받았다. 새로운 역할을 맡게 되어 공직 무대 위에 설치된 다른 세트장으로 옮길 때마다 동료들은 일일이 손 글씨로 헤어지는 아쉬움을 송별카드에 담아 줬다. 한동안 잊고 있다가 책을 쓰면서 다시 꺼내 읽어보았다. 카드에 쓴 이름을 보니 얼굴이 떠오른다. 한동안 멈춰있던 시간과 장소가 새록새록 되살아났다. 카드에 담은 동료 공무원들의 사랑을 아직도 고스란히 느낄 수 있다. 그 후 다시 만나 한 부서에서 일한 직원들도 더러 있으나 대부분 더는 볼 수 없었다. 마음의 빚을 다 갚지 못한 채 공직 무대에서 내려왔다.

　더 거슬러 올라가 인생1막을 되돌아보았다. 지금은 운문댐에 수몰된 나의 출생지 운문면 대천리의 바로 옆 동네 금천면 동곡리에서 1막의 1·2장을 보냈다. 내가 중학교를 졸업하고 할머니와 대구로 유학을 오는 바람에 온 식구가 한집에서 산 것은 그때까지였다. 몇 년 전 모교의 후배들에게 특강하러 가서 보니 금천중학교 옆의 동곡초등학교는 학령 아동 감소로 이미 인근 마을의 초등학교와 통폐합되어 있었다. 그 영향이 중학교로 미쳐 내가 중학생일 때는 전교생이 500명이 넘었는데 지금은 그 10분의 1도 채 되지 않았다. 중학 3학년 때 현 위치에 신축한 교사(校舍)로 이전하면서 모든 학생이 자기 책·걸상을 들고 옮긴 기억이 생생하다. 내가 중학교를 졸업한 직후 고등학교를 설립하여 금천중·고등학교로 확대되었는데, 지금은 강당, 도서관, 기숙사 등 다양한 부속 건물들이 있었다. 1막의 3장인 경북고등학교 때는 할머니가 지어주신 밥을 먹으며 공부하였고, 4장인 영남대학교 시절은 경산에 살던 이모 댁에서 통학하면서 신세를 많이 졌다. 이처럼 인생1막은 할머니와 부모님의 희생적 사랑을 비롯하여 친인척과 친지의 후원, 스승의 가르침, 친구와 선후배들의 도움 덕분에 인생2막을 국가에서 일할 수 있었다. 그동안 받은 사랑의 빚을 잊을 수 없다. 이 책을 통해서나마 못다 한 감사의 말을 전한다.

　인생2막을 마치고 인생3막의 1장을 대학교수로 시작하면서 하나님의 은혜를 더욱 실감한다. 몇 년 후 대학교를 퇴직하고 3막의 2장에 들어가기 전에 지금까지 하나님께서 인도하신 일을 기록해 두고 싶었다. 오래 전의 일이 많아 기술한 내용 중에는 날짜와 시간이 정확하지 않은 것도 있다. 가슴에 묻고 무덤으로 갖고 갈 사항을 제외하고는 기억나는 대로 정리해 보았다. 당사자에게 결례가 될 수 있어 꼭 필요한 경우가 아닌 한 실명은 표기하지 않고 직위를 중심으로 썼다.

　인생3막의 3장과 4장까지 모두 마치고 하나님이 부르시는 날 나도 조상들이 갔던 길을 따라 할렐루야 찬송하며 하나님 곁으로 갈 것이다. 그때까지 사랑하는 아내와 함께 하나님(하느님)이 보우하사 자유롭고 정의로운 대한민국을 위하여 남은 인생채무를 갚는 보람과 감사의 삶을 살고 싶다.

> 인생은 그 날이 풀과 같으며 그 영화가 들의 꽃과 같도다. 그것은 바람이 지나가면 없어지나니 그 있던 자리도 다시 알지 못하거니와 여호와의 인자하심은 자기를 경외하는 자에게 영원부터 영원까지 이르며 그의 의는 자손의 자손에게 이르리니(시편 103:15~17)

참고문헌

강성률, 청소년을 위한 서양철학사, 평단, 2008
권태균 · 지규택, 사막 위에 세운 미래, 아랍에미리트 이야기, 삼성경제연구소, 2014
김경준 · 김승욱 · 배상근 · 송병락 · 손정식 · 안재욱 · 조장옥 · 조준모, SMART 시장경제, 박영사, 2016
김광웅, 이승만 정부 그리고 공유정부로 가는 길, 기파랑, 2017
김광웅, 통의동 일기, 생각의 나무, 2009
김광웅, 국가의 미래, 매일경제신문사, 2008
김광웅, 좋은 정부, 21세기 북스, 2018
김대기, 덫에 걸린 한국경제, 김영사, 2014
김대식, 사람을 남기는 관계의 비밀, 북클라우드, 2015
김동수, 현재에 묻고 미래에 답하다 매일경제신문사, 2013
김 렬, 인사행정론, 박영사, 2014
김명식, 행정조직법, 법우사, 2014
김명식, 특수법인론, 한국학술정보, 2005
김명식, 호주연방정부의 행정개혁, 법우사, 2003
김명식, 공무원법, 박영사, 2000
김봉수, 민법총칙 · 물권법, 동방문화사, 2019
김석동, 대한민국 경제와 한민족 DNA, 21세기북스, 2015
김승욱, 자유주의 자본론, 백년동안, 2016
김승욱, 제도의 힘, 프리이코노미스쿨, 2016
김쌍수, 5%는 불가능해도 30%는 가능하다, 한스미디어, 2010
김이석, 시장경제 원론, 프리이코노미스쿨, 2014
김정호, 대한민국 기업의 탄생, 북오션, 2016
김중양, 웃으면서 익히는 漢文敎室, 법우사, 2017
김창규, 눈먼 자들의 질주, 씨마스, 2019
김철용, 행정법, 고시계, 2019
김행범 · 구현우, 정책학-이론과 사례의 통합, 부산대학교 출판부, 2014
남정욱 · 류석춘, 이승만 깨기-이승만에 씌워진 7가지 누명, 백년동안, 2015
댄 세노르, 사울 싱어/윤종록 역, 창업국가, 다할미디어, 2010

데이비드 플랫/최종훈 옮김, 래디컬, 두란노, 2011
도수관, 사회자본과 경제발전 그리고 정부의 질, 집문당, 2015
랜달 홀쿰/이성규·김행범 옮김, 오스트리아 경제학파의 고급 입문서, 해남, 2018
로버트 P. 머피/이춘근 옮김, 정치의 자본주의 비틀기, 비봉출판사, 2016
류우익, 유우익의 국토기행 장소의 의미 Ⅰ·Ⅱ, 삶과 꿈, 2004
류임철, 캐나다 공무원 인사제도, 조명문화사, 2011
마이클 샌델/안진환·이수경 옮김, 왜 도덕인가?, 한국경제신문,
S. 모리스 엥겔/이종철·나종석 옮김, 철학의 이해, 문예출판사, 1998
목영만, 신뢰의 발견, 알에치코리아, 2016
박기준, 절대목표, key2S, 2016
박남춘, 대통령의 인사, 책으로 보는 세상, 2013
박상영, 고전, 담론, 그리고 미학, 아세아문화사, 2015
박석순, 부국환경이 우리의 미래다, 사닥다리, 2012
박성현, 개인이라 불리는 기적, 들녘, 2011
박수영, 우리 아이들의 대한민국, 다움북스, 2019
박아림, 고구려 고분벽화 유라시아문화를 품다, 학연문화사, 2015
박재홍, 공직의 길, 유원북스, 2011
박중훈, 역대 정부 조직개편에 대한 성찰과 전망, 한국행정연구원, 2016
박진용, 다시 쓰는 韓國현대사 70년, 아이컴, 2019
박효종 외 6인, 건국 60년 위대한 국민_새로운 꿈, 기파랑, 2008
백용호, 백용호의 반전, 김영사, 2014
상 진, 미래를 결정하는 나의 태도, 마루비, 2015
서희경, 대한민국 헌법의 탄생, 창비, 2012
소노 아야코/오경순 옮김, 나는 이렇게 나이들고 싶다, 리수, 2010
송상우 외, 딱 맞게 풀어쓴 노예의 길, 자유경제원, 2015
안병훈, 건국 대통령 이승만의 생애, 기파랑, 2016
안응모, 순경에서 장관까지, 현대기획, 2008
오연천, 결정의 미학, 21세기북스, 2016
오연천, 함께하는 긍정, YBM, 2016
유영익, 이승만의 생애와 건국비전, 청미디어, 2019
윤서인·복거일, 자유주의 틀 깨기, 백년동안, 2014
이근미, 대한민국 최고들은 왜 잘하는 것에 미쳤을까, 가나북스, 2014
이동관, 도전의 날들, 나남, 2015
이명박, 대통령의 시간 2008~2013, 알에치코리아, 2015

이백순, 신세계질서와 한국, 21세기북스, 2006
이민화, 스마트 코리아로 가는 길 유라시안 네트워크, 새물결, 2010
이상철, 한국공기업의 이해, 대영문화사, 2012
이상철, 가치창조 조직론, 대영문화사, 2012
이상택, 그리스도를 아는 지식, 홍익포럼, 2015
이선우·오성호, 인사행정론, 한국방송통신대학교출판부, 2003
이승만, 김충남·김효선 풀어씀, 조선민족이여 깨어나라! 독립정신, 동서문화사, 2010
이재태, 종소리 세상을 바꾸다, 학이사, 2016
이재태, 종소리가 좋다, 학이사, 2017
이종화·신관호, 거시경제학, 박영사, 2009
이중근, 6·25전쟁1129일, 우정문고, 2014
이창길, 인적자원행정론, 법문사, 2019
전충렬, 인사청문의 이해와 평가, 에드민, 2012
정경록, 중국일람, 비아북, 2017
정상호, 아주 사(史)적인 고백, 동아일보사, 2010
정재황, 신헌법입문, 박영사, 2014
정정길, 행정학의 새로운 이해, 대명출판사, 2000
정정길·최종원·이시원·정준금·정광호, 정책학원론, 대명출판사, 2016
정정길·이시원·정준금·김재훈·권혁주·문명재·김두래, 새로운 패러다임 행정학, 대명출판사, 2017
정종섭, 헌법학원론, 박영사, 2015
정진곤, 교육이란 무엇인가?, 교육과학사, 2010
정호열, 시장 리버럴의 시점, 박영사, 2018
조명상, 자연이 주는 행복, BookStar, 2014
조정조·최준혜, 경제학과 친구하기, 형설출판사, 2012,
조창현, 기독교와 공직, 한들출판사, 2016
최승노, 사회주의는 왜 실패하는가, 프리이코노믹스쿨, 2014
최연혁, 좋은 국가는 어떻게 만들어지는가, 시공사, 2016
최중경, 워싱턴에서는 한국이 보이지 않는다, 한국경제신문, 2016
테리 쿠퍼/행정사상과 방법론연구회 역, 공직윤리: 책임있는 행정인, 조명문화사, 2013
F.A. 하이에크/신중섭 역, 치명적 자만, 자유경제원, 2014
피터 언더우드, 퍼스트 무버, 황금사자, 2012
하미승, 리더십 이론과 개발, 윤성사, 2018
함영준, 내려올 때 보인다, 쌤앤파커스, 2015

현승일, 사회사상사, 오래, 2011
홍석우, 딴 생각, 휘즈북스, 2017
홍순만, HUB 거리의 종말, 문이당, 2015
홍양호, 통일의 길, 통일신문사, 2018
홍정선, 행정법특강, 박영사, 2011
홍지수, 트럼프를 당선시킨 PC의 정체, 북앤피플, 2017

경희대학교, OECD 국가의 정부규모에 관한 연구, 중앙인사위원회 정책연구보고서 1999-12
대한민국임시정부기념사업회 · 대한민국임시정부기념관 건립추진위원회, 사진으로 보는
      대한민국임시정부: 1919~1945, 한울(한울아카데미), 2017
대한민국정부, 성공적 국정운영을 위한 장관 직무가이드(제3판), 인사혁신처, 2013
대한민국정부, 이명박정부 국정백서 제12권, 2013
기획재정부, 공공기관경영정보공개시스템(alio.go.kr)
국세청, 홈택스(hometax.go.kr)
서울특별시, 이택스(etax.go.kr)
행정안전부, 2018 행정안전통계연보, 지방재정365(lofin.mois.go.kr), 정부조직관리정보시스
      템(org.go.kr), 지방공공기관통합공시(cleaneye.go.kr), 위택스(wetax.go.kr), 대한민국
      국가상징, 2016
한국행정연구원, 대한민국역대정부 주요정책과 국정운영방향(8권), 대영문화사, 2014
한국언론재단, 기사검색DB, 국민일보, 매일신문, 서울신문, 조선일보, 한국경제 등

김 명 식

약 력
영남대학교 경영학과 졸업(경영학사)
서울대학교 행정대학원 졸업(행정학석사)
미 Wisconsin-Madison 주립대학교 졸업(M.A.)
건국대학교 대학원 졸업(법학박사)
호주국립대학교(ANU) 객원연구원

제23회 행정고등고시
총무처 제도1과장 · 고시2과장 · 급여과장
행정자치부 급여과장
중앙인사위원회 인사정책과장
중앙인사위원회 인사정보심의관 · 정책홍보관리관 · 인사정책국장
대통령실 인사비서관 · 인사기획관

고려대학교 · 한국외국어대학교 강사
한양대학교 행정자치대학원 겸임교수
대구가톨릭대학교 CU인재학부 석좌교수
대구가톨릭대학교 사회과학대학 경찰행정학과 부교수
현재 대구가톨릭대학교 사회과학대학장

저 서
주해 국가공무원법(공저), 고시계, 1992
공무원법(공저), 박영사, 2000
호주연방정부의 행정개혁, 법우사, 2003
특수법인론, 한국학술정보, 2005
행정조직법, 법우사, 2014

국가와 공직

초판 발행 2019년 12월 3일

지은이 김 명 식
펴낸이 황 영 성
펴낸곳 법 우 사

주 소 서울시 관악구 봉천로 485 우진빌딩 4층
전 화 (02) 876-2261
팩 스 (02) 875-2263
e-mail hys8009@hanmail.net
등 록 2001년 4월 30일, 제301-10-1747호

ISBN 978-89-97060-60-3 03340   정가 15,000원

파본은 바꿔드립니다. 본서의 무단복제행위를 금합니다.

이 도서의 국립중앙도서관 출판시도서목록(CIP)은 서지정보유통지원시스템 홈페이지(http://seoji.nl.go.kr)와
국가자료종합목록 구축시스템(http://kolis-net.nl.go.kr)에서 이용하실 수 있습니다. (CIP제어번호 : CIP2019048220)